Rudolf Geser

Bergstraßen und Pässe mit dem Fahrrad

SPEZIALFÜHRER

75 neue Touren in: Alpen, Vogesen, Zentralmassiv, Pyrenäen

BLV

CIP-Titelaufnahme der Deutschen Bibliothek

Geser, Rudolf:
Bergstraßen und Pässe mit dem Fahrrad: 75 neue Touren in: Alpen, Vogesen, Zentralmassiv, Pyrenäen / Rudolf Geser. – München; Wien; Zürich: BLV, 1990
(Spezialführer)
ISBN 3-405-13749-7

BLV Verlagsgesellschaft mbH
München Wien Zürich
8000 München 40

Bildnachweis
Alle Abbildungen einschließlich Titelfoto vom Autor.
Umschlaggestaltung:
F&H Werbeagentur, München

Zeichnungen: Hellmut Hoffmann, Starnberg
Lektorat: Marianne Faiss-Heilmannseder, München
Satz und Druck: Appl, Wemding
Bindung: Ludwig Auer GmbH, Donauwörth

Printed in Germany · ISBN 3-405-13749-7

Inhalt

Einführung

Der Erfolg meines ersten Führers über die »75 schönsten Alpenpässe und Höhenstraßen mit dem Fahrrad« hat gezeigt, daß meine Leidenschaft für die Befahrung von Paß- und Bergstraßen der Alpen von vielen Radsportlern geteilt wird. Dies gab mir Gelegenheit, einen weiteren Spezialführer über dieses Thema zu schreiben, dessen Schwerpunkt sicherlich wieder die Alpenstraßen sind, der sich darüber hinaus aber auch mit den Vogesen, dem Zentralmassiv und den Pyrenäen befaßt.
Wenn ich mein erstes Buch »Die 75 schönsten Alpenpässe und Höhenstraßen« genannt habe, so heißt dies nicht, daß die nunmehr beschriebenen Touren weniger schön sind. In erster Linie mußte ich des vorgegebenen Buchumfangs wegen eine Auswahl treffen, die mir nicht immer leicht fiel. Die neuen Touren sind wohl nicht immer so bekannt wie die Namen aus dem ersten Führer, aber vielleicht liegt auch der Reiz gerade darin, abseits der bekannten Übergänge die Bergwelt zu entdecken.
Wenig Spektakuläres gibt es noch über die Alpen zu sagen, diesem größten zusammenhängenden Urlaubsgebiet Europas, um so mehr dafür aber über die Vogesen, das Zentralmassiv und die Pyrenäen. Wenngleich keines dieser Gebirge es mit der Größe und Mächtigkeit der Alpen aufnehmen kann, so brauchen sie einen Vergleich nicht zu scheuen. Kaum eine andere Landschaft kann eine solche Vielzahl von Gegensätzen auf kleinstem Raum aufweisen wie das Zentralmassiv; Gegensätze, die von den riesigen Vulkankegeln im Norden über phantastische Cañons in der Causse, einem verkarsteten Hochplateau, bis zu den mediterranen Hängen der Cevennen tief im Süden reichen. Und wer aus den Weinbergen des Oberrheintals durch den dunklen Waldgürtel langsam in die Kammnähe der Hochvogesen mit ihren stillen Bergseen, Hochmooren und Hochweiden, aus denen einzelne windzerzauste, flechtenbedeckte Tannen herausragen, vorstößt, wird ebenfalls auf seine Kosten kommen. In den Pyrenäen schließlich, diesem vor noch nicht allzu langer Zeit wilden und unzugänglichen Gebirge, weit entfernt an der Grenze zwischen Frankreich und Spanien, ist es vor allem die Tour de France, die hier in jährlichen Siegen und Niederlagen immer wieder Radsportgeschichte schreibt und uns Tritt um Tritt begleitet.
Mit diesem zweiten Band sind nunmehr so gut wie alle als eigenständige Touren lohnenden Paß- und Bergstraßen von den Alpen bis zu den Pyrenäen abgedeckt und geben Material und Anregung für viele Radlsaisonen. Ich darf Ihnen bei diesen neuen Touren wieder viel Spaß und Erfolg wünschen.

Rudolf Geser

Allgemeine Hinweise

Kein Gebirge Europas kann es an Größe und Mächtigkeit mit den Alpen aufnehmen. Naturgemäß findet sich für den Radler hier deshalb das größte Betätigungsfeld mit den schwierigsten Touren. Zentralmassiv und Vogesen haben nicht mehr als Mittelgebirgscharakter, und auch die Pyrenäen weisen keine allzugroßen Schwierigkeiten auf. Lediglich die Westseite des Tourmalet stellt etwas höhere Anforderungen an die Kondition, ohne sich jedoch von der Schwierigkeit her etwa mit dem Stilfser Joch oder der Großglockner-Hochalpenstraße messen zu lassen. Wer mittelschwere Radtouren in den Alpen bewältigt, kommt ohne weiteres auch in den anderen Regionen zurecht.

Auch der Straßenzustand ist in allen Gebieten als gut zu bezeichnen. Sorgen wegen schlechter Straßenverhältnisse oder unwegsamer Geländegegebenheiten sind hier völlig unbegründet. Vor allem das Zentralmassiv, aber auch die Pyrenäen sind außerhalb der französischen Sommerferien im Juli und August erfreulich schwach frequentiert. Während des Ferienzeitraums erreicht das Verkehrsaufkommen nicht annähernd die von den Alpen gewohnten Maßstäbe.

Die Reihenfolge der einzelnen Tourenbeschreibungen wurde so gewählt, daß eine Zusammenstellung benachbarter Pässe zu Mehrtages- und Rundtouren möglich ist. Sind zwei lohnende Paßrampen vorhanden, wurden beide Auffahrtsstrecken beschrieben. Alle Routen sind bequem in einem Tag zu bewältigen.

Tips: Rad, Ausrüstung, Fahrverhalten

Alle beschriebenen Touren wurden mit einem Rennrad ohne jegliche Veränderungen unternommen. Selbstverständlich eignen sich auch Touren- oder Rennsporträder, soweit diese über die entsprechenden Übersetzungsmöglichkeiten verfügen.

An Rennrädern, die im Regelfall keine Beleuchtung haben, sollten grundsätzlich ein batteriebetriebenes Rücklicht und ein Scheinwerfer angebracht werden. Gerade an Gefahrenstellen wie schwach oder gänzlich unbeleuchteten Tunnels bilden diese Lichter einen erheblichen Sicherheitsfaktor. Auch plötzlich auftretendes Schlechtwetter oder Nebel und damit verbundene schlechte Sichtverhältnisse sind im Hochgebirge nicht selten. Zudem kann es vorkommen, daß eine Tour durch unvorhergesehene Zwischenfälle länger dauert als geplant und eine Fahrt in der Dämmerung nicht zu vermeiden ist. Achten Sie beim Kauf des Rücklichts darauf, daß es am Sitzrohr befestigt werden kann, da dies an der Sattelstütze wegen der dort meist anliegenden Reifentasche nicht möglich ist.

Bei der Verwendung von Schlauchreifen sollten Sie wegen der hohen Geschwindigkeit bei Abfahrten das Aufkleben der Reifen der Befestigung mittels Klebeband vorziehen. Ganz Sicherheitsbewußte können den Kleber auch mit Pattex im Verhältnis 1 : 1 mischen. Meinen Erfahrungen zufolge lassen sich jedoch auch bei noch so sorgfältigem Aufkleben der Reifen, insbesondere bei Abfahrten mit sehr großem Gefälle und dadurch notwendigem längeren sehr starken Bremsen, Probleme mit verschobenen Ventilen nicht immer vermeiden. Während der Abfahrt anhalten und das vordere Laufrad umdrehen, kann hier möglicherweise Abhilfe schaffen. Sollte diese Maßnahme nicht helfen, versäumen Sie es nicht, am Ende der Tour durch Abnehmen des Reifens und Neuausrichten auf der Felge das Ventil wieder in seine richtige Stellung zu bringen.
Bei Drahtreifen ergeben sich diese Probleme nicht. Nachdem zwischenzeitlich der Giro d'Italia auf Rennrädern mit Drahtreifen gewonnen wurde, dürfte sich eine Diskussion über die Vor- und Nachteile bezüglich Gewicht und Rollwiderstand zwischen Schlauch- und Drahtreifen erübrigen. Dennoch ist anzumerken, daß nur hochwertige und entsprechend teure Drahtreifen und Felgen in bezug auf Gewicht und Rollwiderstand mit Schlauchreifen konkurrieren können. Je hochwertiger und leichter ein Reifen ist, desto größer ist allerdings seine Defektanfälligkeit. Drahtreifen haben hier den Vorteil, mittels Flickzeug praktisch beliebig oft repariert werden zu können. Bei Schlauchreifen bieten solche mit einer Sicherheitseinlage aus Stahlgewebe, Kevlar oder ähnlichem zwischen Protektor und Karkasse einen gewissen Schutz vor Reifenpannen (beispielsweise Invulnerable oder Sp 1 von Wolber, Futur CX von Clement).
Wer sein Rad nicht ohnehin regelmäßig nutzt und wartet, sollte dies in jedem Fall vor einer größeren Tour tun. Überprüfen Sie vor allem den Zustand der Bremsen, insbesondere der Bremsgummis und Seilzüge. Wechseln Sie die Kette – weniger wegen der Gefahr der Beschädigung als vielmehr wegen einer reibungsloseren Kraftübertragung – regelmäßig alle 3000 km. Überprüfen Sie vor jeder Tour auch den Spannungszustand der Speichen an Vorder- und Hinterrad, und zentrieren Sie diese gegebenenfalls nach. Verwenden Sie, zumindest am Hinterrad, Felgen mit 36 Speichen. Zum einen ist die Gefahr eines Speichenrisses um so geringer, je mehr Speichen vorhanden sind, zum anderen ist bei einem Speichenriß der Ausschlag der Felge geringer, so daß die Tour meist noch ohne sofortiges Ersetzen der Speiche beendet werden kann.

Ausrüstung
Speziell Rennradfahrer müssen sich mangels Unterbringungsmöglichkeiten bei der Mitnahme von Gepäck ohnehin sehr beschrän-

ken. Eine windundurchlässige Regenjacke, auf die auch bei besten Wetterverhältnissen nie verzichtet werden sollte, bei zweifelhaftem Wetter Überschuhe und einen wärmenden Pullover – dann sind, neben etwas Proviant, die Trikottaschen ohnehin bereits ausgefüllt. Vielleicht bleibt noch etwas Platz für Ärmlinge und Beinlinge, die insbesondere in kühlen Morgenstunden am Beginn einer Tour recht nützlich sind. Eine Radsportmütze oder besser noch ein Stirnband, unter einem Schutzhelm getragen, verhindert gerade bei Bergfahrten, daß der Schweiß in die Augen läuft. Zudem wird dadurch die Sonneneinstrahlung abgehalten. Regenjacke, Mütze oder Helm schützen bei der Abfahrt auch den Körper bzw. die Kopfhaut vor Unterkühlung durch den Fahrtwind. Tragen Sie möglichst helle, farbige Kleidung, um von den motorisierten Verkehrsteilnehmern besser gesehen zu werden.

Wem diese Minimal-Ausrüstung nicht ausreichend erscheint, der wird um die Verwendung eines Rucksacks nicht herumkommen. Damit kann es allerdings neben starkem Schwitzen am Rücken auch zu Verspannungen im Schulter- und Rückenbereich kommen, bei längeren Fahrten wegen des zusätzlichen Gewichts sogar zu Sitzbeschwerden. Als Lösung bieten sich hier eigens für Rennräder entwickelte Gepäckträger mit zwei nicht zu großen Packtaschen an. Sie werden mit zwei Laschen oberhalb des Bremssteges um die Sitzstreben und mit einer speziellen Verschraubung im dreieckigen Auge der Ausfallenden angebracht. Aus Sicherheitsgründen sollten sie dreifach verstrebt sein.

Um nicht zu vermeidenden Defekten wie Reifenpannen und Speichenrissen vorzubeugen, sollte man neben Ersatzreifen, bei Drahtreifen Montagehebel, Flickzeug und evtl. Reserveschlauch auch immer einige Ersatzspeichen sowie einen Nippelspanner mit sich führen. Die Speichen kann man mit Klebeband am Sitzrohr befestigen, der Nippelspanner paßt noch in jede Reifentasche. Das Wechseln einer Speiche, soweit diese nicht auf der Zahnkranzseite des Hinterrades gerissen ist, ist so jederzeit möglich. Um auch gerissene Speichen auf der Zahnkranzseite des Hinterrades wechseln zu können, ist es notwendig, den Zahnkranz bzw. bei Kassettennaben die Ritzel zu entfernen. Bei Kassettennaben bietet sich hier ein spezielles Gerät zum Lösen der Ritzel (»Libero« von Velotech) an, das aufgrund seiner geringen Größe und Leichtigkeit noch in der Reifentasche Platz hat. Muß zum Speichenwechsel der ganze Zahnkranz von der Nabe gelöst werden, ist es notwendig, den für das jeweilige Fabrikat entsprechenden Abzieher sowie einen passenden Schraubenschlüssel – den man allerdings auch an Tankstellen oder bei hilfreichen Autofahrern erfragen kann – mitzuführen. In jedem Fall mit dabei haben sollte man jedoch einen Nippelspanner, da bei Speichenrissen dann ein provisorisches Auszentrieren auch ohne

Speichenwechsel möglich ist. Noch ein kleiner Schraubenzieher und zwei Inbus-Schlüssel (5 und 6 mm) in die Reifentasche, und man ist zur Behebung kleinerer Pannen ausreichend gerüstet.

Fahrverhalten

Beginnen Sie Anstiege lieber zu langsam als zu schnell, und lassen Sie sich in keinem Fall von schnelleren Fahrern von der für Sie richtigen Geschwindigkeit abbringen. Verwenden Sie bei längeren Touren eher einen größeren Gang als einen zu kleinen, um am Ende noch Reserven zu haben. Trinken Sie ausreichend Flüssigkeit, und füllen Sie die Wasserflasche rechtzeitig nach.

Wer seine Leistungsfähigkeit bei Bergfahrten noch nicht richtig einschätzen kann, sollte bei längeren Touren öfter anhalten und etwas kohlenhydratreiche Verpflegung - zum Beispiel Bananen, Fruchtschnitten, Trockenobst oder Müsliriegel - zu sich nehmen. Das belastet nicht allzusehr und beugt zudem plötzlichem Leistungsabfall und dem gefürchteten »Hungerast« vor. Bedenken Sie aber, daß mineralhaltige Getränke, Energiebarren oder sonstige von der Werbung angebotene Kraftspender fehlendes Training in keiner Weise ersetzen können.

Fahren Sie Haarnadelkurven - unter Beachtung des Gegenverkehrs - möglichst weit außen. Der Weg verlängert sich dabei zwar geringfügig, da der Steigungsgrad in der Innenseite dieser Rampen aber meist etwas größer ist, wird der Aufstieg jedoch gleichmäßiger und damit etwas weniger anstrengend. Nehmen Sie sich auf der Paßhöhe genügend Zeit zur Erholung, und gehen Sie die Abfahrt bewußt defensiv an. Lassen Sie sich bei Abfahrten nie auf ein Rennen mit anderen Radlern oder gar motorisierten Verkehrsteilnehmern ein! Der sportliche Ehrgeiz sollte sich ausschließlich auf die Auffahrt beschränken. Versuchen Sie bei Abfahrten eher die Geschwindigkeit möglichst herabzusetzen. Richten Sie den Oberkörper dabei so weit wie möglich auf, um durch den Luftwiderstand zusätzlich Bremswirkung zu erzielen.

Auf Bergstraßen ist immer wieder mit Schlaglöchern und Steinen auf der Fahrbahn zu rechnen. Kühe auf der Fahrbahn sind vor allem in Österreich keine Seltenheit. In Italien und Frankreich geht eine große Gefahr von Hunden aus, die plötzlich vor das Rad laufen können. Aber auch mit der Unachtsamkeit anderer Verkehrsteilnehmer ist ständig zu rechnen. Beide Hände deshalb stets griffbereit am Lenker halten!

Durch vorsichtige und defensive Fahrweise kann man zwar versuchen, gefährliche Situationen soweit wie möglich zu vermeiden, ganz ausschließen kann man diese jedoch nie. Tragen Sie deshalb bei jeder Radtour einen Schutzhelm; nur dieser bietet einen wirksamen Schutz vor Kopfverletzungen.

Erläuterungen zu den Kurzangaben

Charakter

Neben einer Angabe der Höchststeigung erfolgt eine Unterteilung in die Schwierigkeitsgrade »leicht«, »mittelschwer« und »schwer«. Dabei ist zu beachten, daß eine Einteilung der Schwierigkeitsgrade allein aufgrund objektiver Merkmale wie etwa Streckenlänge, Höhendifferenz oder Höchststeigung nicht möglich ist. Zu berücksichtigen ist in erster Linie, welche Anforderungen die Tour von ihrer Gesamtcharakteristik her an die Kondition des Fahrers stellt.

Leichte Radtour: Die Höchststeigung beträgt in der Regel nicht über 10%, im Durchschnitt sogar erheblich weniger. Die Streckenlänge liegt meist unter 10 km. Bei längeren Etappen überwiegen flachere Abschnitte. Aufgrund ihrer Gesamtcharakteristik ist die Tour von jedermann, auch ohne spezielle Trainingsvorbereitung, zu bewältigen.

Mittelschwere Radtour: Steigungen von 10% und darüber, die über längere Distanzen zu bewältigen sind, oder kürzere Steigungsabschnitte, teilweise bis 20%, erfordern bereits deutlich mehr Ausdauer und Kraftaufwand als leichte Touren. Die Streckenlänge beträgt meist über 10 km. Eine Befahrung setzt bereits eine gewisse Grundkondition und Vorbereitung voraus. Als eigenständige Touren durchaus lohnend, sind sie zudem ein hervorragendes Training für schwere Unternehmungen.

Schwere Radtour: Die Höchststeigung liegt meist deutlich über 10%, ist über längere Streckenabschnitte durchzuhalten und wird nur selten von flacheren Abschnitten unterbrochen. Die Streckenlänge kann bis zu 20 km und mehr betragen. Ausgezeichnete Kondition und ein spezielles Training sind für ein gutes Gelingen unabdingbare Voraussetzungen. Mindestens 2000 Trainingskilometer, erprobtes Material und entsprechende Erfahrung sollten für die Bewältigung schwerer Radtouren selbstverständliche Voraussetzung sein.

Um eine möglichst genaue Schwierigkeitsbewertung zu erreichen, erfolgt in einer Touren-Übersicht auf Seite 17 eine nochmalige Unterteilung der Schwierigkeitsgrade in plus (+) und minus (–). Entsprechend der Schwierigkeitsskala beim alpinen Bergsteigen tendieren die mit + bezeichneten Touren bereits zur nächsthöheren Kategorie, während die mit – bezeichneten eher der nächstniedrigeren zuzurechnen sind.

Offen
Hier wird der Zeitraum, in dem die Straße normalerweise für den öffentlichen Verkehr freigegeben ist, angegeben. Witterungsbedingte Verschiebungen sind jedoch nicht ausgeschlossen. Auch tagelange Lawinen- bzw. Schneesperren sind möglich. Es empfiehlt sich, vor Tourenbeginn Auskünfte über die Befahrbarkeit der Paßstraßen bei den jeweiligen Informationsdiensten einzuholen:

Deutschland	ADAC	München	Tel. 089/505061
Österreich	ÖAMTC	Salzburg	Tel. (0043) 66/220501/0 oder
		Innsbruck	Tel. (0043) 5222/44521
Italien	ACI	Bozen	Tel. (0039) 471/30004
Schweiz	ACS	Bern	Tel. (0041) 31/224722 oder
	TCS	Genf	Tel. (0041) 22/366000

Zeit
Bei der ersten der beiden genannten Zeitangaben handelt es sich um die von mir benötigte reine Fahrzeit ohne Pause. Konditionsstarke Fahrer können diese Zeit sicherlich unterbieten. Gefahren wurde mit einem Rennrad ohne Gepäck. Die zweite Zeitangabe ist ein Wert, der auch von Tourenfahrern mit Gepäck erreicht werden kann. Die beiden Zeitangaben sind als Richtwerte anzusehen, innerhalb derer die Bewältigung der Tour jedermann möglich sein müßte.

Länge
Hier ist die Streckenlänge vom Ausgangs- bis zum Scheitelpunkt bei Pässen oder dem Endpunkt bei Höhenstraßen angegeben. Es handelt sich nicht um eine reine Berechnung anhand von Karten, sondern um die von mir mittels eines Fahrradtachos tatsächlich gemessene Strecke. Sie kann deshalb geringfügig von offiziellen Kilometerangaben abweichen.

Höhendifferenz
Sie gibt den zu bewältigenden Höhenunterschied vom Ausgangspunkt zum Scheitel- bzw. Endpunkt der Strecke an. Die Berechnung erfolgte aufgrund offizieller Angaben in Karten und Führern. Kürzere Abfahrten ohne wesentlichen Höhenverlust wurden nicht berücksichtigt.

Übersetzung
Die Angaben beziehen sich auf die von mir gefahrene kleinste Übersetzung. So bedeutet zum Beispiel 42/23, daß ich zur Bewältigung der Tour neben dem 42er Kettenblatt vorne als größtes Ritzel hinten eines mit 23 Zähnen benötige. Da die richtige Übersetzung sehr

stark von den körperlichen Voraussetzungen sowie vom Trainingszustand des Fahrers abhängig ist, wurden, soweit dies notwendig erschien, zwei Ritzelangaben gemacht. In diesem Fall ist das Vorhandensein bzw. die Benützung des größeren Ritzels dringend anzuraten. Ein 42er Kettenblatt vorausgesetzt, kann man bezüglich des benötigten Ritzels für längere Steigungsstrecken folgende Empfehlung geben: Bei längeren Steigungen bis 10% ist bei durchschnittlich trainierten Radlern ein 23er Ritzel ausreichend. Sind 12% Steigung über längere Strecken durchzuhalten, sollten mindestens zwei Zähne mehr gefahren werden, also ein 25er oder 26er Ritzel. Liegt die Steigung nochmals darüber, also etwa ab 16%, empfiehlt sich durchaus die Verwendung eines 28er Ritzels. Längere Steigungen über 20%, teilweise sogar bis 28%, wie sie in Ausnahmefällen auftreten können, sind Grenzbelastungen, für die keine allgemein gültigen Aussagen gemacht werden können. Je nach Kraft und Kondition sind hier von 42/26 bis 28/28 (bei Dreifach-Kettenblättern) alle Varianten denkbar.
Bei 6-Gang-Zahnkränzen können beispielsweise mit der Abstufung 13-15-18-21-23-26 die meisten Touren bewältigt werden. Sollte ein 28er Ritzel erforderlich werden, so wäre eine Abstufung 14-17-20-23-26-28 sinnvoll. Zwischenzeitlich ermöglichen Zahnkränze mit 7 oder sogar 8 Ritzeln eine noch engere Abstufung. Die Verwendung von Dreifach-Kettenblättern, die eine Übersetzung bis 1:1 ermöglicht, sollte Tourenfahrern mit viel Gepäck vorbehalten bleiben. Rennradfahrer, die glauben, auch mit 42/28 nicht mehr zurechtzukommen, sollten besser statt des 42er ein 39er Kettenblatt verwenden. Da bei einem Verhältnis von 3:1 drei Zähne weniger im Kettenblatt ziemlich genau einem Zahn mehr im Ritzel entsprechen, würde eine Übersetzung von 39/28 der Übersetzung 42/29 entsprechen.

Karte

Angegeben wurde die für die jeweilige Tour zutreffende Karte in möglichst großem Maßstab, da nur diese eine genaue Information über die landschaftlichen Eindrücke vermittelt. Für Deutschland, Österreich und Italien sind deshalb Karten in einem Maßstab von 1:50000 von KOMPASS, für die Schweiz die Landeskarte der Schweiz, Maßstab 1:100000 und für Frankreich die Carte Topographique des Institut Geographique National, Maßstab 1:100000 angegeben. Für die Planung einer Tour reichen grundsätzlich auch Straßenkarten in kleinerem Maßstab aus. Hier empfehlen sich etwa für Deutschland, Österreich, Italien und die Schweiz die Generalkarte, Mairs Geographischer Verlag, Maßstab 1:200000, und für Frankreich die Carte Topographique des Institut Geographique National, Maßstab 1:250000.

Ausgangspunkt
Hier sind Name und Höhenangabe des jeweiligen Ortes vermerkt. Die Straßenabkürzungen bedeuten: Deutschland B = Bundesstraße, Österreich B = Bundesstraße, Italien SS = Staatsstraße, Schweiz H = Hauptstraße, Frankreich D = Départementalstraße.

Streckenbeschreibung
Sie soll in erster Linie über die zu erwartenden Schwierigkeiten informieren und einen präzisen Eindruck über den Gesamtverlauf vermitteln. Neben den Steigungsangaben in % dienen hierzu auch die km-Angaben vom Ausgangspunkt an. Darüber hinaus wird auch auf landschaftliche Eindrücke verwiesen.

Hinweise
Dazu zählen schlechter Fahrbahnzustand, Gefahrenstellen, die Notwendigkeit von Beleuchtung sowie starkes Verkehrsaufkommen.

Touren-Übersicht

	Länge km	Höhen-differenz m	Höchst-steigung %	Schwierig-keitsbe-wertung	Über-setzung
Alpe-d'Huez-Bergstraße	13,5	1136	10	2+	42/23-26
Anniviers- mit Zinal-Hochtalstraße	25,5	1135	11	2	42/23
Ares- mit Portet-d'Aspet-Pässestraße, Westseite	27,5	889	15	2−	42/26
Aspin-Paßstraße, Ostseite	12	785	10	1+	42/23
Aspin-Paßstraße, Westseite	13	632	10	1+	42/23
Aubisque- mit Soulor-Pässestraße, Ostseite	17,5	923	12	2−	42/23-26
Aubisque-Paßstraße, Westseite	18,5	1178	13	2	42/23-26
Ballon-Paßstraße, Nordseite	9,5	628	7	1	42/21
Ballon-Paßstraße, Südseite	16	702	7	1	42/21
Baracuchet- mit Supeyres-Pässestraße, Ostseite	26	1261	6	2	42/21
Béal-Paßstraße, Ostseite	27,5	980	7	2−	42/21
Béal-Paßstraße, Südwestseite	26	855	8	2−	42/23
Campo-Carlomagno-Paßstraße, Nordseite	15	915	9	2	42/23
Campo-Carlomagno-Paßstraße, Südseite	32,5	1081	11	2	42/23
Cevennen-Höhenstraße	51	635	12	2	42/26
Cinque-Torri-Bergstraße	4,5	405	15	2	42/26-28
Croix-de-Boutieres-Paßstraße, Ostseite	23	970	8	2	42/23
Croix-de-Boutieres-Paßstraße, Westseite	17,5	580	7	1	42/21
Engstlenalp-Bergstraße	14,5	990	12	2	42/26
Finiels-Paßstraße, Nordseite	10,5	471	10	1	42/23
Finiels-Paßstraße, Südseite	11	666	9	1	42/23
Gávia-Paßstraße, Nordseite	26,5	1435	16	3−	42/26
Gávia-Paßstraße, Südseite	17	1394	16	3−	42/26
Grappa-Bergstraße	29,5	1646	12	3	42/23-26
Gressoney-Hochtalstraße	38	1525	12	3	42/23-26
Hahntennjochstraße, Ostseite	14	1066	15	2+	42/26
Hahntennjochstraße, Westseite	17	916	18	2+	42/26
Hunsruck-Paßstraße, Nordseite	6,5	398	11	1	42/23
Hunsruck-Paßstraße, Südseite	8,5	428	9	1	42/23
Kalser Glocknerstraße	20	1170	10	2	42/23-26
Kiental- mit Griesalpstraße	14	738	28	3+	42/28-30
Kitzbüheler-Horn-Bergstraße	11	1203	18	3	42/26-28

	Länge km	Höhendifferenz m	Höchststeigung %	Schwierigkeitsbewertung	Übersetzung
Klausen-Paßstraße, Ostseite	39	1480	10	2+	42/23-26
Klausen-Paßstraße, Westseite	25	1494	9	2+	42/23
Lombarde-Paßstraße, Nordseite	21,5	1447	13	3−	42/26
Lombarde-Paßstraße, Südseite	21	1478	11	3−	42/23-26
Maloja-Paßstraße	32,5	1482	15	3	42/26
Malta-Hochalmstraße	28,5	1190	13	2	42/26
Mattertalstraße	35	966	10	2	42/23
Mölltaler Gletscherstraße	20,5	1514	15	3−	42/26-28
Montgenèvre-Paßstraße, Ostseite	7,5	492	10	1+	42/23
Montgenèvre-Paßstraße, Westseite	14	628	10	1	42/21-23
Nice-, Braus-, Brouis-Pässestraße	55	1568	15	3−	42/26
Œillon-Paßstraße, Ostseite	19,5	1078	10	2	42/23
Œillon-Paßstraße, Westseite	28,5	850	10	1	42/23
Peyresourde-Paßstraße, Ostseite	14	944	12	2	42/23-26
Peyresourde-Paßstraße, Westseite	18,5	865	10	2−	42/23
Platzerwasel-Paßstraße, Nordseite	17	802	12	2−	42/23
Platzerwasel-Paßstraße, Südostseite	24	943	10	2−	42/23
Port-Paßstraße, Ostseite	17,5	776	10	1+	42/23
Port-Paßstraße, Westseite	38	860	8	1+	42/23
Portet-d'Aspet-Paßstraße, Ostseite	29	679	12	1+	42/23-26
Pré-de-la-Dame-Bergstraße	15	960	11	2	42/23
Riedberg-Paßstraße, Ostseite	8,5	659	16	2	42/26
Riedberg-Paßstraße, Westseite	20,5	666	16	2	42/26
Rolle-Paßstraße, Südseite	21	1263	11	2	42/23
Rolle-Paßstraße, Westseite	19,5	962	9	2	42/23
Saastal- mit Mattmarkstraße	34,5	1547	13	3−	42/26
Seiseralmstraße	17,5	1376	15	2	42/26
Sudelfeldsattelstraße, Westseite	4,5	297	11	1	42/23
Superbagnères-Bergstraße	18,5	1179	10	2+	42/23-26
Supeyres-Paßstraße, Westseite	20	831	8	2−	42/23
Tatzelwurm- und Sudelfeldsattelstraße, Ostseite	16,5	621	14	2−	42/26

	Länge km	Höhendifferenz m	Höchststeigung %	Schwierigkeitsbewertung	Übersetzung
Tourmalet-Paßstraße, Ostseite	14,5	1258	12	2+	42/23–26
Tourmalet-Paßstraße, Westseite	19	1404	14	3–	42/26
Tremalzo-Paßstraße	32,5	1316	11	2+	42/23–26
Turini- mit Castillon-Pässestraße, Südseite	38,5	1948	10	3	42/23
Turini-Paßstraße, Westseite	15	1104	10	2	42/23
Turracher Höhenstraße, Nordseite	19,5	836	12	2–	42/23–26
Turracher Höhenstraße, Südseite	13	743	23	3	42/28–30
Vajolet-Bergstraße	6,5	609	20	2	42/26–28
Valparola-Paßstraße, Nordwestseite	14	805	10	1+	42/23
Vogesenkammstraße	52	1345	10	2	42/23
Vogesenstraße	49	1071	10	2	42/21–23
Winklmoos-Bergstraße	4,5	447	18	2	42/26–28

Schwierigkeitsbewertung: 1 = leicht 2 = mittelschwer 3 = schwer

Die Alpen

Deutschland
1 Winklmoos-Bergstraße
2 Tatzelwurm- und Sudelfeldsattelstraße, Ostseite
3 Sudelfeldsattelstraße, Westseite
4 Riedberg-Paßstraße, Ostseite
5 Riedberg-Paßstraße, Westseite

Österreich
6 Turracher Höhenstraße, Nordseite
7 Turracher Höhenstraße, Südseite
8 Malta-Hochalmstraße
9 Mölltaler Gletscherstraße
10 Kalser Glocknerstraße
11 Kitzbüheler-Horn-Bergstraße
12 Hahntennjochstraße, Ostseite
13 Hahntennjochstraße, Westseite

Italien
14 Seiseralmstraße
15 Valparola-Paßstraße, Nordwestseite
16 Cinque-Torri-Bergstraße
17 Vajolet-Bergstraße
18 Rolle-Paßstraße, Südseite
19 Rolle-Paßstraße, Westseite
20 Campo-Carlomagno-Paßstraße, Nordseite
21 Campo-Carlomagno-Paßstraße, Südseite
22 Gávia-Paßstraße, Nordseite
23 Gávia-Paßstraße, Südseite
24 Tremalzo-Paßstraße
25 Grappa-Bergstraße
26 Gressoney-Hochtalstraße
27 Montgenèvre-Paßstraße, Ostseite
28 Lombarde-Paßstraße, Nordseite

Schweiz
29 Maloja-Paßstraße
30 Klausen-Paßstraße, Ostseite
31 Klausen-Paßstraße, Westseite
32 Engstlenalp-Bergstraße
33 Kiental- mit Griesalpstraße
34 Saastal- mit Mattmarkstraße
35 Mattertalstraße
36 Anniviers- mit Zinal-Hochtalstraße

Frankreich
37 Montgenèvre-Paßstraße, Westseite
38 Alpe-d'Huez-Bergstraße
39 Lombarde-Paßstraße, Südseite
40 Turini- mit Castillon-Pässestraße, Südseite
41 Turini-Paßstraße, Nordwestseite
42 Nice-, Braus-, Brouis-Pässestraße

Die Vogesen
43 Ballon-Paßstraße, Nordseite
44 Ballon-Paßstraße, Südseite
45 Hunsruck-Paßstraße, Nordseite
46 Hunsruck-Paßstraße, Südseite
47 Vogesenkammstraße
48 Platzerwasel-Paßstraße, Nordseite
49 Platzerwasel-Paßstraße, Südostseite
50 Vogesenstraße

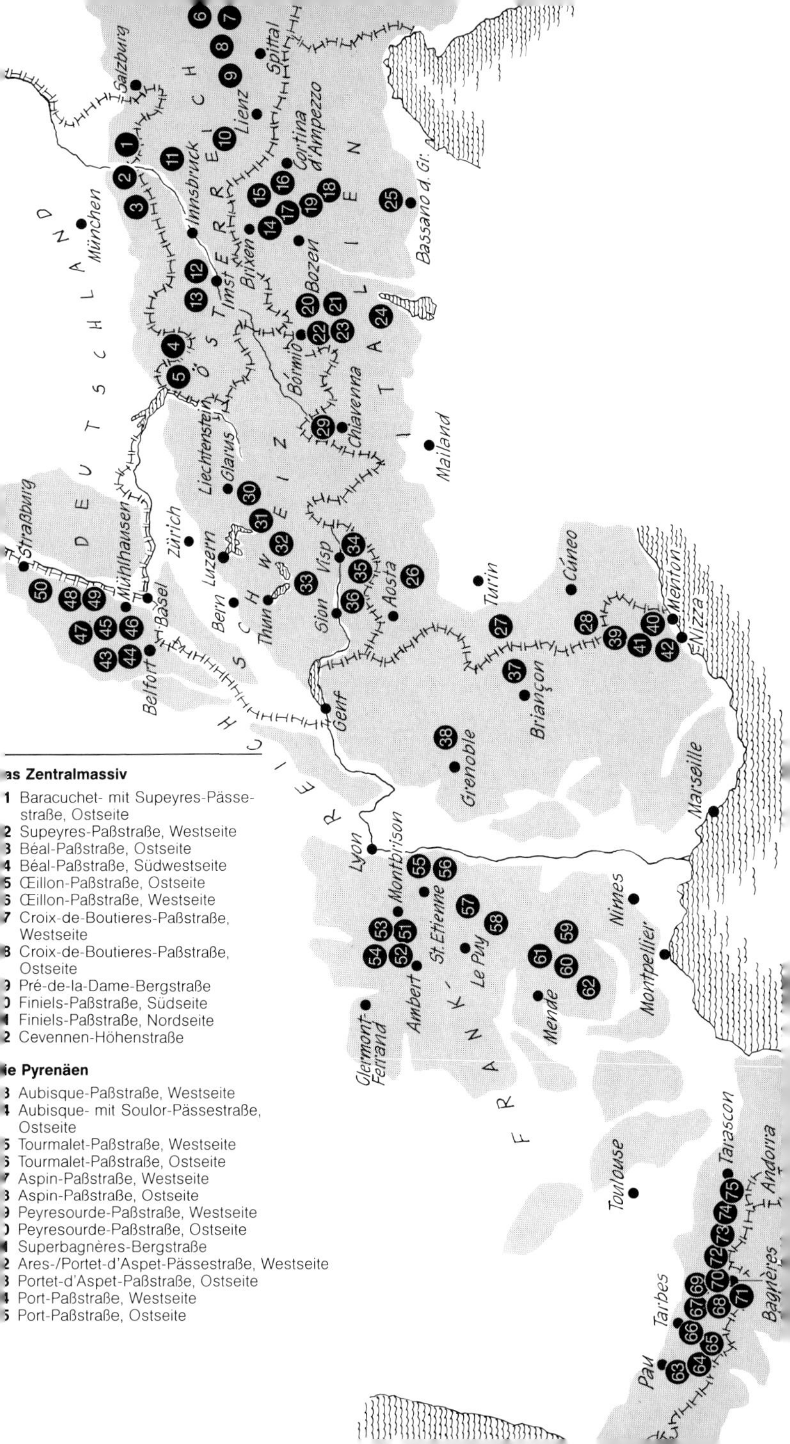

as Zentralmassiv

1 Baracuchet- mit Supeyres-Pässestraße, Ostseite
2 Supeyres-Paßstraße, Westseite
3 Béal-Paßstraße, Ostseite
4 Béal-Paßstraße, Südwestseite
5 Œillon-Paßstraße, Ostseite
6 Œillon-Paßstraße, Westseite
7 Croix-de-Boutieres-Paßstraße, Westseite
8 Croix-de-Boutieres-Paßstraße, Ostseite
9 Pré-de-la-Dame-Bergstraße
0 Finiels-Paßstraße, Südseite
1 Finiels-Paßstraße, Nordseite
2 Cevennen-Höhenstraße

ie Pyrenäen

3 Aubisque-Paßstraße, Westseite
4 Aubisque- mit Soulor-Pässestraße, Ostseite
5 Tourmalet-Paßstraße, Westseite
6 Tourmalet-Paßstraße, Ostseite
7 Aspin-Paßstraße, Westseite
8 Aspin-Paßstraße, Ostseite
9 Peyresourde-Paßstraße, Westseite
0 Peyresourde-Paßstraße, Ostseite
1 Superbagnères-Bergstraße
2 Ares-/Portet-d'Aspet-Pässestraße, Westseite
3 Portet-d'Aspet-Paßstraße, Ostseite
4 Port-Paßstraße, Westseite
5 Port-Paßstraße, Ostseite

Die Alpen

Ausgehend vom Wiener Becken, aus dem sich die anfangs dichtbewaldeten Hügelketten bald in respektable Felsriesen verwandeln, bis zu den mediterranen Hängen und Steilküsten des Mittelmeeres bei Nizza spannt sich in einem weiten Bogen eines der schönsten Gebirge der Welt - die Alpen. Mehrere Länder, Kulturen, Sprachkreise und Klimazonen verbindet diese gewaltige Barriere aus Fels, Eis und Schnee, die auf einer Länge von fast 1200 km den rauheren Norden vom sonnigeren Süden trennt. Noch vor gar nicht allzulanger Zeit waren Reisen in den Alpen mit einem erheblichen Aufwand an Zeit, Kosten und Mühe verbunden. Der Tourismus bestand im wesentlichen aus einigen begüterten englischen Alpinisten, die sich furchtlos daran machten, den schönsten Gipfel den Nimbus ihrer Unbezwingbarkeit zu rauben. Heute ist die Eroberung der Alpen längst abgeschlossen und die Umwandlung in das vielleicht größte und am besten erschlossene Erholungsgebiet der Welt vollzogen. Der Drang, die einst abgeschiedenen alpinen Regionen zu erforschen, ist einer Diskussion über die Vor- und Nachteile einer Übererschließung gewichen. Wer einmal an einem sonnigen Wochenende zur Hauptreisezeit zum Sellajoch in den Dolomiten oder die Großglockner-Hochalpenstraße in den Hohen Tauern hinaufradelt und dabei von einem nicht enden wollenden Strom von Pkw und Bussen überholt wird, der bekommt die Nachteile drastisch vor Augen geführt. Aber der Radler mag sich trösten: Zum einen ist seine Art der Fortbewegung die ehrlichste, sportlichste und schönste, die zudem noch am wenigsten belastend in die Umwelt eingreift. Und zum andern sind nicht alle Paßstraßen so dem Besucherstrom ausgesetzt wie die oben genannten Beispiele, und die Hauptreisezeiten meidend, kann auch hier eine Befahrung durchaus zum Genuß werden. Gewiß, auch die außeralpinen Gebiete wie die Pyrenäen, das Zentralmassiv oder die Vogesen sind schön, fremdartig, haben ihren eigenen Reiz und sind in jedem Fall eine Reise wert - aber das größte und schönste Betätigungsfeld für den Radler sind und bleiben die Alpen.

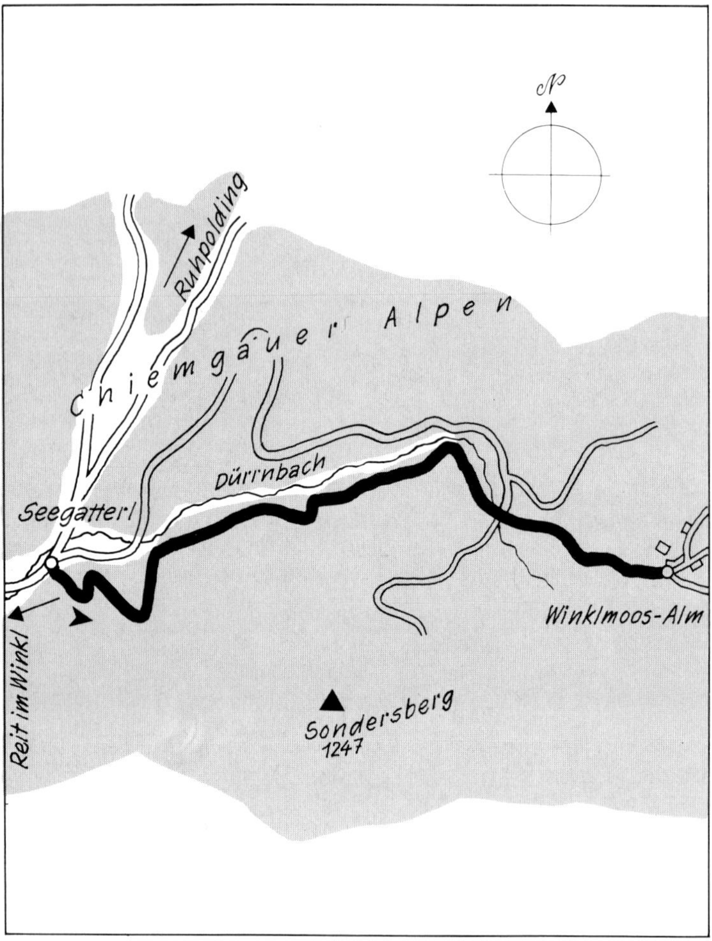

Ruhpolding
Chiemgauer Alpen
Dürrnbach
Seegatterl
Winklmoos-Alm
Reit im Winkl
Sondersberg
1247

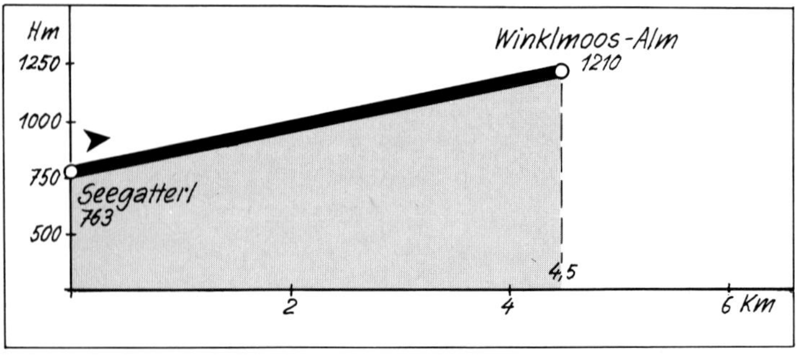

Hm
1250
1000
750
500
Winklmoos-Alm
1210
Seegatterl
763
4,5
2
4
6 Km

1 Winklmoos-Bergstraße

1210 m

Deutschland/Südbayern

Charakter Mittelschwere Radtour mit maximal 18% Steigung in den Chiemgauer Alpen

Offen 1.5.–31.10.

Zeit ½–¾ Stunde

Länge 4,5 km

Höhendifferenz 447 m

Übersetzung 42/26–28

Karte KOMPASS Wanderkarte 1:50000, Blatt 14

Ausgangspunkt Großparkplatz Seegatterl (763 m), ca. 5 km östlich von Reit im Winkl

Persönliche Angaben

Gefahren am

Zeit

Übersetzung

Streckenbeschreibung Die Wälder und Hochweiden um die Winklmoos-Alm sind ein ausgedehntes Wandergebiet in den Chiemgauer Alpen, unmittelbar an der Grenze zu Österreich. Es wird durch eine Mautstraße erschlossen, die ihren Ausgangspunkt am Großparkplatz Seegatterl, 5 km östlich von Reit im Winkl, hat. Schon wenige Meter nach der Mautstelle (km 0,0) nimmt die Steigung auf 18% zu und behält diese, um die erste Kehre herum, auf einer Länge von 700 m bei. Mit Steigungen zwischen 10 und 12%, kurz auch etwas flacher, schlängelt sich die Straße nun an den waldreichen Hängen des Sondersberges aufwärts, um sich nach einem Weiderost (km 2,7) zurückzulegen. Fast eben radelt man dann in eine kleine Waldlichtung ein, an deren Ende (km 3,3) die Strecke wieder auf 14% ansteigt. Bereits nach 50 m neigt sie sich nochmals kurz zurück, um gleich darauf bis zu den ersten Parkplätzen auf einer Länge von 450 m mit 18% anzuziehen. Vorbei am Ortsschild »Reit im Winkl – Ortsteil Winklmoos« (km 3,9) sehen wir das sanft gewellte, von einem Kranz dunkler Wälder umgebene Almgebiet vor uns, wo man die Auswahl zwischen mehreren verstreut liegenden Gasthäusern hat. Die wenigen Meter bis zu einer kleinen Kapelle (km 4,5) kurz unterhalb der Talstation des zum Dürrnbacheck führenden Sessellifts sollte man vorher allerdings noch hinauffahren: Von dort eröffnet sich die schönste Aussicht auf die Loferer Steinberge im Osten.

Hinweis: Die Mautstraße zur Winklmoos-Alm ist sehr stark von Kfz frequentiert. Trotz der kurzen Fahrzeit ist deshalb ein möglichst früher Aufbruch empfehlenswert.

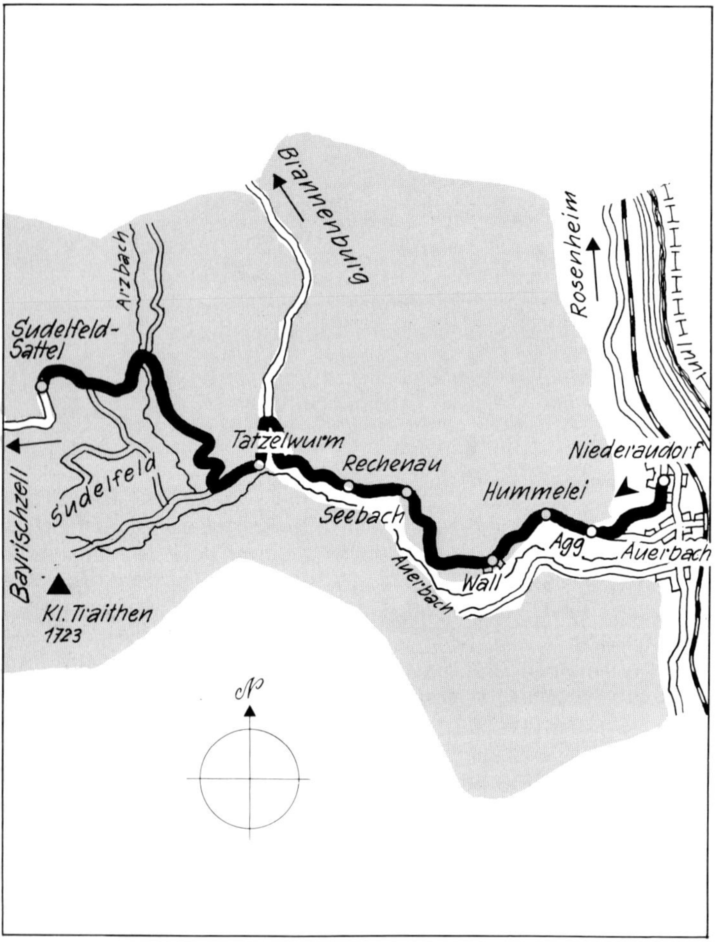
Brannenburg
Rosenheim
Inn
Arzbach
Sudelfeld-
Sattel
Tatzelwurm
Niederaudorf
Rechenau
Hummelei
Seebach
Sudelfeld
Agg
Auerbach
Bayrischzell
Wall
Auerbach
Kl. Traithen
1723
N

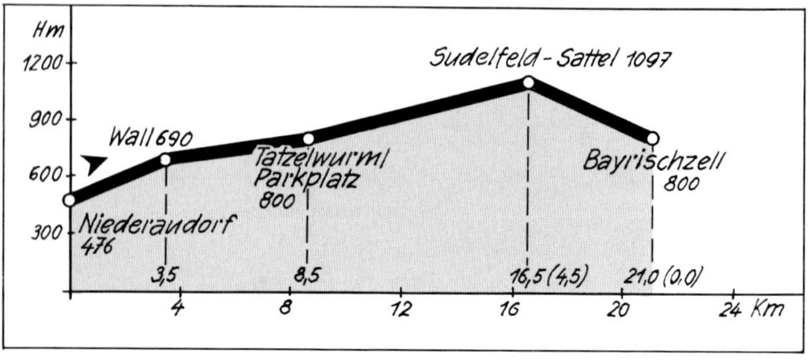
Hm
1200
900
600
300
Sudelfeld-Sattel 1097
Wall 690
Tatzelwurm/
Parkplatz
800
Bayrischzell
800
Niederaudorf
476
3,5
8,5
16,5 (4,5)
21,0 (0,0)
4
8
12
16
20
24 Km

2 Tatzelwurm- und Sudelfeldsattelstraße, Ostseite

1097 m — Deutschland/Südbayern

Charakter Mittelschwere Radtour mit maximal 14% Steigung im Mangfallgebirge

Offen 1. 1.–31. 12.

Zeit 1–1½ Stunden

Länge 16,5 km

Höhendifferenz 621 m

Übersetzung 42/26

Karte KOMPASS Wanderkarte 1:50000, Blatt 8

Ausgangspunkt Niederaudorf (476 m)

Persönliche Angaben

Gefahren am

Zeit

Übersetzung

<u>Streckenbeschreibung</u> In Niederaudorf (km 0,0) im bayerischen Inntal hält man sich an die Beschilderung »Bayrischzell über Tatzelwurm, Sudelfeld«. Bis Agg (km 1,0) hat man noch etwas Zeit zum Einrollen, bevor sich am Ortsende zwei Häuser dicht zusammendrängen und die Straße auf 14% anzusteigen beginnt. Bis zum Berggasthof Hummelei (km 2,5) hält die Steigung unvermindert an, dann senkt sich die Trasse endlich, und das schwierigste Teilstück der Auffahrt liegt hinter uns. Zum kleinen Kirchdorf Wall (km 3,5) gestatten lange, fast ebene Abschnitte den Ausblick zurück über das breite Inntal bis zum Wilden Kaiser, und auch über die Weiler Seebach (km 5,5) und Rechenau (km 6,5) behindern kurze mäßige Steigungen unser Vorwärtskommen bis zum Gasthof »Feuriger Tatzelwurm« (km 8,0) kaum. Das Feurigste scheint hier die Kurve unmittelbar vor dem Gasthaus zu sein, die auf wenige Meter auf 12% ansteigt. Und auch in dem nachfolgenden Waldstück, durch das die Straße mit Steigungen bis 7% führt, vermag man kaum zu glauben, daß hier der Sage nach einst ein feuerspeiender Drache gehaust haben soll. Beim Parkplatz Tatzelwurm (km 8,5) trifft man auf die von Brannenburg heraufführende Straße, die langsam auf 10% ansteigt und zum Beginn einer Kehrengruppe (km 9,5) leitet, die mit Steigungsspitzen bis 12% höher führt. Am Ende der Kehrengruppe (km 11,5) öffnet sich der Blick auf das weite, baumarme Almgelände des Sudelfelds, und eine fast 1 km lange leichte Abfahrt bringt uns in die Mulde des Arzbachs (km 13,0), wo die Straße an den nördlichen Wiesenhängen mit Steigungen bis 9%, meist jedoch weit darunter, auf den letzten Kilometern bis zur Paßhöhe (km 16,5) ein angenehmes Höherkommen ermöglicht.

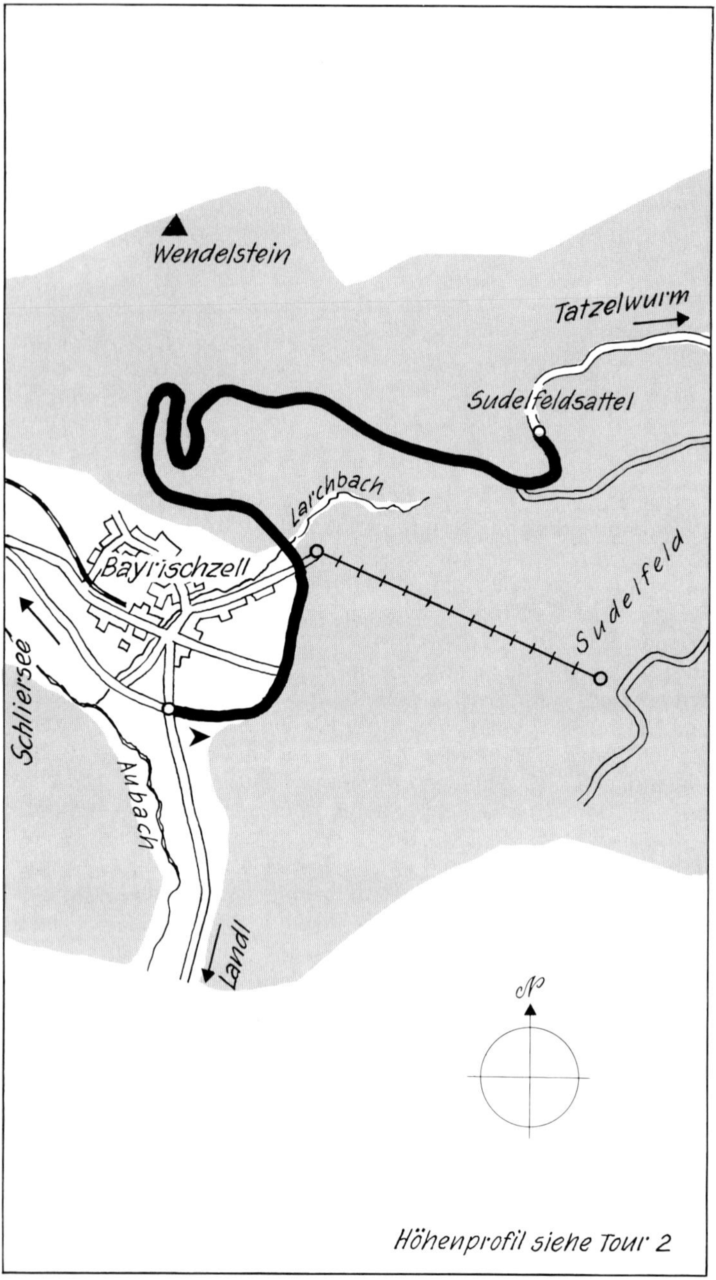
Wendelstein
Tatzelwurm
Sudelfeldsattel
Larchbach
Bayrischzell
Sudelfeld
Schliersee
Aubach
Landl
N
Höhenprofil siehe Tour 2

3 Sudelfeldsattelstraße, Westseite

1097 m — Deutschland/Südbayern

Charakter Leichte Radtour mit maximal 11% Steigung
Offen 1.1.–31.12.
Zeit ½–¾ Stunde
Länge 4,5 km
Höhendifferenz 297 m
Übersetzung 42/23
Karte KOMPASS Wanderkarte 1:50000, Blatt 8

Ausgangspunkt Bayrischzell (800 m)

Persönliche Angaben
Gefahren am
Zeit
Übersetzung

Streckenbeschreibung Unweit der bayerisch-österreichischen Grenze, wo das Ursprungtal in das Leitzachtal mündet, beginnt in Bayrischzell (km 0,0), einem der bekanntesten Fremdenverkehrsorte Oberbayerns, die Auffahrt zum Sudelfeld. Im Winter ein beliebtes und schneesicheres Skigebiet, kann der Radler hier schon zeitig im Frühjahr seine Form testen. Der Beschilderung »Tatzelwurm/Sudelfeld« folgend, beschreibt die Bundesstraße 307 eine weite Schleife um das südliche Ortsende, um schon kurz darauf, bei einer kleinen Brücke über den Larchbach (km 1,0), auf 11% anzusteigen. Deutlich überragt der Wendelstein, der hier mit seiner felsigen Südseite in das Leitzachtal hinabstürzt, die Berghänge vor uns, an denen das Band der zum Sattel hochführenden Straße gut zu verfolgen ist. Die Steigung läßt etwas nach, die erste Kehre (km 2,0) wird erreicht, der sich kurz darauf die zweite anschließt. Die Straße wendet sich leicht nach Osten und entzieht uns so den Blick auf die hoch aufragende Fernsehsender-Antenne und die Aufbauten des Sonnenobservatoriums auf dem Wendelsteingipfel. Dafür öffnet sich die Aussicht auf das Ursprungtal weit unter uns, wo die Berge schon bald so dicht zusammenrücken, daß es für die Richtung »Landl« führende Straße kein Durchkommen zu geben scheint. Uns bringt eine weiter gleichbleibend mit 9–10% ansteigende Trasse rasch höher. Fels, der an den Böschungen am linken Straßenrand zutage tritt, wird durch Drahtgitter gesichert, und schon bald zeigt ein Schild mit der Aufschrift »Sudelfeld« das nahe Ende der Auffahrt an. Wenige Meter sind bei nachlassender Steigung noch zum höchsten Punkt (km 4,5) zu radeln, bevor sich die Straße nach einer engen Kurve zu einer Gaststätte (km 5,0) absenkt.

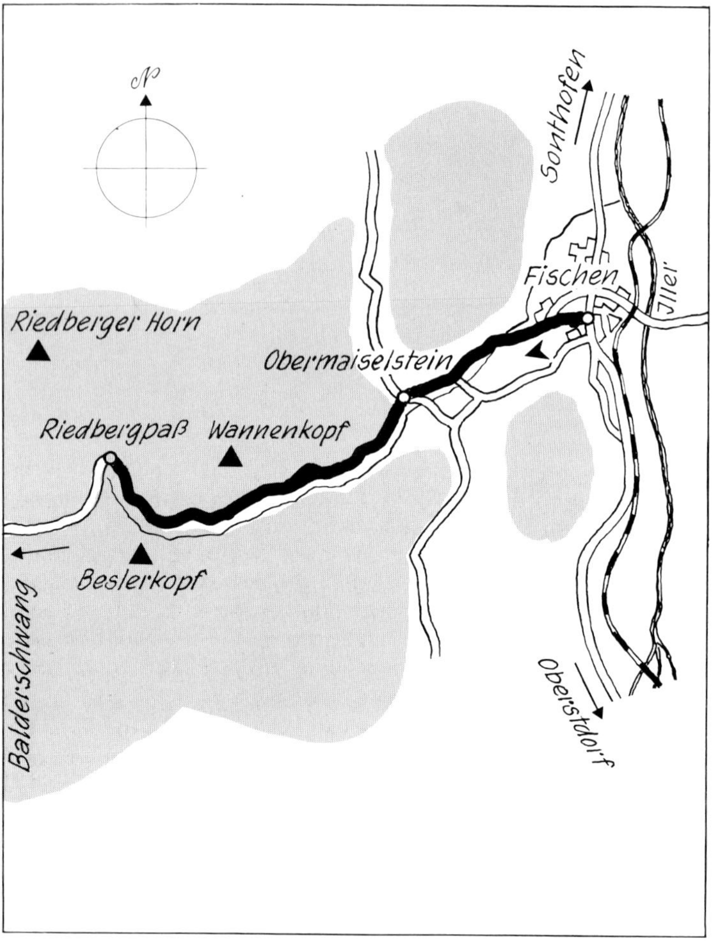
N
Sonthofen
Fischen
Jller
Riedberger Horn
Obermaiselstein
Riedbergpaß
Wannenkopf
Beslerkopf
Balderschwang
Oberstdorf

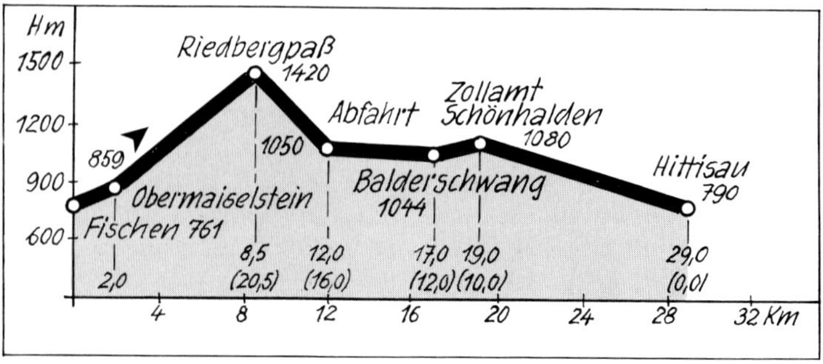
Hm
1500
1200
900
600
Riedbergpaß
1420
Abfahrt
Zollamt
Schönhalden
1080
859
1050
Obermaiselstein
Balderschwang
1044
Hittisau
790
Fischen 761
2,0
8,5
(20,5)
12,0
(16,0)
17,0
(12,0)
19,0
(10,0)
29,0
(0,0)
4
8
12
16
20
24
28
32 Km

4 Riedberg-Paßstraße, Ostseite

1420 m — Deutschland/Südbayern

Charakter Mittelschwere Radtour mit maximal 16% Steigung auf Deutschlands höchster Paßstraße

Offen 1.1.–31.12.

Zeit ¾–1¼ Stunden

Länge 8,5 km

Höhendifferenz 659 m

Übersetzung 42/26

Karte KOMPASS Wanderkarte 1:50000, Blatt 3

Ausgangspunkt Fischen im Allgäu (761 m), ca. 6 km südlich von Sonthofen

Persönliche Angaben

Gefahren am

Zeit

Übersetzung

Streckenbeschreibung Besonders im Frühjahr, wenn die schneebedeckten Bergspitzen des Allgäuer Hauptkamms einen schönen Kontrast zum satten Grün der Wiesen im Illertal bilden, ist man versucht, die Lage von Fischen im Allgäu als traumhaft zu bezeichnen. Für uns ist Fischen (km 0,0) Ausgangspunkt der östlichen Auffahrt zum Riedbergpaß, der höchsten Paßstraße Deutschlands, die man der Beschilderung »Balderschwang/Riedbergpaß« folgend beginnt. Auf fast ebener Strecke wird der breite Talboden gequert, in Obermaiselstein (km 2,0) zweigt die Straße ab, und man radelt durch einen 50 m langen, schwach beleuchteten Tunnel in das Tal der Schönberger Ache ein. Dichter Wald nimmt uns auf, die Steigung auf 8% zu, und ein Schild mit der Aufschrift »16%« (km 4,0) kündigt den Beginn der Steigungsstrecke an. Auf einer Länge von fast 700 m hält die angekündigte Steigung an und geht nur kurz zurück, um bis zu einer kleinen Brücke (km 6,0) weiter mit einer ständigen Steigung zwischen 14 und 16% anzuziehen. Kurze Aufschwünge bis 12% werden von flacheren Abschnitten abgelöst, das enge Tal bietet keinerlei Aussicht, und noch einmal nimmt die Steigung auf fast 500 m Länge auf 16% zu. Weitere Steigungen bis 12% gestatten auch auf den letzten 1,5 km kaum ein Ausruhen, bevor endlich ein Nachlassen der Steigung und ein Schild mit der Aufschrift »Riedbergpaß 1420 m« die Paßhöhe (km 8,5) anzeigt. Die Aussicht hier unterhalb des Riedberger Horns ist durch hochstämmige Bäume zwar stark eingeschränkt, dafür zeigen sich weit im Osten die Berge um das Nebelhorn, und unmittelbar südlich der Paßhöhe verstellt der zerklüftete Kamm des Besler den Blick auf die Allgäuer Alpen, während im Hintergrund noch die plateauartigen Gottesackerwände zu erkennen sind.

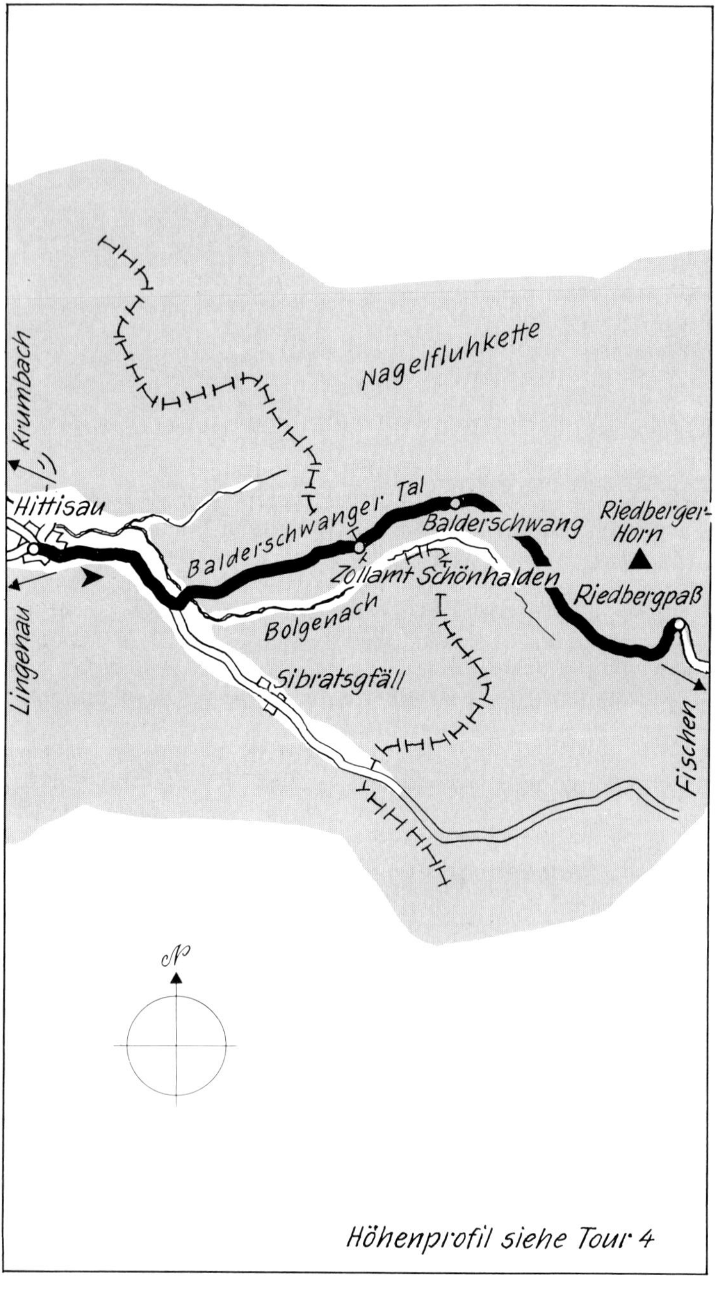
Nagelfluhkette
Krumbach
Hittisau
Lingenau
Balderschwanger Tal
Balderschwang
Riedberger-
Horn
Zollamt Schönhalden
Riedbergpaß
Bolgenach
Sibratsgfäll
Fischen
N
Höhenprofil siehe Tour 4

5 Riedberg-Paßstraße, Westseite

1420 m

Österreich/Vorarlberg
Deutschland/Südbayern

Charakter Mittelschwere Radtour mit maximal 16% Steigung

Offen 1.1.–31.12.

Zeit 1¼–1¾ Stunden

Länge 20,5 km

Höhendifferenz 666 m

Übersetzung 42/26

Karte KOMPASS Wanderkarte 1:50000, Blatt 2 und 3

Ausgangspunkt Hittisau (790 m)

Persönliche Angaben

Gefahren am

Zeit

Übersetzung

Streckenbeschreibung Die Ruhe und Friedfertigkeit, die Hittisau (km 0,0) inmitten grüner Wiesen und umgeben von einem Kranz sanfter, teils bewaldeter Bergrücken ausstrahlt, überträgt sich auch auf den Beginn der Auffahrt zum Riedbergpaß. Zwar zieht die Straße bis zur Gemeindegrenze von Hittisau (km 3,0) langsam bis auf 8% an, geht aber schon an der Abzweigung nach Sibratsgfäll (km 3,5) vorbei in eine leichte Abfahrt über. Die Bolgenach wird überquert (km 4,5), und über Aufschwünge bis 6%, von flacheren Stücken unterbrochen, radelt man in das Balderschwanger Tal ein. Vorbei an einer kleinen Kapelle (km 7,0) wechseln kurze Abfahrten mit ebensolchen Aufschwüngen und ebenen Abschnitten ab, ein Brücklein (km 8,5) symbolisiert die Landesgrenze, und bis zum Zollamt Schönhalden (km 10,0) fällt die Straße ab. Bis Balderschwang (km 12,0) radelt man auf gemächlich ansteigender Strecke wieder aufwärts, und auf den nächsten Kilometern hält sich die Trasse in einem mäßigen Auf und Ab, ohne Höhe zu gewinnen, im Talboden. Fast harmonisch kann man die Umgebung mit den hellen Wiesen und dunklen Wäldern an den Berghängen der Talumrahmung bezeichnen, bis man unvermittelt den Talschluß erreicht (km 16,0). Ein Schild mit der Aufschrift »16%« zeigt, daß es ernst wird. Auf einer Länge von fast 300 m steilt sich die Trasse auf 16% auf, geht dann kurz etwas zurück, um über weitere Aufschwünge zwischen 12 und 14%, immer wieder von flacheren Stücken unterbrochen, fast treppenartig aufwärts zu führen. Weiter oben nimmt die Steigung noch einmal auf 600 m Länge auf 16% zu, ein kurzes Flachstück täuscht das Ende der Steigungsstrecke vor, aber nochmals sind 500 m mit Steigungen bis 14% zu überwinden. Dann fällt die Straße kurz ab, um gleich darauf die letzten Meter zur Paßhöhe (km 20,5) nochmals leicht anzusteigen.

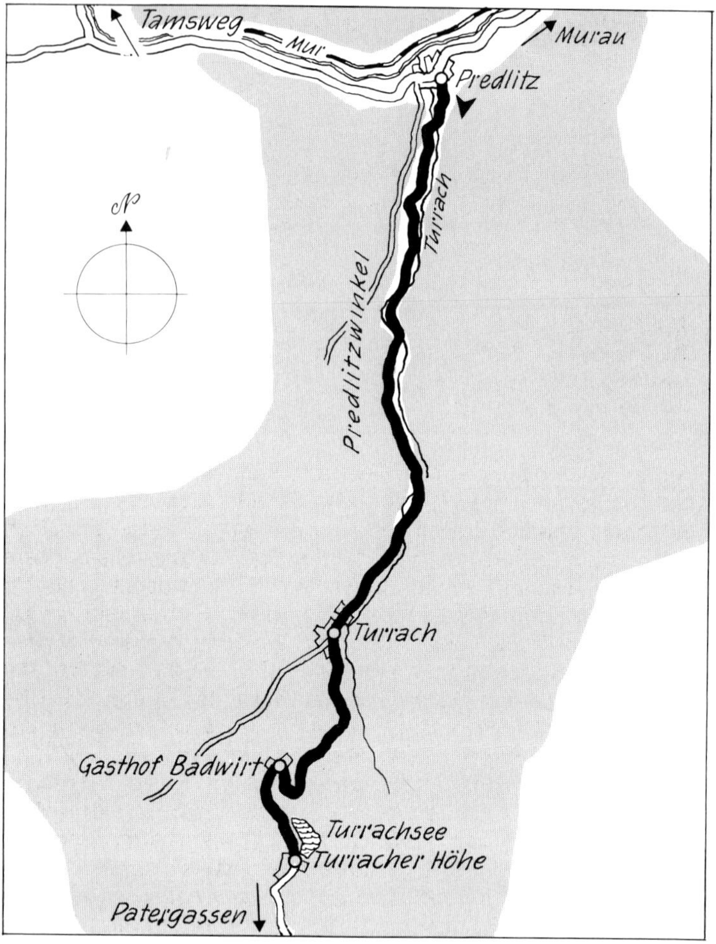
Tamsweg
Mur
Murau
Predlitz
Turrach
Predlitzwinkel
Turrach
Gasthof Badwirt
Turrachsee
Turracher Höhe
Patergassen

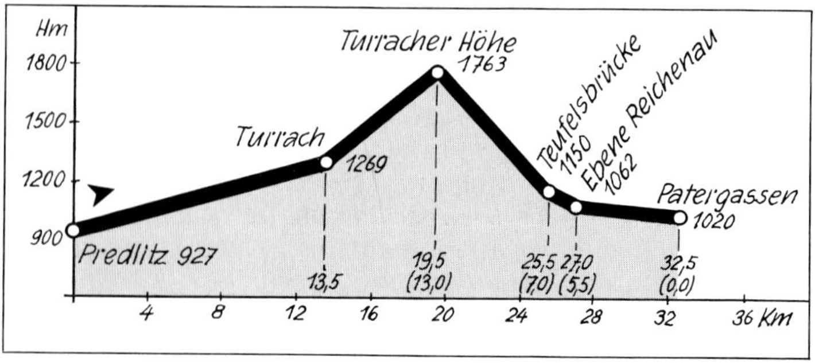
Hm
1800
1500
1200
900
Predlitz 927
Turrach
1269
Turracher Höhe
1763
Teufelsbrücke
1150
Ebene Reichenau
1062
Patergassen
1020
13,5
19,5
(13,0)
25,5
(7,0)
27,0
(5,5)
32,5
(0,0)
4
8
12
16
20
24
28
32
36 Km

6 Turracher Höhenstraße, Nordseite

1763 m Österreich/Steiermark

Charakter Mittelschwere Radtour mit maximal 12% Steigung in den Gurktaler Alpen

Offen 1.1.–31.12.

Zeit 1½–2 Stunden

Länge 19,5 km

Höhendifferenz 836 m

Übersetzung 42/23–26

Karte KOMPASS Wanderkarte 1:50000, Blatt 67

Ausgangspunkt Predlitz an der Mur (927 m)

Persönliche Angaben

Gefahren am

Zeit

Übersetzung

Streckenbeschreibung Die Turracher Höhenstraße bildet eine Nord-Süd-Verbindung vom oberen Murtal über die Gurktaler Alpen – ein waldreiches Mittelgebirge – zur Kärntner Seenlandschaft. Durch die neue Tauern-Autobahn, die eine wesentlich schnellere Verbindung zwischen der Steiermark und Kärnten darstellt, hat sie allerdings viel von ihrer Bedeutung verloren. Die Nordrampe gewinnt ihren Reiz für den Radler vor allem dadurch, daß sie durch weitgehend unberührte Natur, allerdings ohne jegliche landschaftliche Höhepunkte, führt und relativ schwach frequentiert ist. Die kleine Ortschaft Predlitz (km 0,0) im Murtal, unmittelbar an der Grenze vom Salzburger Land zur Steiermark gelegen, ist unser Ausgangspunkt. Ein 100 m langer, unbeleuchteter Tunnel kurz nach dem Ort führt in den Predlitzwinkel, wie das Tal der Turrach hier genannt wird. Lange zieht die Straße, nur leicht ansteigend und dem kurvigen Verlauf des Baches folgend, taleinwärts. Schwach besiedelt ist dieser Landstrich, nur hin und wieder unterbricht ein Holzhaus die dichte Bewaldung. Ein kurzer 8%iger Aufschwung (km 6,5) ist die einzig nennenswerte Erhebung, aber sofort legt sich die Trasse bis Turrach (km 13,5) wieder zurück. Am Ortsende beginnt die nunmehr breit ausgebaute Straße auf 12% anzusteigen. Die erste Kehre wird beim Gasthof Badwirt (km 18,0) erreicht, der wenig später die zweite folgt. Die Steigung geht auf 10% zurück, und beim Sporthotel Turracher Höhe zeigt ein Schild die Paßhöhe (km 19,5) an. Gleich darauf liegen die Hotels und Ferienhäuser inmitten des reizvollen Erholungsgebiets um den kleinen Turracher See vor uns.

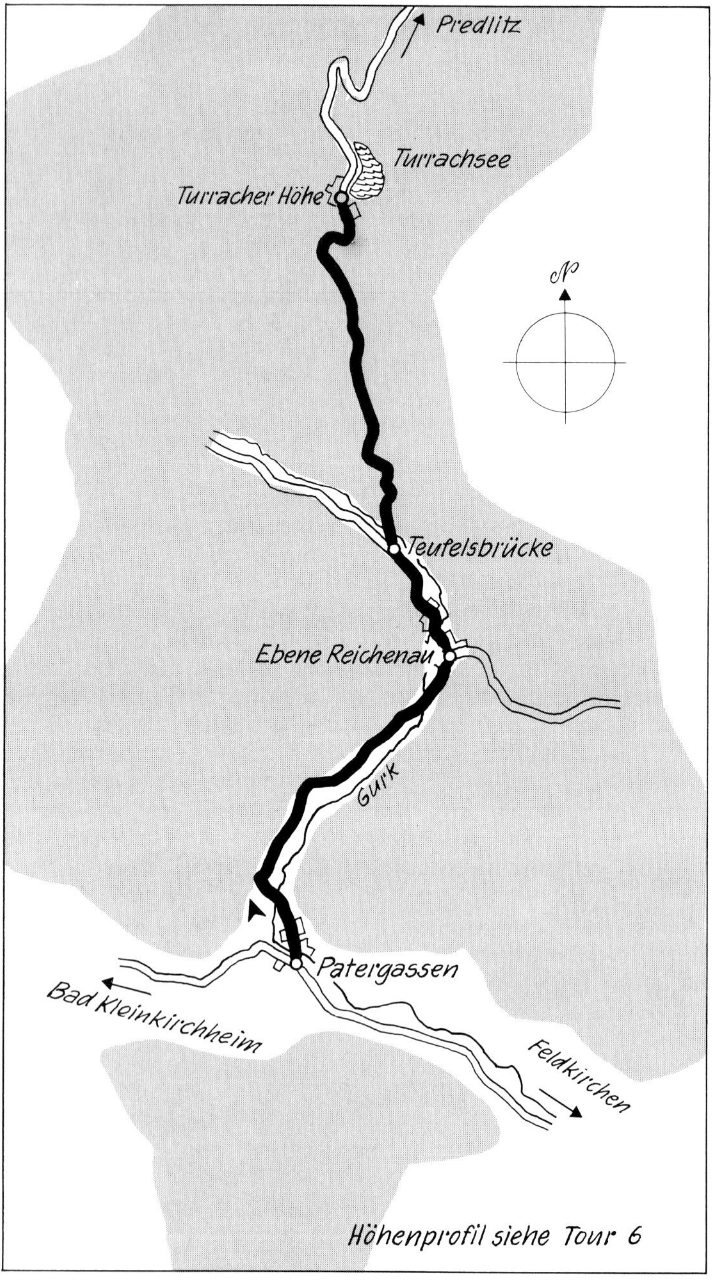
Predlitz
Turrachsee
Turracher Höhe
N
Teufelsbrücke
Ebene Reichenau
Gurk
Patergassen
Bad Kleinkirchheim
Feldkirchen
Höhenprofil siehe Tour 6

7 Turracher Höhenstraße, Südseite

1763 m Österreich/Kärnten

Charakter Schwere Radtour mit maximal 23% Steigung auf Österreichs steilster Paßstraße

Offen 1.1.–31.12.

Zeit ¾–1¼ Stunden

Länge 13 km

Höhendifferenz 743 m

Übersetzung 42/28–30

Karte KOMPASS Wanderkarte 1:50000, Blatt 63

Ausgangspunkt Patergassen (1020 m)

Persönliche Angaben

Gefahren am

Zeit

Übersetzung

Streckenbeschreibung Die Schwierigkeitsbewertung einer Paßstraße ist nicht immer einfach und von vielen Faktoren abhängig. Streckenlänge und Steigung sind zwei von ihnen. Aber ein 28er Ritzel und der Grundsatz »Zeit spielt keine Rolle« vorausgesetzt, können auch 20 und mehr Kilometer lange Anstiege mit 12% ein durchaus noch angenehmes Höherkommen suggerieren. Anders verhält es sich, wenn die Streckenlänge zwar wesentlich ab-, die Steigung in umgekehrt proportionalem Verhältnis aber erheblich zunimmt – auf 23% etwa. Die schafft man entweder, oder man schafft sie nicht. Wer sich diesem Experiment aussetzen möchte, dem bietet sich neben der Niger-Paßstraße in den Dolomiten oder der von Berchtesgaden zum Obersalzberg führenden Straße noch eine dritte Möglichkeit: die Südrampe der Turracher Höhe. Von Patergassen (km 0,0) hat man auf ebener Straße im grünen Talboden der Gurk bis Ebene Reichenau (km 5,5) Zeit zum Einrollen, und auch der nach dem Ort ansetzende etwa 200 m lange Anstieg mit 12% bis zur Abzweigung der Nockalm-Höhenstraße (km 7,0) bietet keinen Anlaß zur Sorge. Ein Brücklein, im Volksmund Teufelsbrücke genannt, wird überquert, und auf 1 km Länge zieht die Straße mit 23% steil aufwärts. Ein 300 m langes ebenes Stück gibt Gelegenheit zum Kräftesammeln, aber der nachfolgende 600-m-Aufschwung erreicht »nur« 18% und geht bis km 9,5 auf 10% zurück. Langsam schwingt sich die Trasse wieder auf 23% auf, die sie dann etwa 500 m lang beibehält (km 10,5). Wenig Aussicht bietet das dichtbewaldete Tal, über dessen westlicher Hälfte sich nur die Kuppen der Nockberge zeigen. Aufschwünge bis 12% bringen uns höher, noch einmal nimmt die Steigung auf einer Länge von 700 m bis zur einzigen Kehre (km 12,5) auf 23% zu, geht dann nur wenig zurück – aber gleich darauf liegt auch schon der höchste Punkt (km 13,0) vor uns.

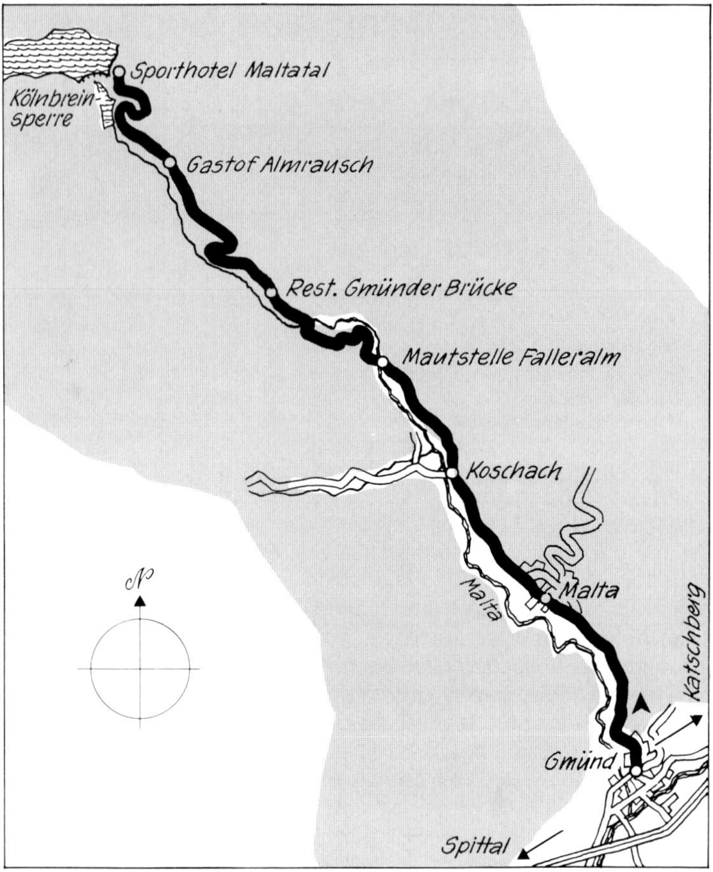
Sporthotel Maltatal
Kölnbrein-
sperre
Gastof Almrausch
Rest. Gmünder Brücke
Mautstelle Falleralm
Koschach
N
Malta
Malta
Katschberg
Gmünd
Spittal

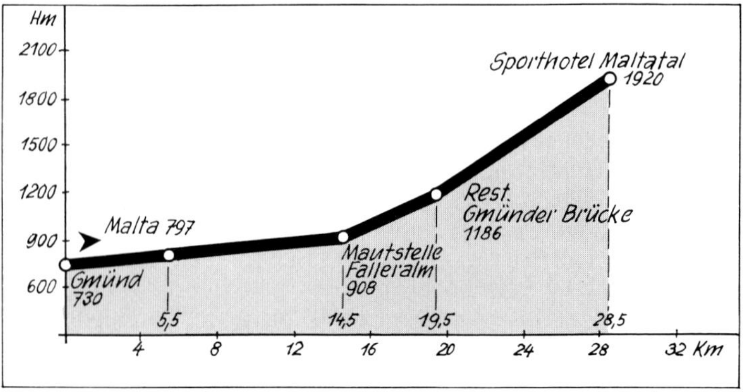
Hm
2100
1800
1500
1200
900
600
Sporthotel Maltatal
1920
Rest.
Gmünder Brücke
1186
Malta 797
Mautstelle
Falleralm
908
Gmünd
730
5,5
14,5
19,5
28,5
4
8
12
16
20
24
28
32 Km

8 Malta-Hochalmstraße

1920 m — Österreich/Kärnten

Charakter Mittelschwere Radtour mit maximal 13% Steigung in der Ankogel-Gruppe

Offen 1.6.–31.10.

Zeit 2–3 Stunden

Länge 28,5 km

Höhendifferenz 1190 m

Übersetzung 42/26

Karte KOMPASS Wanderkarte 1:50000, Blatt 66

Ausgangspunkt Gmünd (730 m), ca. 10 km nördlich von Spittal an der Drau, Ausfahrt Gmünd an der Tauern-Autobahn

Persönliche Angaben

Gefahren am

Zeit

Übersetzung

Streckenbeschreibung Hat man das Städtchen Gmünd (km 0,0) mit seinen mittelalterlichen Mauern und Toren ausgiebig besichtigt, bietet das breite Maltatal genügend Zeit zum Einrollen. Über Malta (km 5,5) und Koschach (km 10,5), wo der Fallbach in einer mächtigen Kaskade zur Malta herabstürzt, hält sich die Straße bis zur Mautstelle Falleralm (km 14,5), von einigen mäßigen Aufschwüngen und Abfahrten abgesehen, fast eben im Talboden. Die auf 13% ansteigende Trasse legt sich nach 1,5 km wieder zurück, und lange fast ebene Abschnitte wechseln mit Steigungsstufen, die 10% nur kurz erreichen, ab. Beim Restaurant Gmünder Brücke (km 19,5) nimmt die Steigung wieder auf 11% zu, ein 527 m langer, unbeleuchteter Felstunnel wird durchfahren, und bald danach regelt eine Ampel (km 21,0) den Einbahnverkehr über die folgende Kehrenstrecke. 13% Steigung und drei unbeleuchtete Tunnels – der längste fast 300 m – sind auf den nächsten 1,5 km zu überwinden, bevor die Straße über weitere Aufschwünge, die nur noch einmal kurz 13% erreichen, in ein kleines Hochtal (km 23,5) mündet. Fast eben radelt man zum Gasthof Almrausch (km 24,5), wo die Trasse, noch einmal von einem flacheren Abschnitt unterbrochen, wieder auf 10% anzieht. Dicht drängen sich Felswände an die Straße, eine kurze Lawinengalerie leitet in einen 348 m langen, unbeleuchteten Tunnel (km 26,5), und zwei weit auseinandergezogene Kehren mit Steigungen bis 13% bringen uns zu einer weiteren Ampel (km 27,5), die die Einfahrt in einen 345 m langen Tunnel regelt. Steigungen bis 10% führen zum Rundbau des Bergrestaurants (km 28,5), wo sich wenig unter uns in dem durch die Kölnbreinsperre, der größten Talsperre Österreichs, aufgestauten See die Gletscher der Ankogel-Gruppe spiegeln.

Hinweis: Wegen der Tunnels ist Beleuchtung notwendig.

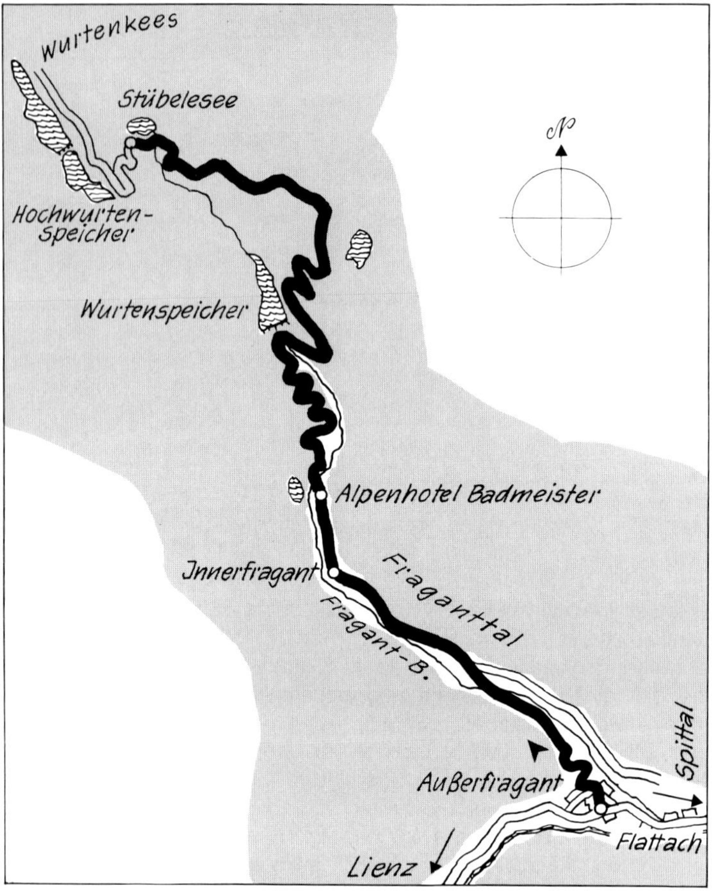
Wurtenkees
Stübelesee
Hochwurten-
Speicher
Wurtenspeicher
N
Alpenhotel Badmeister
Jnnerfragant
Fragant-B.
Fragantttal
Außerfragant
Spittal
Flattach
Lienz

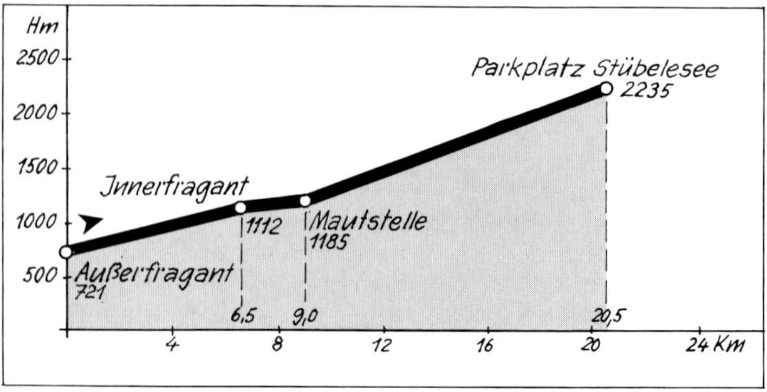
Hm
2500
2000
1500
1000
500
Parkplatz Stübelesee
2235
Jnnerfragant
1112
Mautstelle
1185
Außerfragant
721
6,5
9,0
20,5
4
8
12
16
20
24 Km

9 Mölltaler Gletscherstraße

2235 m

Österreich/Kärnten

Charakter Schwere Radtour mit maximal 15% Steigung in der Goldberg-Gruppe

Offen 1. 1.–31. 12.

Zeit 2–3 Stunden

Länge 20,5 km

Höhendifferenz 1514 m

Übersetzung 42/26–28

Karte KOMPASS Wanderkarte 1:50000, Blatt 49

Ausgangspunkt Außerfragant im Mölltal (721 m), an der B 106 zwischen Spittal an der Drau und Lienz gelegen

Persönliche Angaben

Gefahren am

Zeit

Übersetzung

Streckenbeschreibung In Außerfragant (km 0,0) weisen Hinweisschilder mit der Aufschrift »Mölltaler Gletscherbahnen« den Weg. Mit 12% steigt die Straße an und neigt sich erst nach Unterfahrung zweier Druckrohrleitungen (km 2,0) auf 10% zurück. Noch etwas ansteigend geht es dann länger ins Fraganttal bis auf Höhe des Baches (km 4,5) abwärts. Zwischen frischen grünen Wiesen und dunklem Nadelwald an den Berghängen radeln wir in dem überraschend ursprünglich gebliebenen Tal bei nur kurz auf 8% zunehmender, meist weit darunter liegender Steigung bis zur Häusergruppe von Innerfragant (km 6,5). Auch der 12%ige Anstieg nach dem Ort legt sich gleich wieder zurück, und eben rollt es, vorbei am Alpenhotel Badmeister (km 8,0), zur Mautstelle am Talschluß (km 9,0). Über eine Felswand stürzt ein Wasserfall herab, und eng aufeinanderfolgende, fast unmittelbar übereinander liegende Kehren mit 15% Steigung, von zwei 150 m und 80 m langen unbeleuchteten Felstunnels geschützt, überwinden diese Felsstufe. Nach dem zweiten Tunnel (km 12,5) geht die Steigung zurück, vor uns versperrt die Staumauer des Wurtenspeichers das Tal, und die Trasse weicht auf die Hänge der östlichen Talseite aus. Durch schütteren Lärchen- und Zirbenbestand werden 15%ige Steigungen anfangs nur von kurzen flacheren Abschnitten unterbrochen, und erst am Beginn einer Kehrengruppe geht die Steigung auf 12% zurück. Ein Talkessel öffnet sich (km 17,0), während an den Fels- und Geröllhängen vor uns eine Reihe von Lawinengalerien auftaucht, zu denen man wieder etwas abfährt. Am Beginn der letzten Galerie (km 18,0) nimmt die Steigung auf 12% zu, fällt dann nochmals mehrere 100 m ab, um nach weiteren Aufschwüngen bis 12% an den Parkplätzen der Talstation der zum Sommerskigebiet Wurtenkees hinaufführenden Seilbahn (km 20,5) zu enden.

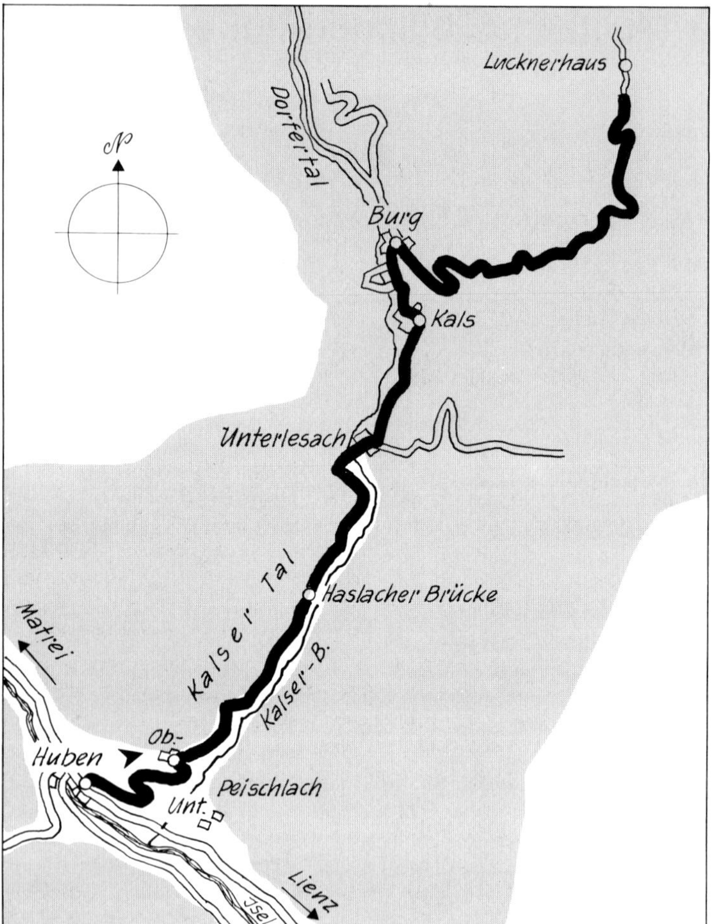

Lucknerhaus
Dorfertal
Burg
Kals
Unterlesach
Haslacher Brücke
Kalser Tal
Kalser-B.
Matrei
Huben
Ob.-
Peischlach
Unt.
Lienz
Jsel

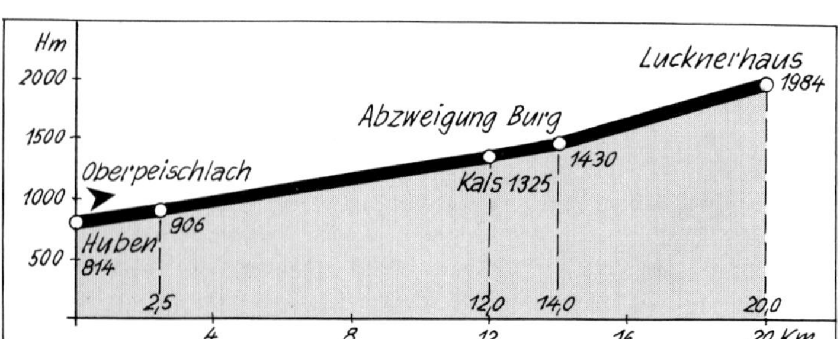

Hm
2000
1500
1000
500
Lucknerhaus
1984
Abzweigung Burg
1430
Kals 1325
Oberpeischlach
906
Huben
814
2,5
12,0
14,0
20,0
4
8
12
16
20 Km

10 Kalser Glocknerstraße

1984 m Österreich/Osttirol

Charakter Mittelschwere Radtour mit maximal 10% Steigung zum höchsten Berg Österreichs

Offen 15.4.–31.10.

Zeit 1½–2¼ Stunden

Länge 20 km

Höhendifferenz 1170 m

Übersetzung 42/23–26

Karte KOMPASS Wanderkarte 1:50000, Blatt 48

Ausgangspunkt Huben (814 m), ca. 20 km nordwestlich von Lienz an der Felbertauerntunnelstraße

Persönliche Angaben

Gefahren am

Zeit

Übersetzung

Streckenbeschreibung Wer dem Großglockner, dem höchsten Berg Österreichs, einen Besuch mit dem Fahrrad abstatten möchte, wird in erster Linie die Großglockner-Hochalpenstraße in Betracht ziehen. Mit der 1980 eröffneten Kalser Glocknerstraße bietet sich jedoch eine Alternative an, die vor allem für denjenigen interessant ist, dem für die beträchtlich größeren Schwierigkeiten der Großglockner-Hochalpenstraße noch die richtige Einstellung fehlt. Huben (km 0,0) wird der Beschilderung »Kals« folgend über drei weit auseinandergezogene Kehren mit 9% Steigung verlassen. Nach der Häusergruppe von Oberpeischlach (km 2,5) geht die Steigung zurück, und man radelt in das Kalser Tal ein. Bis zu einer Brücke (km 5,5) hält sich die Straße eben und steigt auch im weiteren Verlauf nur leicht an. Bei der Haslacher Brücke (km 6,5) tost ein Wasserfall aus dem Staniskatal in den Kalser Bach, und nur einmal unterbricht ein kaum 100 m langer 7%iger Aufschwung den Steigungsverlauf. Nach der Knopfbrücke (km 9,5) nimmt die Steigung über eine Kehre etwas länger auf 7% zu, senkt sich bis Kals (km 12,0) aber wieder. Vorbei an der Kirche mit dem weithin sichtbaren Spitzturm folgt man der geradlinig aus dem Ort führenden Straße, die zwischen grünen Wiesen auf 10% ansteigt. Vor uns die Berge der Granatspitz-Gruppe über dem Dorfertal, folgen wir an der nächsten Abzweigung (km 14,0) der Beschilderung »Kalser Glocknerstraße/Lucknerhaus«. Über weit auseinandergezogene Kehren steigt die Trasse über einen bewaldeten Berghang mit gleichmäßigen 10% Steigung bis zur Mautstelle (km 17,5) an. Kurz etwas flacher, nimmt die Steigung wieder auf 10% zu, und nach zwei Kehren gibt ein reizvolles Hochtal beim Lucknerhaus (km 20,0) den Blick auf die Spitze des Großglockner hoch oben frei.

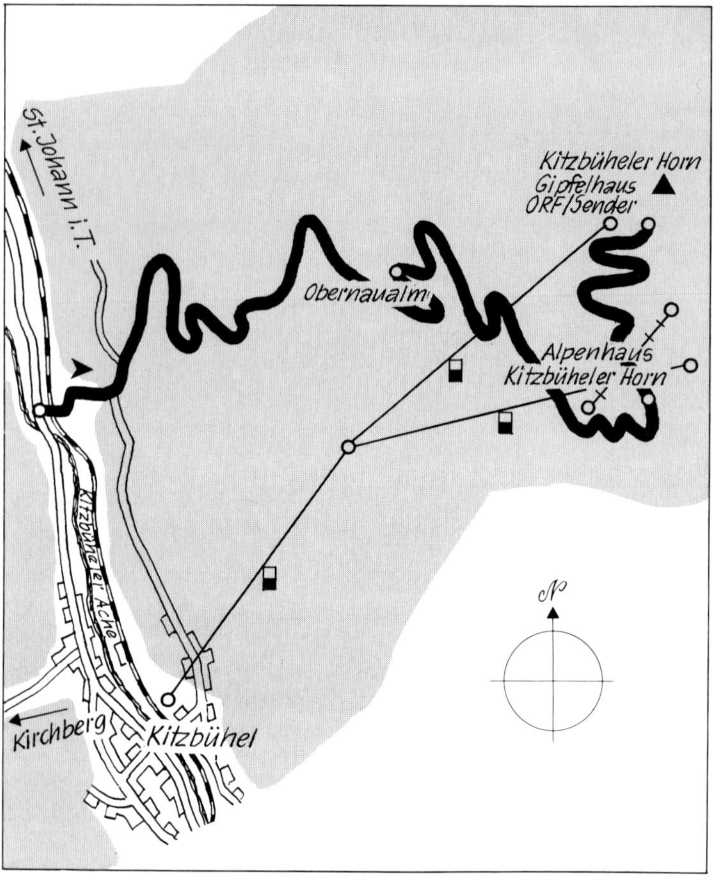
St. Johann i.T.
Kitzbüheler Horn
Gipfelhaus
ORF/Sender
Obernaualm
Alpenhaus
Kitzbüheler Horn
Kitzbüheler Ache
Kirchberg
Kitzbühel

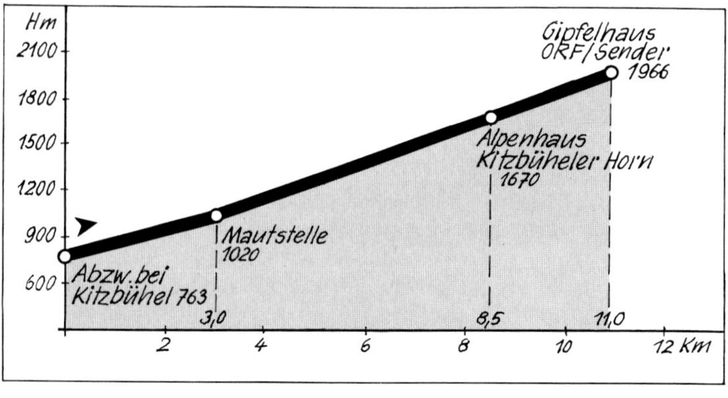
Hm
2100
1800
1500
1200
900
600
Gipfelhaus
ORF/Sender
1966
Alpenhaus
Kitzbüheler Horn
1670
Mautstelle
1020
Abzw. bei
Kitzbühel 763
3,0
8,5
11,0
2
4
6
8
10
12 Km

11 Kitzbüheler-Horn-Bergstraße

1966 m Österreich/Nordtirol

Charakter Schwere Radtour mit maximal 18% Steigung in den Kitzbüheler Alpen

Offen 1. 1.–31.12.

Zeit 1¼–1¾ Stunden

Länge 11 km

Höhendifferenz 1203 m

Übersetzung 42/26–28

Karte KOMPASS Wanderkarte 1:50000, Blatt 9

Ausgangspunkt Abzweigung an der B 161 Richtung St. Johann kurz nach Kitzbühel (763 m)

Persönliche Angaben

Gefahren am

Zeit

Übersetzung

Streckenbeschreibung Verläßt man Kitzbühel Richtung St. Johann, zweigt kurz nach dem Ortsende, unmittelbar nach Überqueren der Kitzbüheler Ache, die Mautstraße Kitzbüheler Horn ab (km 0,0). Ein enges Bahntunnel wird durchfahren, dann führt der Beschilderung »Kitzbüheler Horn« folgend die Straße mit 10% Steigung durch die Häuser am Ortsrand. Ein weißer Strich (km 1,0) zeigt den Start eines hier jährlich stattfindenden Radrennens an, und man sollte kurz auf die Uhr blicken. Die Steigung legt auf 14% zu, der Hahnenkamm mit der berüchtigten Skiabfahrt »Streif« zeigt sich im Süden, während im Osten das Massiv des Wilden Kaiser aufragt. Erst kurz vor der Mautstelle (km 3,0) nimmt die Steigung ab, um gleich darauf wieder auf 14% anzusteigen. Über weit auseinandergezogene Kehren geht es höher, alle ½ km zeigen uns Aufschriften am Straßenrand die vom Start zurückgelegte Entfernung an, nur die Steigung läßt kaum einmal spürbar nach. Ein etwa 300 m langer 8%iger Abschnitt nach einem Weiderost (km 4,0) und einige flachere Meter in einer Kehre bei der Obernaualm (km 5,0) - das ist so ziemlich alles, was hier an Positivem zu vermelden ist. Dafür wird es zwischen km 6,5 und 7,5 wieder 16% steil, bevor man dann noch fünf enge Kehren mit 12% bis zum Alpenhaus Kitzbüheler Horn (km 8,5) vor sich hat. Ein weiterer Blick auf die Uhr läßt den Vergleich mit dem Schweizer Radprofi Beat Breu zu, der vom Startstrich bis hierher nur wenig mehr als 29 Minuten benötigt. Das durch eine Schranke (km 8,9) gesperrte Gipfelsträßchen kann man dann auch noch mitnehmen. 16% Steigung bis zur zweiten Kehre (km 9,2) gehen bis zum Raintal-Sessellift (km 10,2) kurz auf 14% zurück. Dann folgen 400 mit 10% fast flache Meter und nochmals 16% bis zum Gipfelhaus (km 10,8), wo zwei kurze Rampen mit 18% Steigung direkt vor dem Eingang des ORF-Senders (km 11,0) enden.

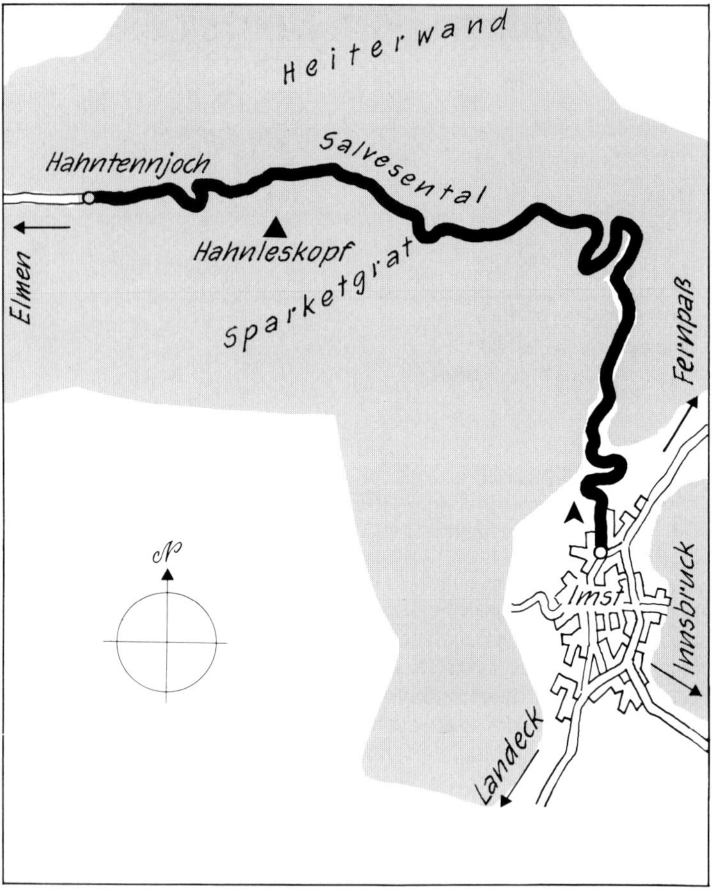
Heiterwand
Salvesental
Hahntennjoch
Hahnleskopf
Sparketgrat
Elmen
Fernpaß
Imst
Innsbruck
Landeck
N

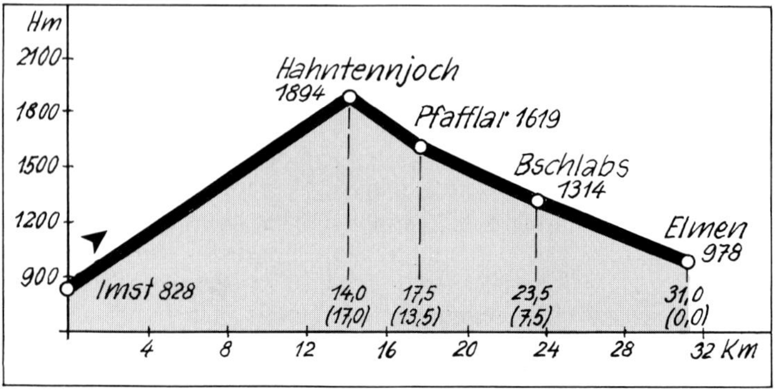
Hm
2100
1800
1500
1200
900
Hahntennjoch
1894
Pfafflar 1619
Bschlabs
1314
Elmen
978
Imst 828
14,0
(17,0)
17,5
(13,5)
23,5
(7,5)
31,0
(0,0)
4
8
12
16
20
24
28
32 Km

12 Hahntennjochstraße, Ostseite

1894 m Österreich/Nordtirol

Charakter Mittelschwere Radtour mit maximal 15% Steigung in den Lechtaler Alpen

Offen 1.6.–31.10.

Zeit 1¼–2 Stunden

Länge 14 km

Höhendifferenz 1066 m

Übersetzung 42/26

Karte KOMPASS Wanderkarte 1:50000, Blatt 35

Ausgangspunkt Imst (828 m)

Persönliche Angaben

Gefahren am

Zeit

Übersetzung

Streckenbeschreibung Vom Fernpaß kommend, zweigt bereits am nördlichen Beginn von Imst (km 0,0) die Straße zum Hahntennjoch ab. An der Kirche vorbei weisen uns grüne Hinweisschilder den Weg, und schon nach wenigen hundert Metern nimmt die Steigung auf einer Länge von 800 m auf 15% zu. An der ersten Kehre (km 1,0) geht sie auf 10% und an der nächsten (km 1,5) auf 8% zurück. Erst jetzt wird das Ortsende von Imst erreicht, ein Weiderost überquert, und nochmals schwingt sich die Trasse auf 10% auf, bevor man auf nachlassender Steigung etwas müheloser vorwärtskommt. Über eine Kehre steigt die Straße bis auf 11% an, und bald zeigt sich rückblickend der Tschirgant als behäbiger breiter Bergrücken. Nach einer weiteren Kehre (km 5,5) neigt sich die Straße nochmals zurück, worauf man über einen weiteren Weiderost (km 6,5) in das Salvesental einradelt. Bis auf 13% nimmt die Steigung zu, während sich im Norden die grauen Felswände der Heiterwand zeigen. Die Trasse ist ausreichend breit, und auch die an Eisenpfosten befestigten Holzbohlen am talseitigen Straßenrand machen einen vertrauenerweckenden Eindruck. Am Beginn des Sparketgrates (km 8,5), der hier mit einer bereits von weitem sichtbaren, schräg geneigten Spitze zur Straße abbricht, geht die Steigung auf 10% zurück und wird im weiteren Verlauf von flacheren Abschnitten unterbrochen. Bevor sich die Trasse stark nach Westen wendet, radeln wir sogar etwas länger eben dahin, dann aber nimmt die Steigung unter den Schuttreißen und Latschenfeldern des Hahnleskopfes wieder bis auf 13% zu. Erst kurz vor der Paßhöhe (km 14,0), die ein weiterer Weiderost und ein Schild mit der Aufschrift »Seehöhe 1894« andeuten, legt sich die Trasse dann endgültig zurück.

Hinweis: Wegen der Weideroste Vorsicht bei der Abfahrt.

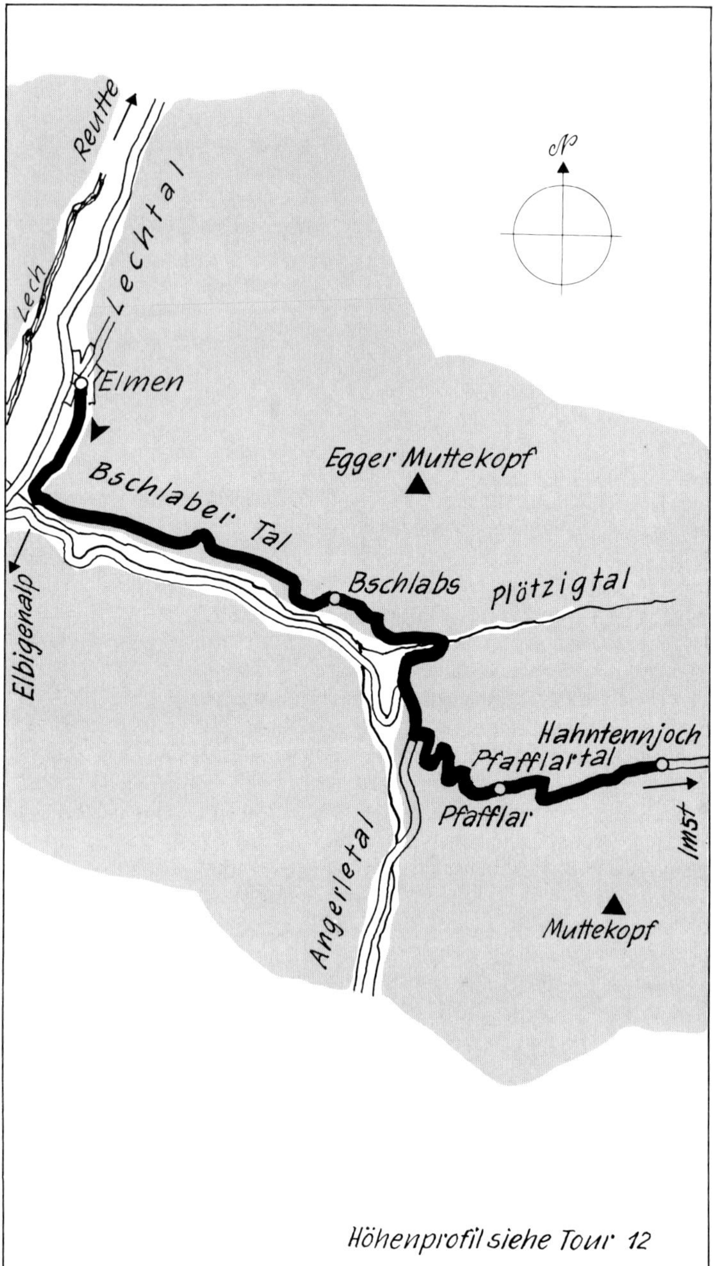
Reutte
Lechtal
Lech
Elmen
Egger Muttekopf
Bschlaber Tal
Elbigenalp
Bschlabs
Plötzigtal
Hahntennjoch
Pfafflartal
Pfafflar
Imst
Angerletal
Muttekopf
Höhenprofil siehe Tour 12

13 Hahntennjochstraße, Westseite

1894 m Österreich/Nordtirol

Charakter Mittelschwere Radtour mit maximal 18% Steigung

Offen 1.6.–31.10.

Zeit 1¼–2 Stunden

Länge 17 km

Höhendifferenz 916 m

Übersetzung 42/26

Karte KOMPASS Wanderkarte 1:50000, Blatt 35

Ausgangspunkt Elmen (978 m)

Persönliche Angaben

Gefahren am

Zeit

Übersetzung

Streckenbeschreibung In Elmen (km 0,0) im mittleren Lechtal zweigt von der Lechtalstraße die Straße zum Hahntennjoch ab. Steil führt die Trasse auf den ersten beiden Kilometern mit 18% Steigung an den grasbewachsenen Hängen der Rotwand aufwärts. Mit der Einfahrt in das Bschlaber Tal geht die Steigung zuerst auf 10% und nach Passieren eines nur 5 m langen Tunnels noch weiter zurück. Mit Bschlabs (km 7,5) wird der Hauptort des Tales durchfahren. Gemächlich radelt man auf kurviger, aber fast ebener Straße an den Hängen des Egger Muttekopfs entlang, bis man unvermittelt ins Plötzigtal abbiegt (km 9,5). Über zwei Kehren steigt die Straße auf 12% an, während sich weit zurück im Westen über das Lechtal hinweg die Spitzen der Hornbachkette zeigen. Gleich wird das Tal wieder verlassen, und bis zur Abzweigung »Hahntennjoch/Imst« (km 11,5) läßt die Steigung wieder nach. Die Einfahrt ins Pfafflartal ist nunmehr endgültig; mit gleichbleibender 15%iger Steigung windet sich die Trasse zu den Almhütten von Pfafflar (km 13,5), die zum Teil bereits aus dem 13. Jahrhundert stammen und somit zu den ältesten Bauwerken Tirols zählen. Mit 10% steigt die Straße über zwei weit auseinandergezogene Kehren durch einen Gürtel aus Latschen und Fichten weiter an. Eindrucksvoll zeigen sich die schroffen Kalkwände der Lechtaler Alpen im Süden über dem Angerletal, vom Muttekopf herabziehende Geröllfelder verdrängen langsam die Vegetation, und kurvenarm zieht sich die Trasse bei gleichbleibender Steigung zum Scheitelpunkt. Die Paßhöhe selbst (km 17,0) bietet keine große Aussicht und auch keine Einkehrmöglichkeit – dafür einen breiten Weiderost, den man vorsichtig überfahren sollte.

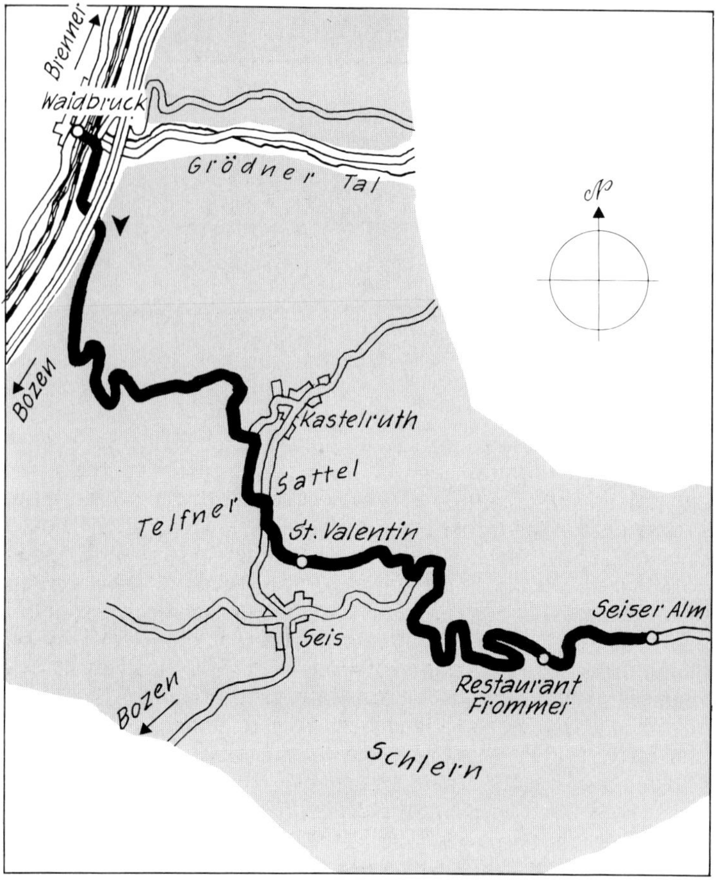
Brenner
Waidbruck
Grödner Tal
N
Bozen
Kastelruth
Telfner Sattel
St. Valentin
Seis
Seiser Alm
Restaurant Frommer
Bozen
Schlern

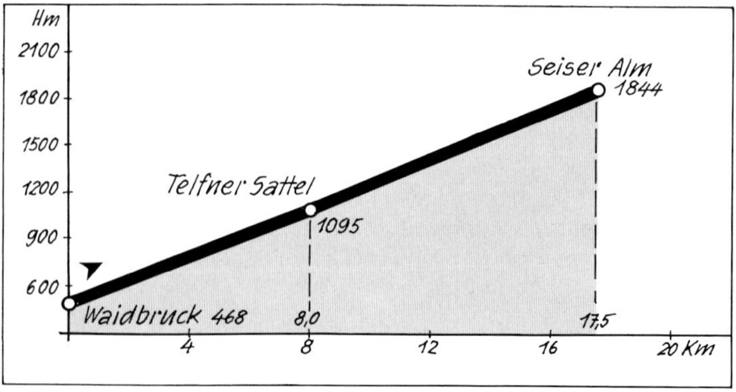
Hm
2100
1800
1500
1200
900
600
Seiser Alm
1844
Telfner Sattel
1095
Waidbruck 468
8,0
17,5
4
8
12
16
20 Km

14 Seiseralmstraße

1844 m — Italien/Südtirol

Charakter Mittelschwere Radtour mit maximal 15% Steigung in den Naturpark Schlern

Offen 1. 1.–31. 12.

Zeit 1¾–2¼ Stunden

Länge 17,5 km

Höhendifferenz 1376 m

Übersetzung 42/26

Karte KOMPASS Wanderkarte 1:50000, Blatt 54

Ausgangspunkt Waidbruck (468 m), Autobahnausfahrt Klausen

Persönliche Angaben

Gefahren am

Zeit

Übersetzung

Streckenbeschreibung Noch vor dem Kirchplatz von Waidbruck (km 0,0), unmittelbar nach dem Passieren der Starzer Brücke, zweigt die Straße Richtung »Kastelruth/Seiser Alm« ab. An der Eisack-Stauanlage für das Elektrizitätswerk in Kardaun entlang wird die Ortschaft verlassen, und nachdem man die Autobahn unterfahren hat, nimmt die Steigung langsam bis auf 11% zu. Zwei Kehren (km 3,5) mit Steigungen bis 13% bringen uns höher, durch einen 90 m langen, unbeleuchteten Tunnel (km 4,5) radeln wir in das klammartige Tisenser Tälchen ein, und auf fast 1 km Länge steigt die Trasse bis auf 15% an. Ein kleines Häuschen am Straßenrand (km 5,5) zeigt das Ende der Klamm an, dann bringen uns zwei Kehren mit Steigungen bis 13% über einen Wiesenhang in das Gemeindegebiet von Kastelruth (km 6,5), wo die Steigung bis zum Telfner Sattel mit der Straßenkreuzung Kastelruth/Seiser Alm (km 8,0) auf 10% zurückgeht. Die vom Schlernblock abgespaltene Santnerspitze vor Augen, hält man sich an die Beschilderung »Seiser Alm« und folgt der in das Gemeindegebiet von St. Valentin abzweigenden Straße. In der Mittelgebirgsstufe zu Füßen des Schlern wechseln zwischen grünen Wiesen mit weitverstreuten Häusern 10%ige Anstiege mit längeren flacheren Abschnitten ab. Wald nimmt uns auf, die Steigung bis auf 11% zu, hin und wieder geben Kehren den Blick auf die reizvolle Hügellandschaft unter uns frei. Beim Restaurant Frommer (km 15,5) läßt man die Waldgrenze hinter sich und radelt nach drei Kehren bei nachlassender Steigung in die weite Hochfläche der Seiser Alm ein. Während für die Autofahrer bei einer Hotelgruppe mit Parkplätzen (km 17,5) die Auffahrt zu Ende ist, sollten wir nicht versäumen, dem leicht in den Naturpark Schlern ansteigenden Sträßchen bis zum höchsten Punkt (km 20,5) zu folgen.

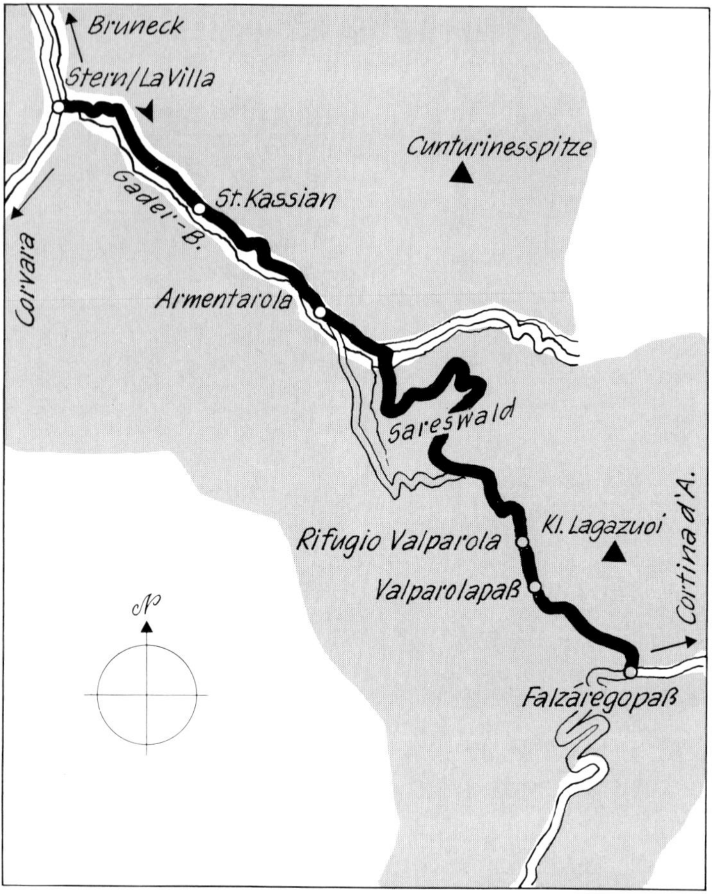
Bruneck
Stern/La Villa
Cunturinesspitze
St. Kassian
Gader-B.
Corvara
Armentarola
Sareswald
Rifugio Valparola
Kl. Lagazuoi
Valparolapaß
Cortina d'A.
N
Falzáregopaß

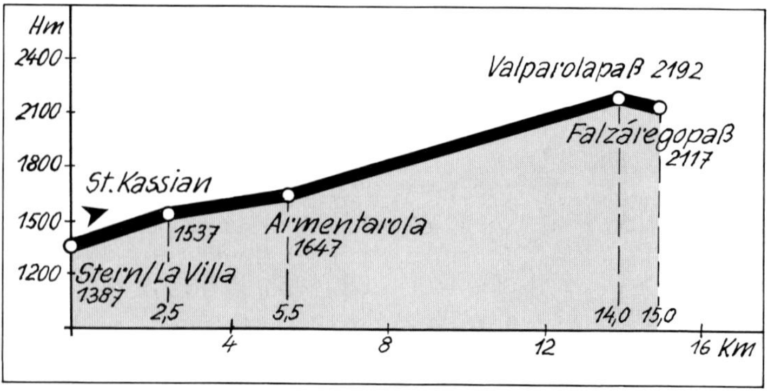
Hm
2400
2100
1800
1500
1200
Valparolapaß 2192
Falzáregopaß
2117
St. Kassian
1537
Armentarola
1647
Stern/La Villa
1387
2,5
5,5
14,0
15,0
4
8
12
16 Km

15 Valparola-Paßstraße, Nordwestseite

2192 m — Italien/Südtirol

Charakter Leichte Radtour mit maximal 10% Steigung entlang der Fanes-Gruppe

Offen 1. 1.–31. 12.

Zeit 1¼–2 Stunden

Länge 14 km

Höhendifferenz 805 m

Übersetzung 42/23

Karte KOMPASS Wanderkarte 1:50000, Blatt 59

Ausgangspunkt Stern/La Villa (1387 m), ca. 3 km nördlich von Corvara

Persönliche Angaben

Gefahren am

Zeit

Übersetzung

Streckenbeschreibung Unweit der bekannten Pässerunde um den Sellastock stellt der Valparolapaß eine reizvolle Verbindung mit dem Falzáregopaß und damit nach Cortina d'Ampezzo her. Ausgangspunkt ist die Ortschaft Stern/La Villa (km 0,0), langgestreckt in den Wiesenböden des Gadertales zu Füßen der Fanes-Gruppe gelegen. In Ortsmitte rollt es Richtung »St. Kassian« kurz bis auf Höhe des Gaderbaches abwärts, auf mit 10% ansteigender Straße bleiben die letzten Häuser des Dorfes zurück, und auch die Steigung nimmt bis St. Kassian (km 2,5) ab. Wer die Ortsdurchfahrung der neuen Umgehungsstraße vorzieht, spart sich eine kleine Abfahrt mit dem Verlust weniger Höhenmeter. Aber bald nach dem Ortsende läßt die Steigung ohnehin wieder nach, und wir erreichen unschwierig die Hotelgruppe von Armentarola (km 5,5). Der Gaderbach wird überquert (km 7,0), und vorbei an einem schön gelegenen Campingplatz radelt man in den Sareswald ein. Kurven- und kehrenreich führt die gut ausgebaute Straße mit 10% Steigung nach oben, wobei hin und wieder die hochstämmigen Lärchen und Kiefern am Wegrand den Blick auf die wie von Axthieben gespaltenen rötlichen Felsabbrüche der Cunturinesspitze freigeben. Der Wald geht zurück (km 12,0), nicht aber die Steigung der Straße, die über eine Kehrengruppe durch unwirtliche Geröllhänge bis zum Rifugio Valparola (km 13,5) anhält. Mäßig steigt die Trasse dann noch zwischen riesigen Felstrümmern, die von einem Bergsturz am Kleinen Lagazuoi über der Paßhöhe stammen, zum höchsten Punkt bei einem kleinen verfallenen Fort (km 14,0) an.

Hinweis: Die Valparola-Südseite ist ein knapp 1 km langes Verbindungsstück zur Falzáregopaßhöhe mit 10% Steigung bzw. Gefälle.

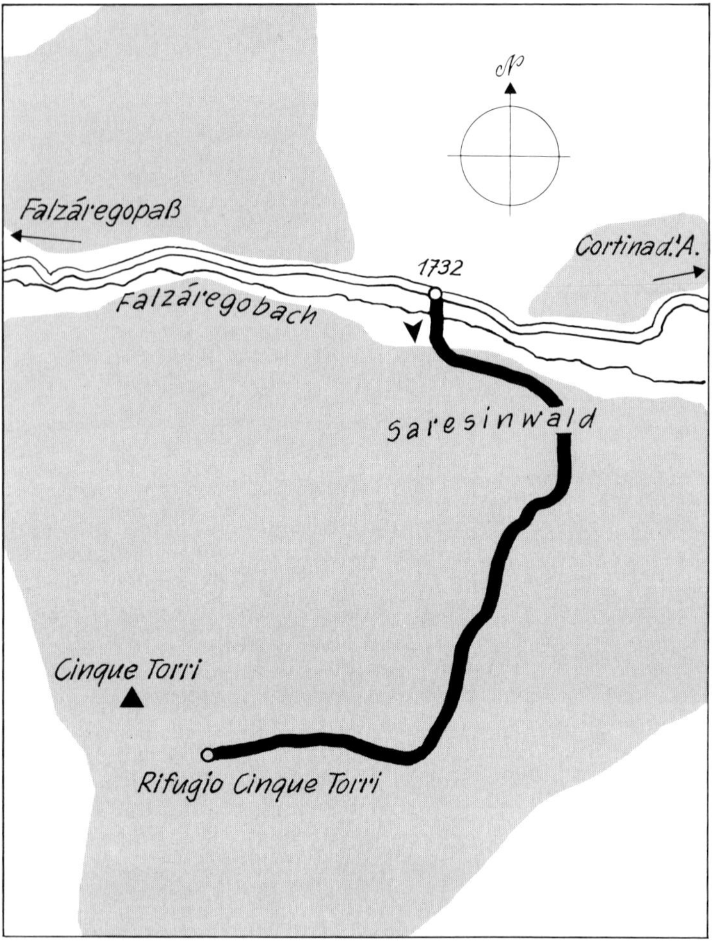
N
Falzáregopaß
Cortina d.'A.
1732
Falzáregobach
Saresinwald
Cinque Torri
Rifugio Cinque Torri

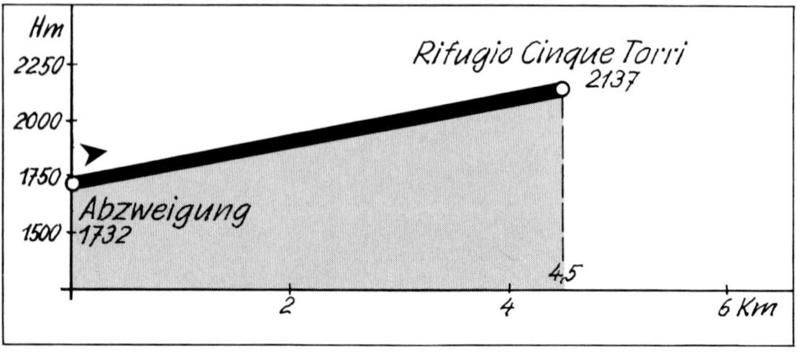
Hm
2250
2000
1750
1500
Rifugio Cinque Torri
2137
Abzweigung
1732
4,5
2
4
6 Km

16 Cinque-Torri-Bergstraße

2137 m | Italien/Dolomiten

Charakter Mittelschwere Radtour mit maximal 15% Steigung zum skurrilsten Felsen der Dolomiten

Offen 1.6.–31.10.

Zeit ½–¾ Stunde

Länge 4,5 km

Höhendifferenz 405 m

Übersetzung 42/26–28

Karte KOMPASS Wanderkarte 1:50000, Blatt 55

Ausgangspunkt Abzweigung an der Staatsstraße 48 am Falzáregopaß, von Canazei kommend zwischen km 113 und 112 (1732 m)

Persönliche Angaben

Gefahren am

Zeit

Übersetzung

Streckenbeschreibung Die Cinque Torri sind das wohl skurrilste Felsgebilde in den Dolomiten. Über Jahrtausende hinweg haben hier die Jahreszeiten mit ihrem ständigen Wechsel von Regen, Schnee, Sturm, Sonne, Frost und Tauwetter einen einstmals zusammenhängenden Felsblock in fünf unterschiedlich geformte Türme gespalten und zertrümmert. Vom Falzáregopaß aus hat man diese Felsruine gut im Blick, aber es führt auch eine Straße unmittelbar dorthin. Man findet sie, wenn man von Canazei kommend den Falzáregopaß hinaufradelt, die weißen Kilometersteine der Großen Dolomitenstraße beachtet und die kleine Abzweigung zwischen km 113 und 112 nicht übersieht. Ein verwittertes Holzschild mit der Aufschrift »Rif. 5-Torri- Rif. Scioiattoli, Rif. Nuvolau« (km 0,0) zeigt uns den Weg, wobei wir bis zu einer kleinen Brücke über den Falzáregobach (km 0,2) kurz abwärts radeln. Schmal, kaum 3 m breit ist das Sträßchen, das nun mit 15% im Saresinwald anzusteigen beginnt. Bei der ersten Kehre (km 1,3) neigt sich die Straße auf einer Länge von 300 m zurück und bildet damit – dies sei vorweggenommen – das längste flache Stück der Auffahrt. Die Steigung zieht wieder auf 15% an, der Wald gibt kurz den Blick auf die Tofana di Rozes über dem nördlichen Falzáregotal und die über uns aufragenden Cinque Torri frei. Noch einmal gestattet ein kurzes, kaum 20 m langes Abfallen der Trasse (km 2,0) ein tiefes Durchatmen. Dies sollte man auch ausnutzen, denn die wenigen, meist kaum spürbar flacheren Abschnitte der weiter mit 15% hochführenden Straße lassen dazu kaum noch Gelegenheit. Bei km 4,0 verlassen wir den Wald, und vor uns öffnet sich eine großartige Aussicht auf die Bergwelt im Süden. Auch die Steigung geht zurück, und man radelt fast gemütlich zum Rifugio Cinque Torri (km 4,5) direkt unter dem 160 m hohen, leicht gespaltenen Grande Torre.

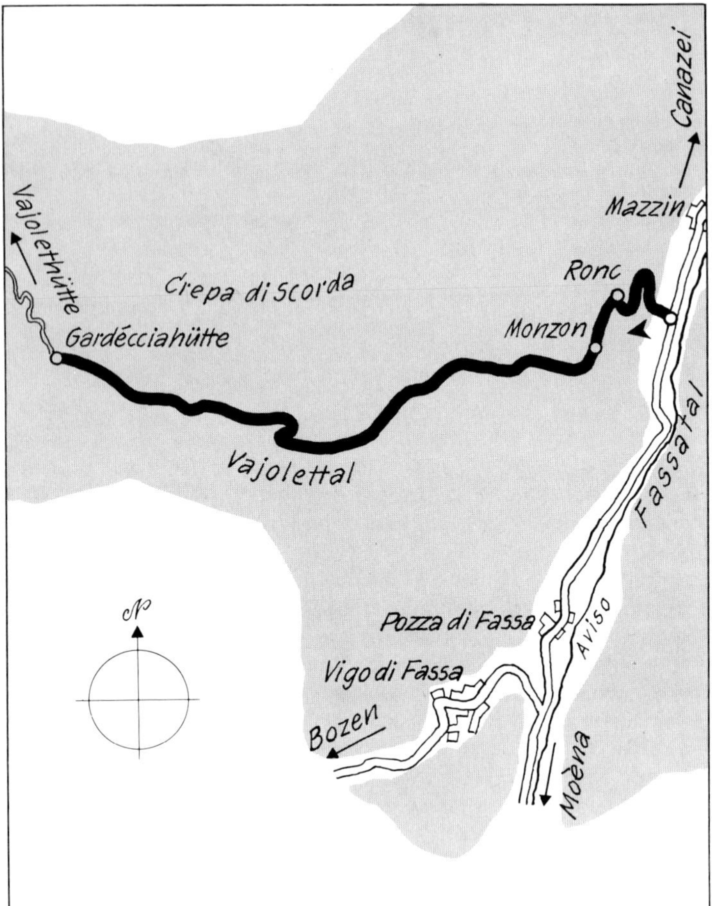
Canazei
Mazzin
Vajolethütte
Crepa di Scorda
Ronc
Monzon
Gardécciahütte
Vajolettal
Fassatal
N
Pozza di Fassa
Aviso
Vigo di Fassa
Bozen
Moèna

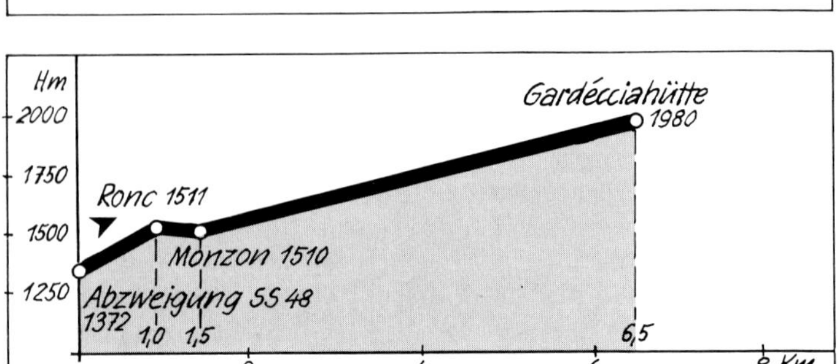
Hm
2000
1750
1500
1250
Gardécciahütte
1980
Ronc 1511
Monzon 1510
Abzweigung SS 48
1372
1,0
1,5
6,5
2
4
6
8 Km

17 Vajolet-Bergstraße

1980 m Italien/Dolomiten

Charakter Mittelschwere Radtour mit maximal 20% Steigung in der Rosengarten-Gruppe

Offen 1.6.–31.10.

Zeit ¾–1¼ Stunden

Länge 6,5 km

Höhendifferenz 609 m

Übersetzung 42/26–28

Karte KOMPASS Wanderkarte 1:50000, Blatt 59

Ausgangspunkt Abzweigung an der SS 48 im Fassatal beim Campingplatz »Soal« (1372 m), ca. 8 km südwestlich von Canazei

Persönliche Angaben

Gefahren am

Zeit

Übersetzung

Streckenbeschreibung Radelt man von Canazei das Fassatal auswärts, trifft man kurz hinter Mazzin, unmittelbar gegenüber dem Campingplatz »Soal«, auf eine Richtung »Monzon/Gardéccia« abzweigende Straße. Wer Kraft genug für Steigungen bis 20% und eine entsprechende Übersetzung am Rad hat, sollte sich diesen Abstecher nicht entgehen lassen, leitet er doch mitten hinein in eine der schönsten Dolomitenlandschaften, die Rosengarten-Gruppe. Die von der Abzweigung (km 0,0) weg auf 20% ansteigende Straße behält diese Steigung über zwei Kehren bis kurz vor Ronc (km 1,0) bei, geht dann etwas zurück, um bis Monzon (km 1,5) nochmals kurz auf 18% anzusteigen. Eine leichte Abfahrt nach dem Ort bringt uns in das Vajolettal, die Straße wird schmäler, und über den Wiesen und Wäldern der Talsohle zeigen sich die ersten Dolomitengipfel. Anfangs werden Steigungen bis 13% noch von längeren flacheren Abschnitten abgelöst, bevor nach einer betonierten Furche über ein meist ausgetrocknetes Bachbett (km 3,0) die Aufschwünge auf 15% zunehmen. 300–400 m lang sind diese Steilstücke, denen nach einem kurzen flacheren Abschnitt sofort das nächste folgt. In einer Kurve nimmt die Steigung auf etwa 100 m Länge sogar auf 18% zu, und so bleibt wenig Zeit, die über prächtigem Zirbenwald aufstrebenden Felswände zu bewundern. Unter den von der Crepa di Scorda herunterziehenden Schuttreißen steigt die Straße auf dem letzten Kilometer dann sogar nochmals auf 20% an, bevor eine kleine Holzbrücke (km 6,5) das Ende der Anstrengungen andeutet. Die letzten Meter zur Gardécciahütte sind unbefestigt, die Bergwelt um uns herum entschädigt für die Mühen der Auffahrt. Wer aber einen Blick auf die einzigartigen Vajolettürme werfen möchte, müßte noch fast 2 Stunden zur Vajolethütte hinaufwandern.

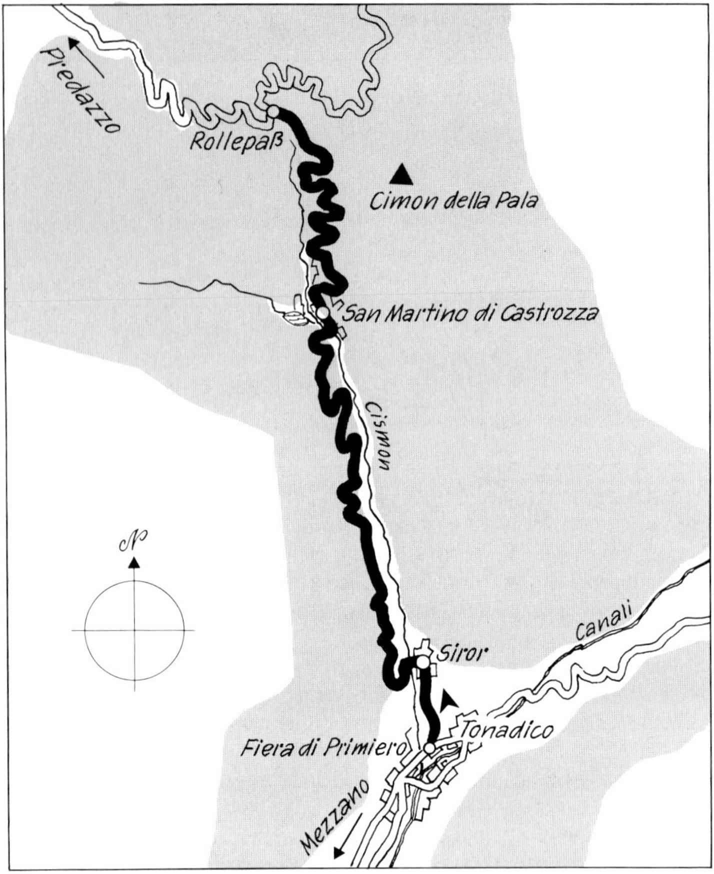
Predazzo
Rollepaß
Cimon della Pala
San Martino di Castrozza
Cismon
Siror
Canali
Tonadico
Fiera di Primiero
Mezzano

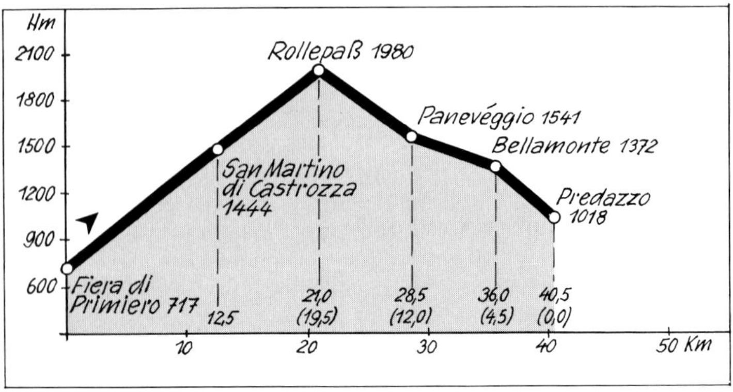
Hm
2100
1800
1500
1200
900
600
Rollepaß 1980
Panevéggio 1541
Bellamonte 1372
Predazzo 1018
San Martino di Castrozza 1444
Fiera di Primiero 717
12,5
21,0 (19,5)
28,5 (12,0)
36,0 (4,5)
40,5 (0,0)
10
20
30
40
50 Km

18 Rolle-Paßstraße, Südseite

1980 m Italien/Dolomiten

Charakter Mittelschwere Radtour mit maximal 11% Steigung in der Pala-Gruppe

Offen 1.1.-31.12.

Zeit 1½-2½ Stunden

Länge 21 km

Höhendifferenz 1263 m

Übersetzung 42/23

Karte KOMPASS Wanderkarte 1:50000, Blatt 76

Ausgangspunkt Fiera di Primiero (717 m)

Persönliche Angaben

Gefahren am

Zeit

Übersetzung

Streckenbeschreibung Fiera di Primiero (km 0,0), in einer Talweitung am Zusammenfluß von Cismon und Canali gelegen, wird über den Vorort Tonadico verlassen. In Siror (km 1,0) überqueren wir die Cismon und gewinnen über einige Kehren mit 8% Steigung an Höhe. Lange zieht sich die Straße an den dichtbewaldeten Hängen der westlichen Talseite mit einer meist bei 7%, hin und wieder kurz auch 9% liegenden Steigung aufwärts. Große Hinweisschilder informieren alle 0,5 km über die zurückgelegte Strecke, und nur zweimal unterbrechen Kehren den geradlinigen Streckenverlauf. Langsam formieren sich die Zinnen, Türme und Wände der Pala-Gruppe über der östlichen Talseite und bilden über San Martino di Castrozza (km 12,5) eine imponierende Kulisse. Eine Kehrengruppe mit 9% Steigung führt uns durch den ausgedehnten Fremdenverkehrsort und leitet in einen Waldgürtel, der die Aussicht teilweise verdeckt. Kehre um Kehre mit gleichmäßigen 9% Steigung geht es höher, ein meist ausgetrocknetes Bachbett (km 19,0) wird überquert, und der Wald bleibt zurück. Dafür nimmt die Steigung über weitere engere Kehren auf 11% zu, wobei man jedoch mit dem Blick auf den höchsten Gipfel der Gruppe, die 3129 m hohe Cimon della Pala, entschädigt wird. Am Ende der Kehrengruppe (km 20,0) wird ein kleiner Bergrücken umfahren, und rückblickend sollte man nochmals die Aussicht auf die imponierende, lang abfallende Felskette genießen. Dann nimmt uns ein kleines Hochtal auf, und unter den Wänden der Cimon della Pala entlang radeln wir fast eben bis zu den Häusern auf der Paßhöhe (km 21,0).

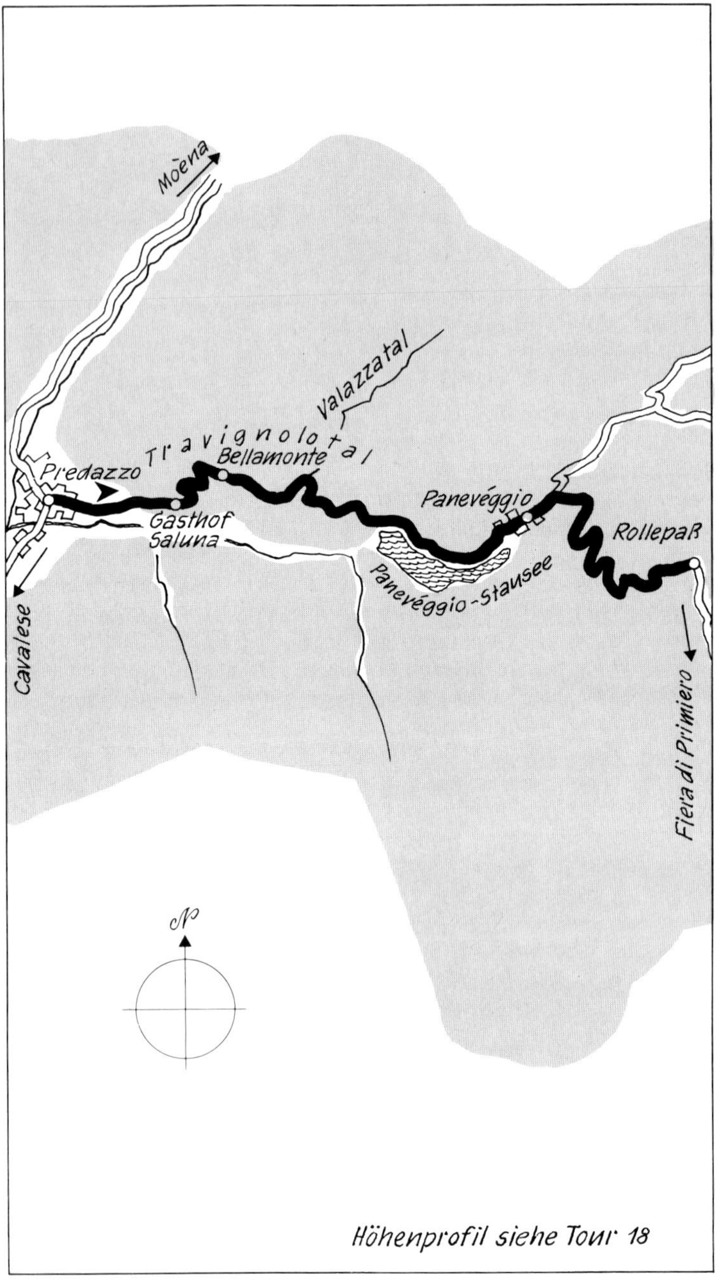
Moèna
Valazzatal
Travignolotal
Bellamonte
Predazzo
Gasthof
Saluna
Panevéggio
Rollepaß
Panevéggio-Stausee
Cavalese
Fiera di Primiero
N
Höhenprofil siehe Tour 18

19 Rolle-Paßstraße, Westseite

1980 m | Italien/Dolomiten

Charakter Mittelschwere Radtour mit maximal 9% Steigung

Offen 1. 1.–31. 12.

Zeit 1½–2 Stunden

Länge 19,5 km

Höhendifferenz 962 m

Übersetzung 42/23

Karte KOMPASS Wanderkarte 1:50000, Blatt 76

Ausgangspunkt Predazzo (1018 m)

Persönliche Angaben

Gefahren am

Zeit

Übersetzung

Streckenbeschreibung Wenn wir von Predazzo (km 0,0) auf mit 9% ansteigender Straße in das Travignolotal einradeln, erkennen wir vor uns bereits die hellen Bergspitzen der Pala-Gruppe. Bald verdecken vorgelagerte Bergrücken die Sicht, und beim Gasthof Saluna (km 2,5) wird ein Grashang über vier Kehren überwunden. Am Ortsende von Bellamonte (km 4,5) geht die Steigung zurück, und die Spitzen der Pala tauchen wieder auf. Kurz biegt die Straße in das von Norden herabziehende Valazzatal ein, das jedoch gleich wieder verlassen wird, und eben radelt man am nördlichen Ufer des langgestreckten Panevéggio-Stausees in den Naturpark Panevéggio/Pale di San Martino ein. Über der südlichen Talseite erhebt sich die dunkle Kette der Lagoraiberge, und erst am See-Ende steigt die Straße wieder leicht zu der in einer weiten Waldlichtung gelegenen Hotelgruppe von Panevéggio (km 12,0) an. Fast traumhaft ist die Lage dieser Siedlung zwischen grünen Wiesen, umrahmt von einem Kranz aus dunklem Nadelwald, über dem riesenhaft die Felsabstürze der Pala aufragen. Ein kurzer 9%iger Anstieg führt aus dem Ort heraus, gleich läßt die Steigung wieder nach, und dichter Fichten- und Lärchenwald nimmt uns auf. An der Abzweigung zum Vállespaß (km 13,0) vorbei wird über ein kleines Brücklein der Travignolobach überquert, und die Steigung nimmt auf 9% zu. Kurve um Kurve windet sich die Trasse gleichbleibend steil durch den Wald aufwärts, und ein Schild mit der Höhenangabe 1600 m (km 14,0) scheint dabei die einzige Abwechslung zu bieten. Wenn wir dann schlagartig aus dem Wald herauskommen (km 18,0), ragen beeindruckend das hochaufstrebende Horn der Cimon della Pala und die gebänderten Felskolosse der Cima di Vezzana und Cima di Focobon über der Paßhöhe (km 19,5) auf, die bald darauf erreicht ist.

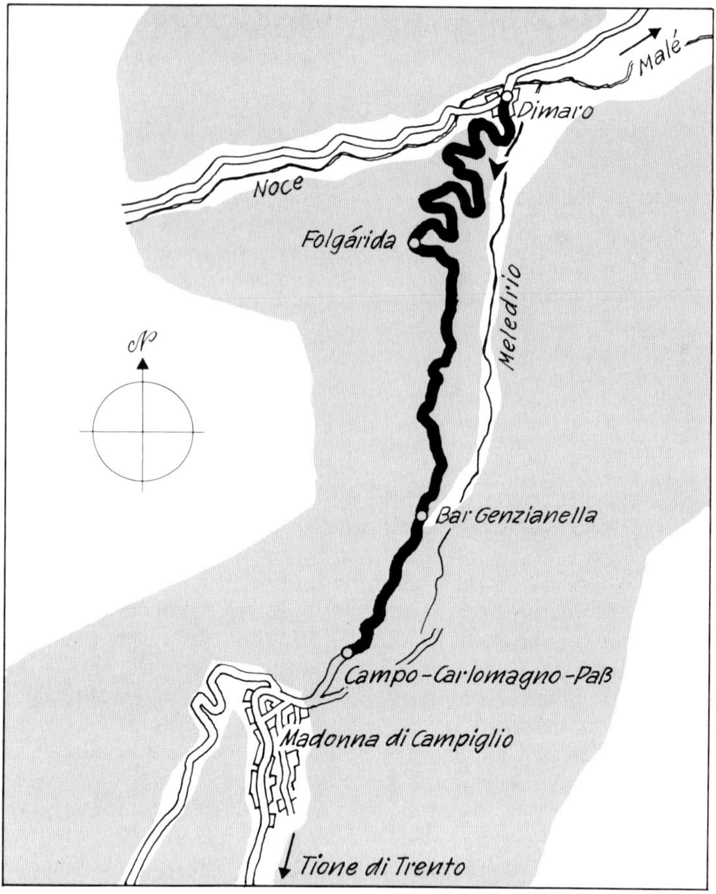
Malé
Dimaro
Noce
Folgárida
Meledrio
N
Bar Genzianella
Campo-Carlomagno-Paß
Madonna di Campiglio
Tione di Trento

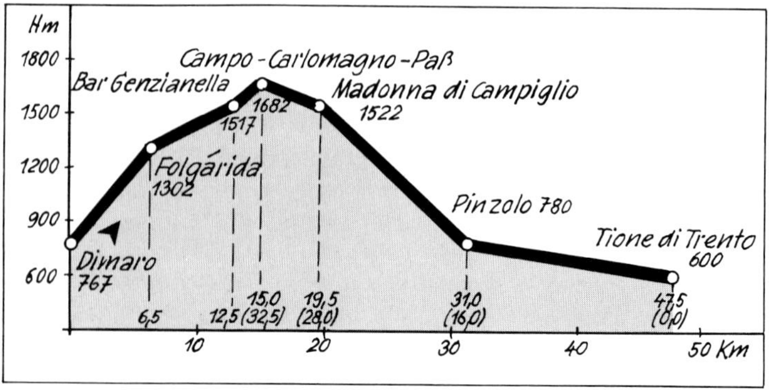
Hm
1800
1500
1200
900
600
Campo-Carlomagno-Paß
Bar Genzianella
1517
1682
Madonna di Campiglio
1522
Folgárida
1302
Pinzolo 780
Dimaro
767
Tione di Trento
600
6,5
12,5
15,0 (32,5)
19,5 (28,0)
31,0 (16,0)
47,5 (0,0)
10
20
30
40
50 Km

20 Campo-Carlomagno-Paßstraße, Nordseite

1682 m | Italien/Trentino

Charakter Mittelschwere Radtour mit maximal 9% Steigung zwischen Brenta und Presanella

Offen 1.1.–31.12.

Zeit 1–1½ Stunden

Länge 15 km

Höhendifferenz 915 m

Übersetzung 42/23

Karte KOMPASS Wanderkarte 1:50000, Blatt 73

Ausgangspunkt Dimaro (767 m), vom Etschtal über die Autobahnausfahrt S. Michele a. A. zu erreichen

Persönliche Angaben

Gefahren am

Zeit

Übersetzung

Streckenbeschreibung Val di Sole wird der obere Teil des von der Noce durchflossenen Tales genannt, die ihren Ursprung hoch oben am Tonalepaß hat und bei Mezzolombardo in die Etsch mündet. Dimaro (km 0,0), unser Ausgangspunkt, liegt etwa in der Mitte dieses Tales, nur 5 km vom Hauptort Malé entfernt. Auf die über einem Waldgürtel aufragenden felsigen Spitzen der Brenta-Gruppe zu radelt man der Beschilderung »Folgárida/Madonna di Campiglio« folgend in das Meledriotal ein. 9% beträgt die Steigung, die auch nach der ersten Kehre (km 1,0) kurz hinter dem Ort nicht zurückgeht. Weitere Kehren mit gleichbleibender Steigung folgen, wobei Wiesenflächen die Sicht auf das Nocetal und die Berge des Stilfser Nationalparks über der nördlichen Talhälfte freigeben. Ein Waldgürtel nimmt uns auf, und vorbei an der Hotelansammlung von Folgárida (km 6,5) geht die Steigung bis zum Restaurante Belvedere auf 7% zurück. Die gewaltigen, von tiefen Karen und Schluchten getrennten Felswände über der östlichen Talseite lassen bereits einen Einblick in die Schönheit dieser Bergwelt gewinnen. Die Steigung geht noch weiter zurück, und, das große Kettenblatt bewegend, kommt man rasch vorwärts. Nach der Bar Genzianella (km 12,5) wird unser schnelles Vorwärtskommen etwas gebremst, und die Steigung nimmt wieder auf 5% zu. Mittlerweile bereits 1600 m hoch, tauchen bald darauf die ersten Ferienhäuser am Straßenrand auf, und kurz danach deutet ein Schild (km 15,0) die Paßhöhe an. Die wenigen Meter noch zum Scheitelpunkt hinaufradelnd, weiß man nicht, was man mehr bewundern soll: die eigenartige Farbkombination des Hotels mit blauer Fassade und braunen Holzbalkonen und Fensterläden oder die Bergwelt gegenüber.

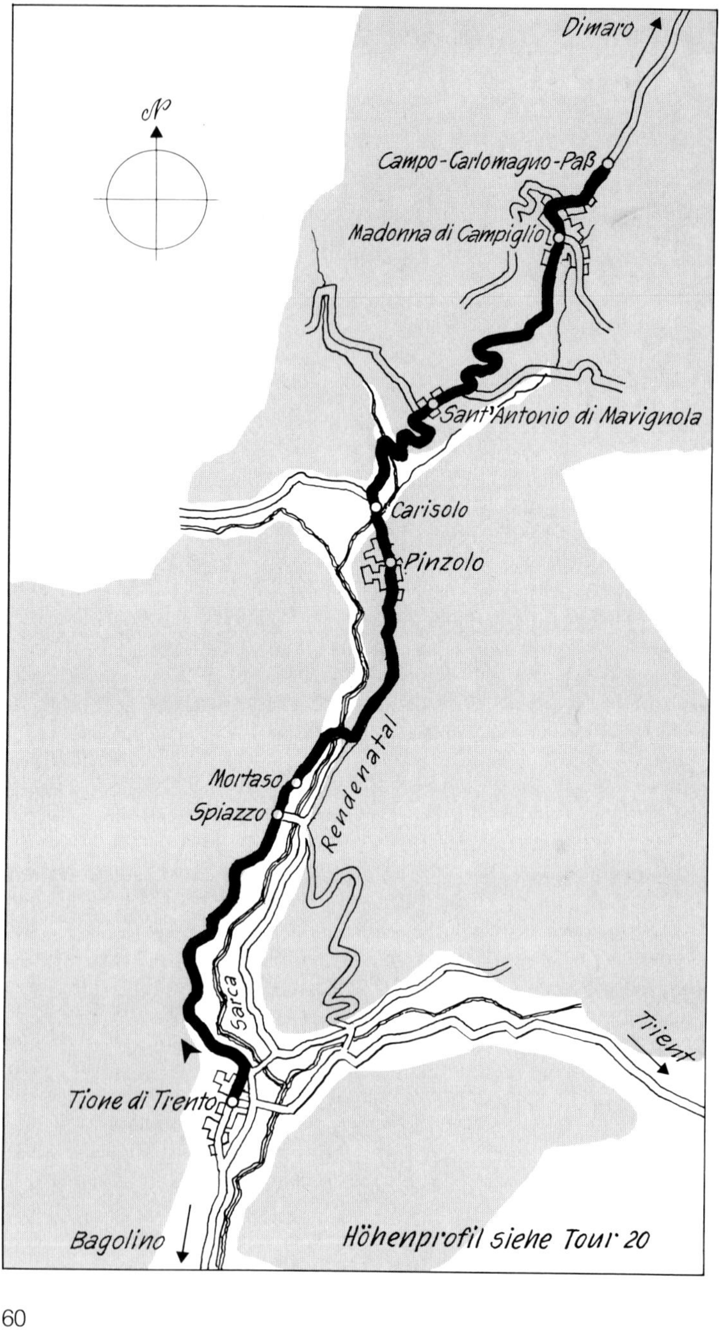
Dimaro
N
Campo-Carlomagno-Paß
Madonna di Campiglio
Sant'Antonio di Mavignola
Carisolo
Pinzolo
Rendenatal
Mortaso
Spiazzo
Sarca
Trient
Tione di Trento
Bagolino
Höhenprofil siehe Tour 20

21 Campo-Carlomagno-Paßstraße, Südseite

1681 m — Italien/Trentino

Charakter Mittelschwere Radtour mit maximal 11% Steigung

Offen 1. 1.–31. 12.

Zeit 1¾–2½ Stunden

Länge 32,5 km

Höhendifferenz 1081 m

Übersetzung 42/23

Karte KOMPASS Wanderkarte 1:50000, Blatt 73

Ausgangspunkt Tione di Trento (600 m)

Persönliche Angaben

Gefahren am

Zeit

Übersetzung

Streckenbeschreibung Der Marktflecken Tione di Trento (km 0,0), verkehrsgünstig in einem weiten Talkessel am Zusammenfluß des Arno mit der Sarca gelegen, wird Richtung »Madonna di Campiglio/ Pinzolo« verlassen. Das breite Rendenatal nimmt uns auf, und der Verlauf der sich fast eben im Talboden haltenden Straße ist an den weithin sichtbaren roten Ziegeldächern der Dörfer und Städtchen vor uns gut erkennbar. In Spiazzo (km 9,0) steigt die Straße erstmals kurz auf 8% an, geht aber schon in der anschließenden Ortschaft Mortaso wieder zurück, und man radelt eben an der Sarca entlang taleinwärts. Der Fluß wird überquert (km 13,0), leicht nimmt die Steigung bis Vestina (km 14,5) zu, bevor man kurz abfahrend mit Pinzolo (km 16,0) den eigentlichen Beginn der Paßroute erreicht. Die Straße schlängelt sich vorbei an der San-Vigilio-Kirche, einem der bedeutendsten religiösen Kunstdenkmäler des Trentino, in den Nachbarort Carisolo, wo man nochmals das breite, steinige Bachbett der Sarca überquert. An den zur Presanella-Gruppe gehörenden Hängen der westlichen Talseite steigt die Straße mit 9% an, wieder wechselt man über eine kleine Brücke (km 20,0) die Talseite, und kurvenreich geht es mit gleichbleibender 9%iger Steigung höher. In Sant'António di Mavignola (km 22,5) tritt der Wald zurück, und über den Wiesen der rechten Talseite erhebt sich die einzigartige Bergwelt der Brenta mit ihren charakteristischen hellen Wänden, bizarren Spitzen und kräftigen Pfeilern, die von tiefen Karen und schneebedeckten Bändern durchzogen sind. Die durch den modernen Wintersportort Madonna di Campiglio (28,0) kurz auf 11% ansteigende Trasse geht am Ortsende wieder etwas zurück, um sich dann vorbei an fast futuristisch anmutenden Hotelbauten bis zur Paßhöhe (km 32,5) auf 7% abzusenken.

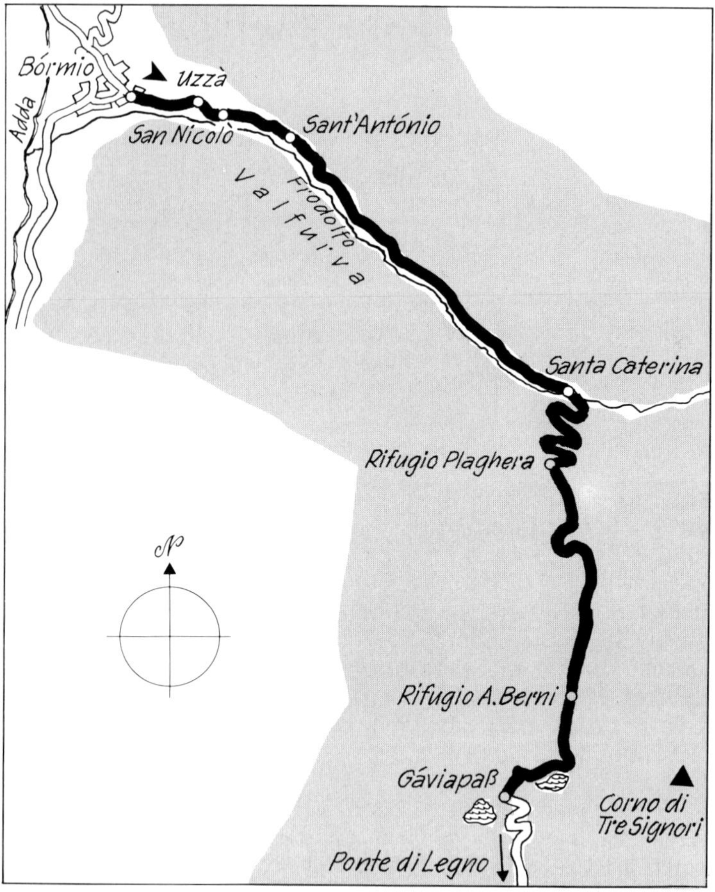
Bórmio
Uzzà
Adda
San Nicolò
Sant'António
Frodolfo
Valfuiva
Santa Caterina
Rifugio Plaghera
N
Rifugio A. Berni
Gáviapaß
Corno di Tre Signori
Ponte di Legno

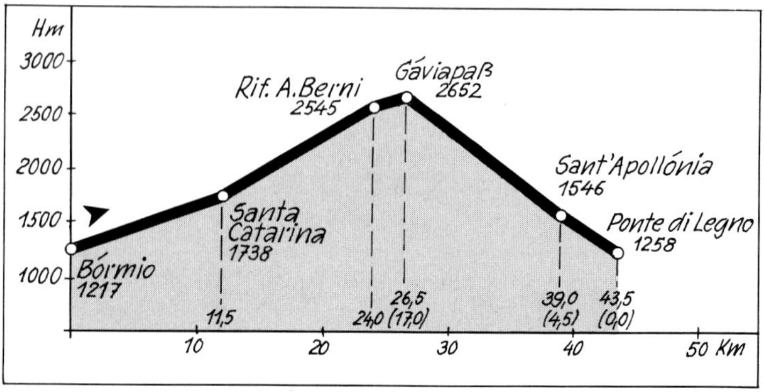
Hm
3000
2500
2000
1500
1000
Bórmio 1217
Santa Catarina 1738
Rif. A. Berni 2545
Gáviapaß 2652
Sant'Apollónia 1546
Ponte di Legno 1258
11,5
24,0
26,5 (17,0)
39,0 (4,5)
43,5 (0,0)
10
20
30
40
50 Km

22 Gávia-Paßstraße, Nordseite

2652 m Italien/Lombardei

Charakter Schwere Radtour mit maximal 16% Steigung durch den Nationalpark Stilfser Joch

Offen 1. 7.–15. 10.

Zeit 1¾–2½ Stunden

Länge 26,5 km

Höhendifferenz 1435 m

Übersetzung 42/26

Karte KOMPASS Wanderkarte 1:50000, Blatt 72

Ausgangspunkt Bórmio (1217 m)

Persönliche Angaben

Gefahren am

Zeit

Übersetzung

Streckenbeschreibung Radelt man von Bórmio (km 0,0), den braunen Hinweisschildern »Passo Gávia« folgend, in das Valfurva ein, nimmt die Steigung erst kurz vor Uzzà (km 2,5) auf 9% zu. Bis San Nicolò (km 3,0) rollt es sogar leicht ab, und eben erreicht man Sant'António (km 4,0). Holpriges, rötliches Kopfsteinpflaster leitet durch den Ort in einen schluchtartigen, bewaldeten Talabschnitt, an dessen Beginn (km 6,5) die Steigung auf 10% zunimmt. Nur von wenigen, zudem kurzen flacheren Abschnitten unterbrochen, hält die Steigung bis zu einem vereinzelt an der Böschung stehenden Haus (km 10,5) an, um dann bis Santa Caterina (km 11,5) nur noch leicht anzusteigen. Durch einen kurzen Tunnel, über den im Winter die Skitrasse führt, verlassen wir den Ort, die Straße wird schmäler und steigt über eine Kehrengruppe auf 12% an. Kurze, etwa 100 m lange Steigungsstücke erreichen sogar Spitzen bis 16%, aber bereits nach etwa 1,5 km geht die Steigung auf 9% zurück. Über Almweiden, vorbei am Rifugio Plaghera (km 17,5), geht es höher, und die Trasse wendet sich ins Gaviatal. Lange zieht sich die Straße an den Hängen der westlichen Talseite aufwärts, wobei Steigungen bis 16% immer wieder von flacheren Abschnitten unterbrochen werden. Weit vor uns ist die felsige Spitze des Corno di Tre Signori zu erkennen, die Steigung nimmt ab (km 22,5), und bald danach haben wir auf fast ebener Trasse das Rifugio A. Berni (km 24,0) erreicht. In einer prächtigen Hochgebirgslandschaft, vorbei an einem Monument, über dem sich die Gletscher des Pizzo Tresero und der Punta San Matteo erheben, erwarten uns nun keine Schwierigkeiten mehr. Vor einem kleinen Gletschersee nimmt die Steigung noch einmal kurz auf 5% zu, und gleich darauf liegen die beiden Restaurants auf der Paßhöhe (km 26,5) vor uns.

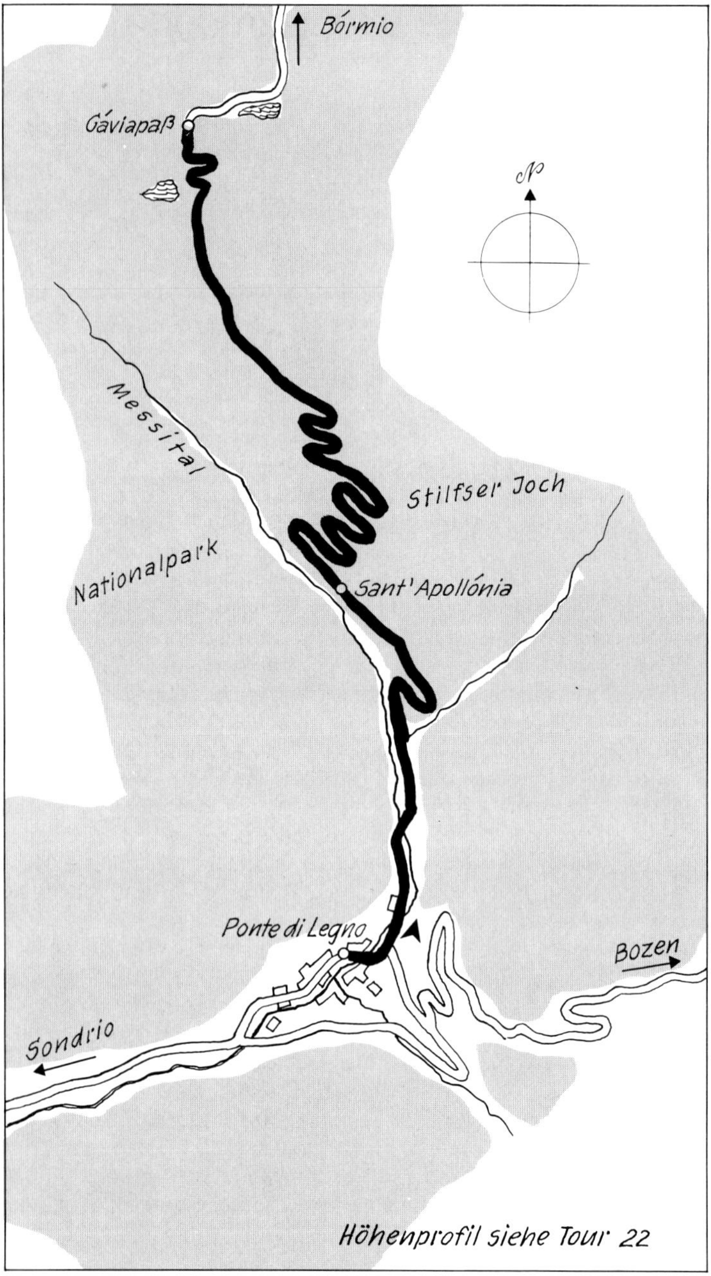
Bórmio
Gáviapaß
N
Messital
Stilfser Joch
Nationalpark
Sant'Apollónia
Ponte di Legno
Bozen
Sondrio
Höhenprofil siehe Tour 22

23 Gávia-Paßstraße, Südseite

2652 m Italien/Lombardei

Charakter Schwere Radtour mit maximal 16% Steigung

Offen 1.7.–15.10.

Zeit 1¾–2½ Stunden

Länge 17 km

Höhendifferenz 1394 m

Übersetzung 42/26

Karte KOMPASS Wanderkarte 1:50000, Blatt 71 und 72

Ausgangspunkt Ponte di Legno (1258 m)

Persönliche Angaben

Gefahren am

Zeit

Übersetzung

Streckenbeschreibung Ausgangspunkt der Südrampe ist die von der Staatsstraße aus etwas versteckt gelegene Ortschaft Ponte di Legno (km 0,0) am Südrand des Nationalparks Stilfser Joch. An einem Wildbach entlang, der diese Bezeichnung auch tatsächlich noch verdient, radelt man auf mit bis 6% ansteigender Trasse in ein kleines Tal ein. Zwei Kehren am Talschluß (km 2,5) bringen uns höher, aber bis zu den wenigen Häusern von Sant'Apollónia (km 4,5) geht die Steigung wieder zurück. Breit ausgebaut ist die Strecke, die auf den ersten 200 m nach dem Ort auf 14% ansteigt, dann auf 10% zurückgehend höher führt. Unerwartet verengt sich die Trasse, der Asphaltbelag endet, Wald nimmt uns auf und die Steigung auf 16% zu. Etwa 800 m hält dieses Steilstück an, geht kurz auf 6% zurück, um nochmals auf einer Länge von 500 m mit 14% anzusteigen. Dann neigt sich die Straße auf 10% zurück, der Naturbelag wird weiterhin nur in den Kehren von einer Asphaltdecke abgelöst, und die Sicht auf die Berge der Adamello-Gruppe über dem Taleingang weitet sich aus. Am Ende der Kehrengruppe (km 11,0) erwartet uns wieder Asphaltbelag, und mit Steigungen zwischen 8 und 10% schlängelt sich die Straße durch Almmatten an der rechten Talseite bergauf. Bei km 13,5 drängen sich Felswände dicht an die Fahrbahn, die, nur wenig über 2 m breit, auf der anderen Seite tief ins Messital abfällt. Holzbalken dienen als moralische Sicherung, 12% beträgt die Steigung, und grobschottriger Naturbelag gibt dem Hinterrad kaum Halt. 600 m lang ist diese Gefahrenstelle, dann trennen uns nur noch einige asphaltierte Kehren mit Steigungen zwischen 10 und 12% von den Restaurants auf der Paßhöhe (km 17,0).

Hinweis: Die Gefahrenstelle im oberen Paßbereich wird künftig durch einen im Bau befindlichen Tunnel entschärft, mit dessen Fertigstellung 1990/91 zu rechnen ist.

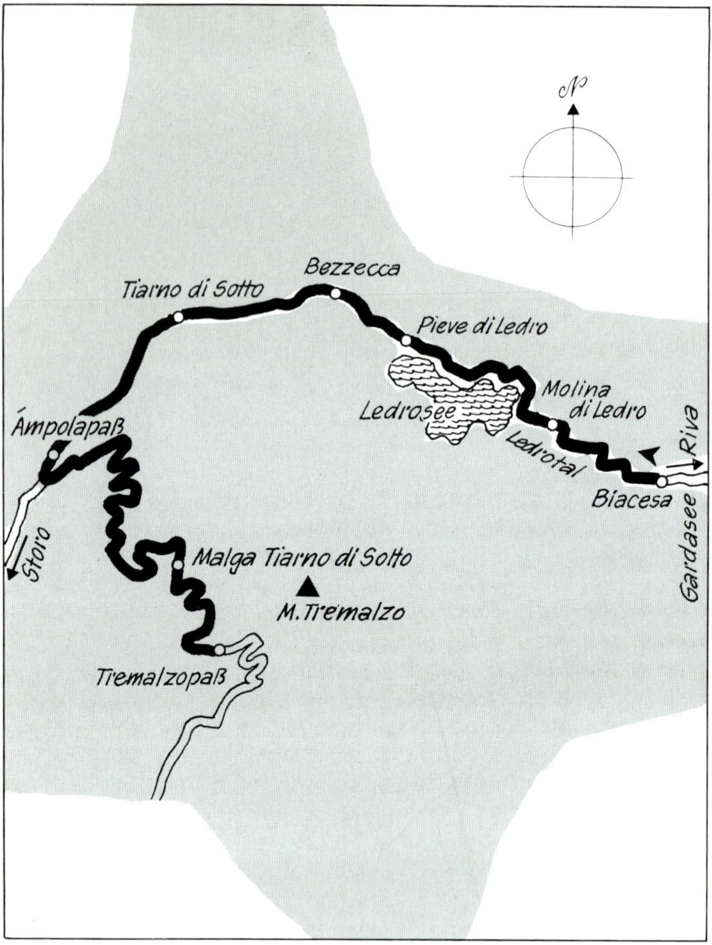

N
Bezzecca
Tiarno di Sotto
Pieve di Ledro
Molina
di Ledro
Ledrosee
Ledrotal
Riva
Ámpolapaß
Biacesa
Gardasee
Storo
Malga Tiarno di Sotto
M. Tremalzo
Tremalzopaß

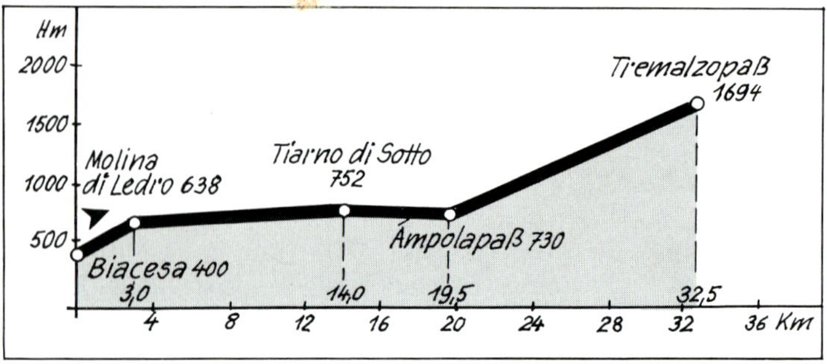

Hm
2000
1500
1000
500
Molina
di Ledro 638
Tiarno di Sotto
752
Tremalzopaß
1694
Ámpolapaß 730
Biacesa 400
3,0
14,0
19,5
32,5
4
8
12
16
20
24
28
32
36 Km

24 Tremalzo-Paßstraße

1694 m Italien/Lombardei

Charakter Mittelschwere Radtour mit maximal 11% Steigung über dem Gardasee

Offen 15.5.–31.10.

Zeit 2–3 Stunden

Länge 32,5 km

Höhendifferenz 1316 m

Übersetzung 42/23–26

Karte KOMPASS Wanderkarte 1:50000, Blatt 102 und 101

Ausgangspunkt Biacesa (400 m), von Riva del Garda aus nur mit Kfz durch einen neu errichteten Tunnel erreichbar

Persönliche Angaben

Gefahren am

Zeit

Übersetzung

Streckenbeschreibung War es bisher möglich, die Auffahrt direkt von Riva aus über die Ponalestraße zu beginnen, macht uns ein nördlich von Riva zum Ledrotal neu errichteter Tunnel nunmehr einen Strich durch die Rechnung. Für Radler ist dieser Tunnel nicht zu benutzen, die Ponalestraße wurde zur Einbahnstraße erklärt und ist nur noch vom Ledrosee abwärts befahrbar. Ausgangspunkt für unsere Auffahrt muß somit Biacesa (km 0,0), unmittelbar am südlichen Tunnelausgang, sein. Gleich nimmt die Steigung über eine Kehrengruppe bis Molina di Ledro (km 3,0) auf 11% zu, und vor uns taucht der Ledrosee auf. An seinem nördlichen Ufer entlang rollt es eben bis Pieve di Ledro (km 10,0) und nur mäßig ansteigend weiter bis Bezzecca (km 11,0). In dem landschaftlich eher eintönigen Hochtal mit spärlicher Landwirtschaft und bis obenhin bewaldeten Bergrücken kann man, vorbei an den Dörfern Tiarno di Sotto (km 14,0) und Tiarno di Sopra, auch weiterhin meist das große Kettenblatt bewegen. Das Tal verengt sich, und ein Schild zeigt an, daß man den Ámpolapaß (km 19,5) erreicht hat, wo die Straße zum Tremalzopaß nach links abzweigt. Vorbei an der Bar Ámpola windet sich die Trasse an den dichtbewaldeten Nordhängen des Corno Spezzato mit 10% Steigung aufwärts. Bei der kleinen Kapelle San Croce (km 24,5) geht die Steigung kurz zurück, dann radeln wir wieder über Kurven und Kehren mit 10% durch dichten Mischwald höher. Freie Almflächen tun sich auf, durch die Feriensiedlung von Malga Tiarno di Sotto (km 30,5) nimmt die Steigung sogar kurz auf 11% zu, bevor die Trasse an einem Berggrat entlang endgültig beim Ristorante Garda (km 32,5) endet.

Hinweis: Die Südseite des Tremalzopasses ist unbefestigt und mit Rennrädern nicht befahrbar.

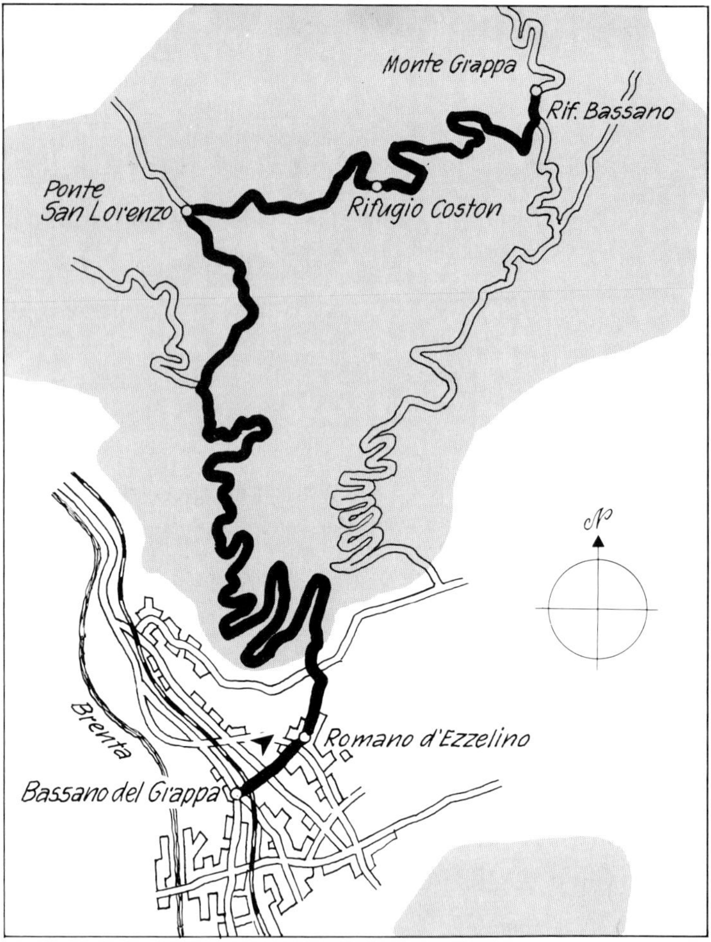
Monte Grappa
Rif. Bassano
Ponte
San Lorenzo
Rifugio Coston
Brenta
Romano d'Ezzelino
Bassano del Grappa

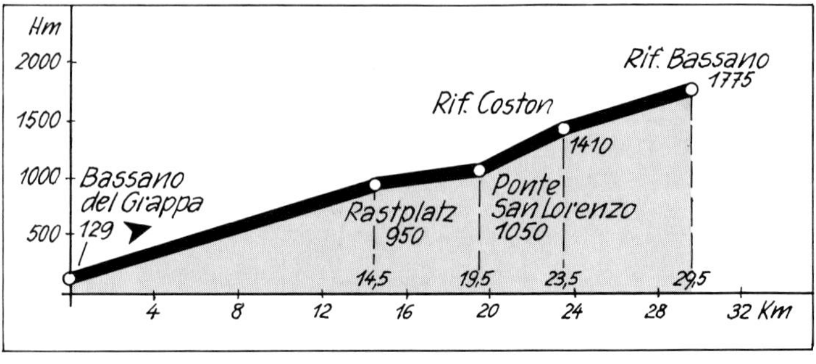
Hm
2000
1500
1000
500
Bassano
del Grappa
129
Rastplatz
950
Ponte
San Lorenzo
1050
Rif. Coston
1410
Rif. Bassano
1775
14,5
19,5
23,5
29,5
4
8
12
16
20
24
28
32 Km

25 Grappa-Bergstraße

1775 m | Italien/Venetien

Charakter Schwere Radtour mit maximal 12% Steigung in den Venetischen Alpen

Offen 1.1.–31.12.

Zeit 2–3 Stunden

Länge 29,5 km

Höhendifferenz 1646 m

Übersetzung 42/23–26

Karte KOMPASS Wanderkarte 1:50000, Blatt 78

Ausgangspunkt Bassano del Grappa (129 m)

Persönliche Angaben

Gefahren am

Zeit

Übersetzung

Streckenbeschreibung Folgt man am nördlichen Ortsrand von Bassano del Grappa (km 0,0) der Beschilderung »Cima Grappa«, radelt man erst einmal eben bis Romano d'Ezzelino (km 1,5) und trifft dort auf den Beginn der Bergstrecke. Die aus dem Ort heraus ansteigende Straße nimmt schon bei der ersten Kehre (km 4,0) auf 12% zu, geht aber bereits an der nächsten (km 5,0) auf 10% zurück. Weitere Kehren mit einer ständigen Steigung zwischen 8 und 10% eröffnen die Sicht auf das sich übergangslos vom Bergfuß weg ausdehnende flache Land. Beim Restaurant Costalunga (km 10,5) radeln wir erstmals wieder etwas eben dahin und durchfahren ein 5 m kurzes Felstor (km 12,0), nach dem die Trasse sogar leicht abfällt. An der nächsten Kurve (km 13,0) steigt sie wieder an, erreicht aber erst kurz vor einem Rastplatz (km 14,5) 12%. Gut 800 m tiefer sucht sich die Brenta ihren Weg durch die Berge, während wir an der folgenden Kreuzung lange fast eben bis Ponte San Lorenzo (km 19,5) rollen. Ein Brücklein wird überquert, die Steigung nimmt auf 8% zu, und kurz nach der Höhenangabe »1200 m« (km 22,0) liegt der grüne Bergrücken des Monte Coston vor uns, zu dem ein Schlepplift hinaufführt. Etwas unterhalb des Rifugio Coston (km 23,5), der Talstation des Lifts, zieht die Trasse durch karges Almgelände mit 9% Steigung zu einer Straßenkreuzung (km 27,0). Weiterhin mit 9% geht es in karstiger werdender Umgebung höher, in einer Kurve um einen Bergrücken, während sich tief unter uns bretteben und bis zum Horizont reichend die dichtbesiedelte venetianische Tiefebene ausdehnt. Kurz darauf ist bei nicht nachlassender Steigung auch das Ende der Auffahrt beim Hotelkomplex des Rifugio Bassano (km 29,5) erreicht.

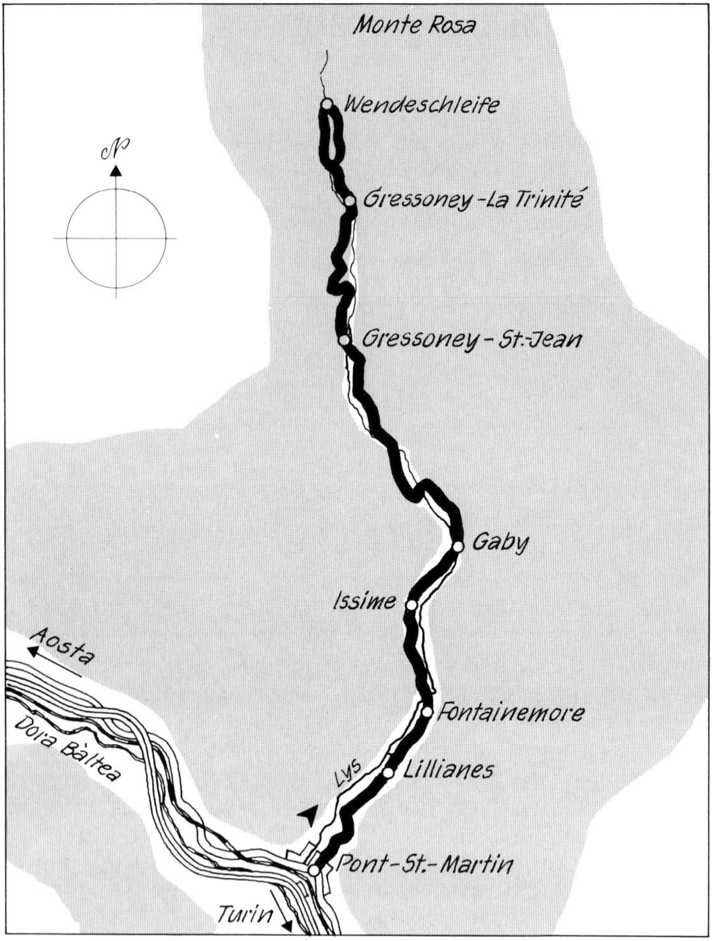
Monte Rosa
Wendeschleife
Gressoney-La Trinité
Gressoney-St.-Jean
Gaby
Issime
Aosta
Dora Bàltea
Fontainemore
Lys
Lillianes
Pont-St.-Martin
Turin

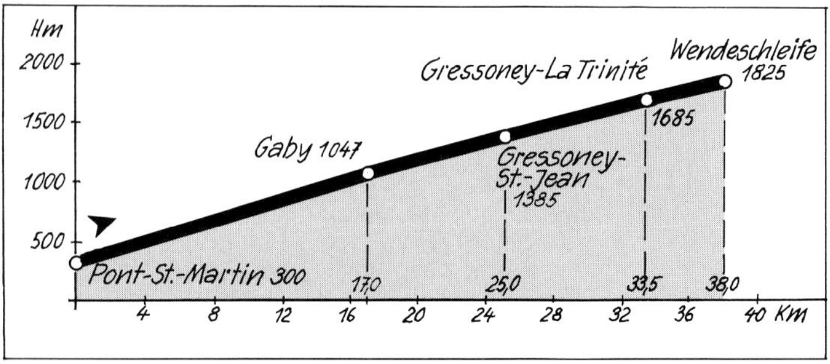
Hm
2000
1500
1000
500
Wendeschleife
1825
Gressoney-La Trinité
1685
Gaby 1047
Gressoney-St.-Jean
1385
Pont-St.-Martin 300
17,0
25,0
33,5
38,0
4
8
12
16
20
24
28
32
36
40 Km

26 Gressoney-Hochtalstraße

1825 m — Italien/Piemont

Charakter Schwere Radtour mit maximal 12% Steigung zur Südseite des Monte Rosa

Offen 1.1.–31.12.

Zeit 2–2½ Stunden

Länge 38 km

Höhendifferenz 1525 m

Übersetzung 42/23–26

Karte KOMPASS Wanderkarte 1:50000, Blatt 88

Ausgangspunkt Pont-St.-Martin im Aostatal (300 m)

Persönliche Angaben

Gefahren am

Zeit

Übersetzung

Streckenbeschreibung Wenig Platz bleibt zwischen einem Haus und einer Felswand, wenn man Pont-St.-Martin (km 0,0) über die Via-Rue-Gressoney verläßt. Über enge Kehren zieht sich die Straße bergauf, und bis zu einem 200 m langen Tunnel (km 3,0) hält die 10%ige Steigung an. Eben rollt es nach Lillianes (km 5,5), und bis Fontainemore (km 9,0) wechseln Steigungen bis 8% mit flacheren Abschnitten ab. Bis Issime (km 11,5) überschreitet die Steigung kaum einmal 6%, und bis Gaby (km 17,0) radeln wir in einer langgestreckten Talweitung fast eben dahin. Nach einem 100 m langen, beleuchteten Tunnel nimmt die Steigung auf 10% zu, wieder wird die Talseite gewechselt und eine kleine Talstufe über zwei Kehren überwunden. Danach (km 21,0) wird die Straße bis Gressoney-St.-Jean (km 25,0) nur wenig steiler, und während die Fahrt bisher fast ohne Aussicht war, zeigen sich vor uns endlich die Gletscher des Lyskamm. Lange ziehen sich Häuser entlang einer Talweitung dahin, eben rollt man bis zu deren Ende (km 30,0), und über zwei Kehren steigt die Straße wieder mit 10% höher. Nach einem 50 m langen, beleuchteten Tunnel (km 32,0) wird es wieder weniger steil, die Sicht auf die Lysgletscher weitet sich, und bis Gressoney-La Trinité (km 33,5) rollt es eben dahin. Bei den Parkplätzen am Ortsende ist uns der Blick dann allerdings wieder verstellt, und so muß man über zwei Kehren mit Steigungen bis 12% höher radeln, bevor man auf zurückgehender Steigung das Straßenende, eine Wendeschleife bei einer Brücke über die Lys (km 38,0), erreicht. Wer eine großartige Aussicht erwartet hat, wird allerdings enttäuscht, denn ein recht schmaler Taleinschnitt schränkt den Lyskamm-Blick stark ein.

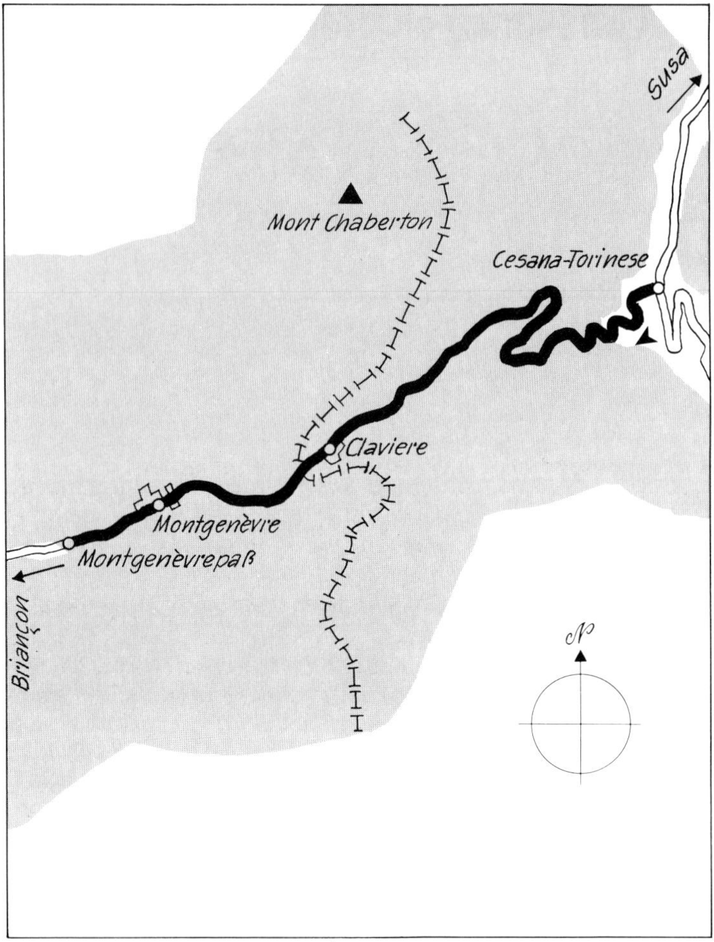
Susa
Mont Chaberton
Cesana-Torinese
Claviere
Montgenèvre
Montgenèvrepaß
Briançon
N

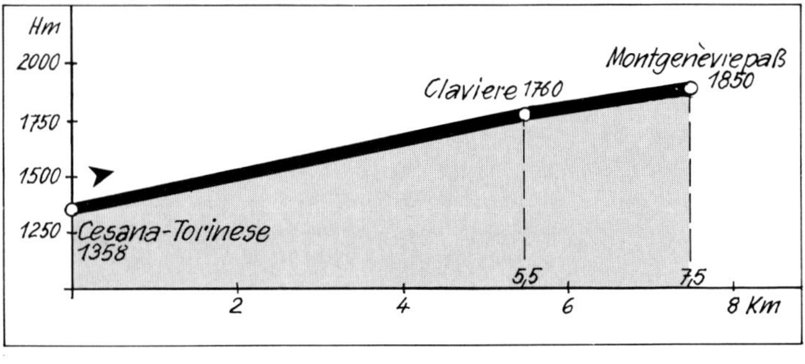
Hm
2000
1750
1500
1250
Montgenèvrepaß
1850
Claviere 1760
Cesana-Torinese
1358
5,5
7,5
2
4
6
8 Km

27 Montgenèvre-Paßstraße, Ostseite

1850 m Italien/Piemont

Charakter Leichte Radtour mit maximal 10% Steigung am Fuße des Mont Chaberton

Offen 1.1.–31.12.

Zeit ¾–1¼ Stunden

Länge 7,5 km

Höhendifferenz 492 m

Übersetzung 42/23

Karte Carte Topographique 1:100000, Blatt 54

Ausgangspunkt
Cesena-Torinese (1358 m)

Persönliche Angaben

Gefahren am

Zeit

Übersetzung

Streckenbeschreibung Wer aus der Po-Ebene bei Turin am schnellsten in die französischen Hochalpen gelangen möchte, für den ist der Weg über den Montgenèvrepaß nach Briançon der kürzeste. Wegen seiner relativ geringen Höhe bereits im Mittelalter viel benutzt, ist er, nachdem die benachbarten Übergänge über den Mont Cenis und den Fréjustunnel den größten Teil des Schwerlastverkehrs abziehen, auch nicht mehr allzu stark frequentiert. Das Grenzstädtchen Cesana-Torinese (km 0,0), dessen französischer Einschlag bereits unverkennbar ist, wird über mehrere Kehren mit auf 8–10% ansteigender Straße verlassen. Die Trasse beschreibt eine weite Schleife nach rechts und mündet in eine fast 400 m lange Galerie (km 3,5), an die sich sofort eine zweite anschließt. An den Hängen des Mont Chaberton, der hier die rechte Talseite bildet, zieht sich die Straße mit 8% weiter nach oben. Nach einem kurzen, unbeleuchteten Kehrentunnel wird Claviere (km 5,5) erreicht, und die Steigung läßt nach. Direkt im Ort befindet sich die italienische Grenze (km 6,0), und kaum 200 m weiter stoppt uns der französische Schlagbaum. Mit 5% Steigung radeln wir, noch auf italienischem Hoheitsgebiet, weiter, ein Schild »France/Les Hautes Alpes« zeigt den Wechsel in französisches Territorium, nochmals erwartet uns eine Grenzkontrolle, und nicht weit voraus sind die Ferienhäuser von Montgenèvre zu erkennen. Kurz darauf hat man den Ort (km 7,5) erreicht und muß hier vor der Abfahrt eine vierte Paßkontrolle über sich ergehen lassen.

Hinweis: Ausgangspunkt der westlichen Paßroute ist Briançon in der französischen Dauphiné (siehe Beschreibung Tour 37).

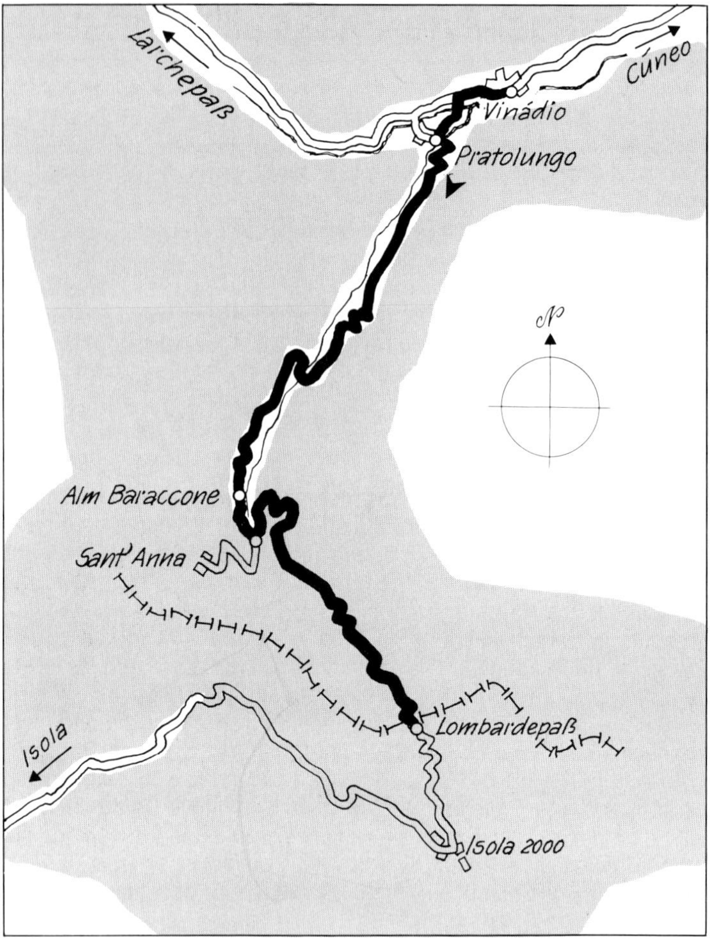
Larchepaß
Cúneo
Vinádio
Pratolungo
N
Alm Baraccone
Sant'Anna
Lombardepaß
Isola
Isola 2000

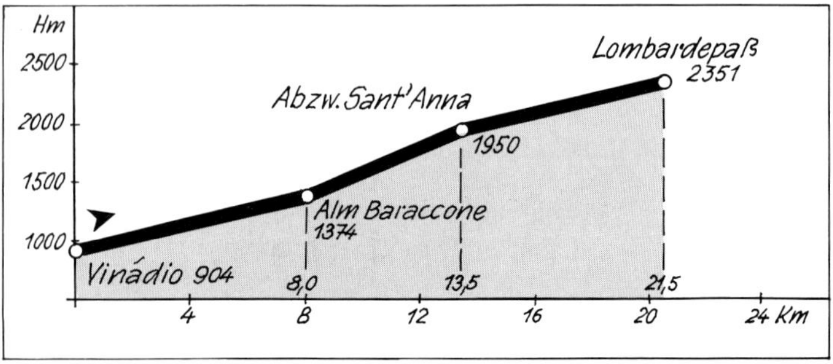
Hm
2500
2000
1500
1000
Lombardepaß
2351
Abzw. Sant'Anna
1950
Alm Baraccone
1374
Vinádio 904
8,0
13,5
21,5
4
8
12
16
20
24 Km

28 Lombarde-Paßstraße, Nordseite

2351 m — Italien/Piemont

Charakter Schwere Radtour mit maximal 13% Steigung in den Cottischen Alpen

Offen 15.6.–31.10.

Zeit 1¾–2½ Stunden

Länge 21,5 km

Höhendifferenz 1447 m

Übersetzung 42/26

Karte Carte Topographique 1:100000, Blatt 61

Ausgangspunkt Vinádio (904 m), ca. 35 km südwestlich von Cúneo

Persönliche Angaben

Gefahren am

Zeit

Übersetzung

Streckenbeschreibung Kurz hinter Vinádio (km 0,0) zweigt die Straße zum Colle della Lombardo ab. Pratolungo (km 0,5) ist rasch erreicht, und schon hinter dem Ort bringt uns eine enge Kehrengruppe mit 11% Steigung höher. An einer kleinen Kreuzung orientiert man sich an der Beschilderung »Sant'Anna«, die Steigung hält an und nimmt am Beginn einer weiteren Kehrengruppe (km 5,5) sogar auf 13% zu. Wir wechseln die Talseite, und eine weitere Kehrengruppe mit Steigungen zwischen 10 und 12% endet erst bei der Almhütte von Baraccone (km 8,0). Rasch ist die winzige Talweitung durchquert, schon schließt die nächste Kehrengruppe an, die mit Steigungen bis 13% an den kahlen Hängen der westlichen Talseite hinaufführt. Nach einer kleinen Kapelle (km 10,0) legt sich die Trasse endlich zurück, die Bergumrahmung am Talschluß wird sichtbar, und hoch über uns ist das Kirchdorf Sant'Anna zu sehen. Bis zu einer kleinen Brücke am Talschluß (km 12,0) rollt es fast eben dahin, dann nimmt die Steigung über enge Kehren durch lichten Lärchenwald wieder auf 13% zu. Nur kurz läßt sie am Ende der Kehren nach, um dann weiter mit 10% bis zu einer kleinen Straßenkreuzung (km 13,5) anzuziehen. Dem nach links abzweigenden Sträßchen folgend, erwarten uns wieder Kehren, die mit 11% durch Lärchenbestand aufwärts führen. Etwa auf Höhe von Sant'Anna an den gegenüberliegenden Berghängen geht die Steigung kurz zurück (km 16,0) und schwingt sich dann nochmals auf 12% auf, bevor uns Steigungen bis 10%, von flacheren Abschnitten unterbrochen, höher bringen. Vorbei an einem kleinen Bergsee (km 19,0), der sich in den öden Geröllfeldern am Fuße des Col de la Lombarde versteckt, ist es bis zur Paßhöhe (km 21,5) dann nur noch 6% steil.

Hinweis: Ausgangspunkt der südlichen Paßroute ist Isola in der französischen Provence (siehe Beschreibung Tour 39).

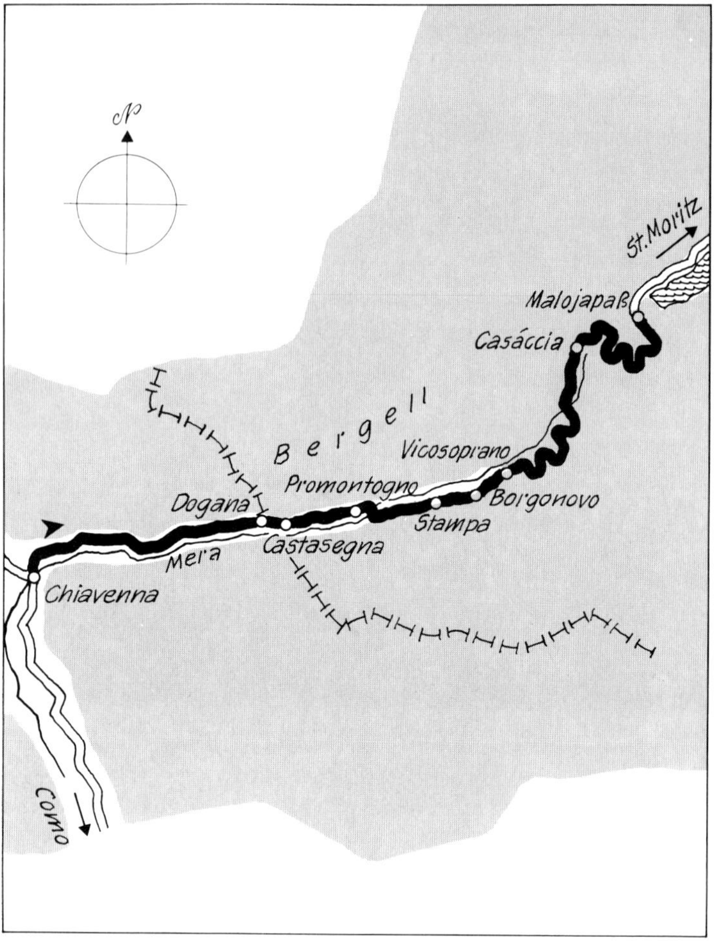
St. Moritz
Malojapaß
Casáccia
Bergell
Vicosoprano
Promontogno
Dogana
Borgonovo
Stampa
Castasegna
Mera
Chiavenna
Como

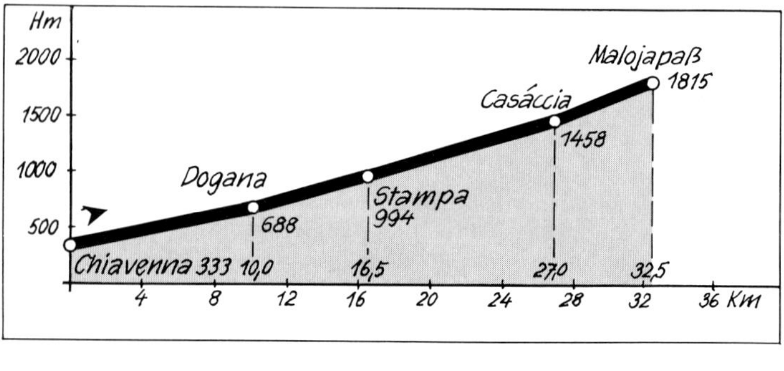
Hm
2000
1500
1000
500
Malojapaß
1815
Casáccia
1458
Dogana
688
Stampa
994
Chiavenna 333
10,0
16,5
27,0
32,5
4
8
12
16
20
24
28
32
36 Km

29 Maloja-Paßstraße

1815 m | Schweiz/Graubünden

Charakter Schwere Radtour mit maximal 15% Steigung durch das Bergell

Offen 1. 1.–31. 12.

Zeit 2–3 Stunden

Länge 32,5 km

Höhendifferenz 1482 m

Übersetzung 42/26

Karte KOMPASS Wanderkarte 1:50000, Blatt 92

Ausgangspunkt Chiavenna (333 m)

Persönliche Angaben

Gefahren am

Zeit

Übersetzung

Streckenbeschreibung Von Chiavenna (km 0,0), der Beschilderung »St. Moritz« folgend, ist die schweizerische Grenze bei Dogana (km 10,0) über meist weit unter 8% liegende Steigungen bald erreicht. Die Schweiz empfängt uns mit einer schmalen Ortsdurchfahrt durch Castasegna und holprigem Kopfsteinpflaster, das bis auf 10% ansteigt. Nach dem Ort wird es etwas flacher, und vor uns setzen sich die Felsriesen aus glattem grauen Granit, die dem Bergell seinen unverwechselbaren Charakter geben, über der südlichen Talseite fort. In Promontogno (km 13,5), auf der Brücke über die Mera, hat man den wohl schönsten Blick auf die messerscharfe Nordkante des Piz Badile. Noch eine enge Ortsdurchfahrt mit auf 10% ansteigendem Kopfsteinpflaster, das Tal weitet sich etwas, und die Steigung erreicht nur in einer Kurve kurz noch einmal 10%. Zwei Felsbrocken vor Stampa (km 16,5) bilden einen Naturtunnel, wieder nimmt die Steigung am Ortsausgang kurz auf 10% zu, und in einer Talweitung bildet die Kirche von Borgonovo (km 17,5) ein schönes Motiv vor den Bergriesen im Hintergrund. Leichte Anstiege wechseln mit ebenen Abschnitten ab, bevor die Straße beim Restaurant Albigna (km 21,0) über eine Kehrengruppe auf 10% anzieht. Bis km 25,0 hält die Steigung an, geht dann zurück, und eben rollt es bis Casáccia (km 27,0) am Fuße des breitrückigen Piz Lunghin dahin. Über zwei Kehren mit bis auf 12% ansteigender Trasse wird eine Talstufe überwunden, die in ein kleines Hochtal führt, in dem die Steigung nochmals zurückgeht. Dann wird es ernst, denn der Steilabbruch, mit dem die Engadiner Seenplatte auf einer Länge von 4,5 km ins Bergell abfällt, muß bis zur Paßhöhe (km 32,5) über 13 Kehren mit fast durchgehend 15% Steigung überwunden werden.

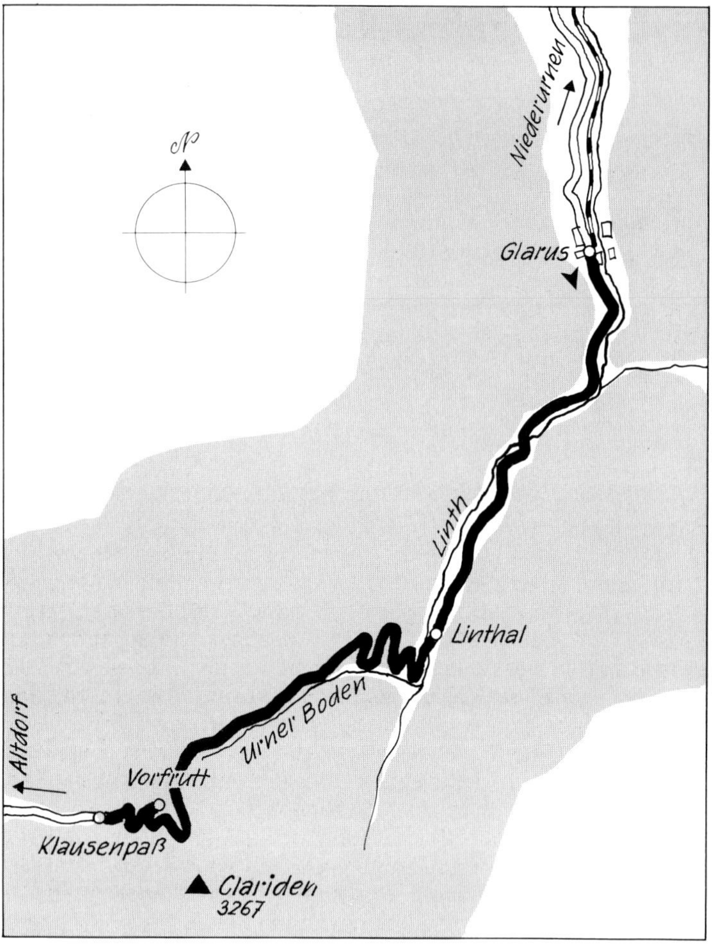
N
Niederurnen
Glarus
Linth
Linthal
Urner Boden
Altdorf
Vorfrutt
Klausenpaß
Clariden
3267

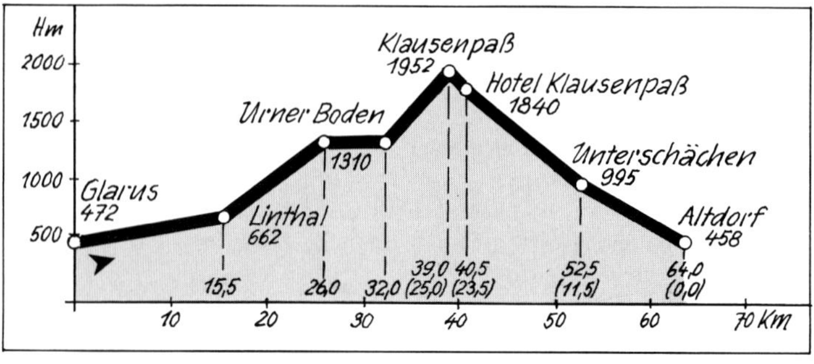
Hm
2000
1500
1000
500
Klausenpaß
1952
Hotel Klausenpaß
1840
Urner Boden
1310
Unterschächen
995
Glarus
472
Linthal
662
Altdorf
458
15,5
26,0
32,0
39,0
(25,0)
40,5
(23,5)
52,5
(11,5)
64,0
(0,0)
10
20
30
40
50
60
70 Km

30 Klausen-Paßstraße, Ostseite

1952 m — Schweiz/Glarus

Charakter Mittelschwere Radtour mit maximal 10% Steigung in der Zentralschweiz

Offen 15.5.-31.10.

Zeit 2½-3½ Stunden

Länge 39 km

Höhendifferenz 1480 m

Übersetzung 42/23-26

Karte Landeskarte der Schweiz 1:100000, Blatt 33 und 38

Ausgangspunkt Glarus (472 m)

Persönliche Angaben

Gefahren am

Zeit

Übersetzung

Streckenbeschreibung Von Glarus (km 0,0), der Hauptstadt des gleichnamigen Kantons, radeln wir auf breiter, gut ausgebauter Straße in das Linthtal ein. Durch eine Reihe von Ortschaften im dichtbesiedelten Talboden wechseln bis Linthal (km 15,5) 8%ige Anstiege mit längeren leichten Abfahrten und ebenen Abschnitten ab. Die Linth wird überquert, und über zwei kopfsteingepflasterte Kehren steigt die Straße mit 10% an den Hängen der rechten Talseite aufwärts. Zwei kurze, schwach beleuchtete Tunnels (km 18,5) leiten in eine enge Kehrengruppe, die uns bei gleichbleibender Steigung durch dichten Wald rasch Höhe gewinnen läßt. Der Wald geht zurück, Wiesenflächen tun sich auf, die die Sicht auf die Gletscher um Tödi und Bifertenstock im Süden freigeben, und am Gasthof Bergli (km 20,0) sollte man eine kurze Rast einlegen. Noch sind fast 6 km bei weiterhin 10%iger Steigung bis zum Beginn des Urner Bodens (km 26,0) - einem wildromantischen Hochtal zwischen den Kalkfelsen der Jägerstöcke im Norden und den Gletschern des Claridenstocks im Süden - zu überwinden. Fast eben radeln wir durch dieses Prunkstück Schweizer Landschaft, überschreiten dabei die Grenze in den Kanton Uri, und erst kurz vor dem Hotel Wilhelm Tell (km 30,0) nimmt die Steigung bis zum Talschluß (km 32,0) langsam auf 8% zu. Aus der Klus, wie dieser kleine Talkessel zu Füßen der Tödi-Nordwand genannt wird, weicht die Straße auf die Hänge der rechten Talseite aus und steigt wieder auf 10% an, während rasch der Urner Boden unter uns zurückbleibt. Bei der Almengruppe von Vorfrutt (km 36,5) tritt man endgültig in die Hochgebirgsregion ein. Öde Geröllfelder ziehen von Berghängen herunter, durch die die Straße über mehrere Kehren weiter mit 10% ansteigend zur Paßhöhe (km 39,0) leitet.

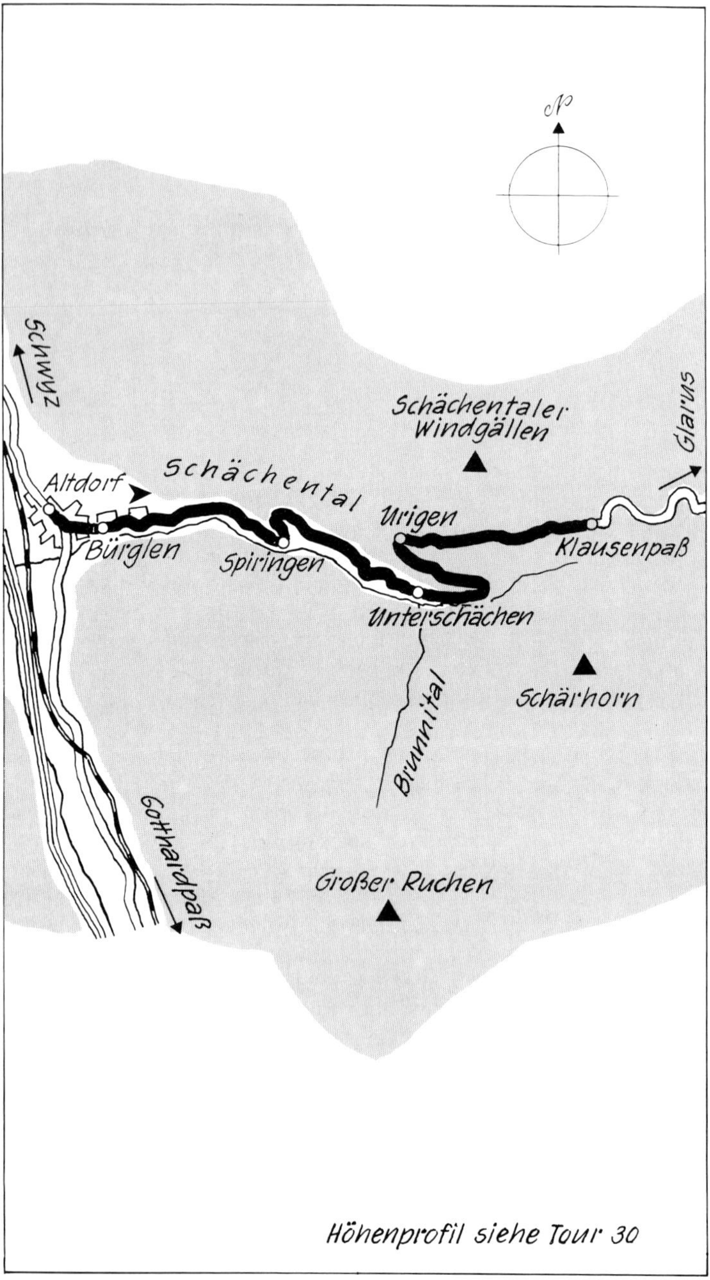
N
Schwyz
Schächentaler Windgällen
Glarus
Schächental
Altdorf
Urigen
Bürglen
Spiringen
Klausenpaß
Unterschächen
Schärhorn
Brunnital
Gotthardpaß
Großer Ruchen
Höhenprofil siehe Tour 30

31 Klausen-Paßstraße, Westseite

1952 m | Schweiz/Uri

Charakter Mittelschwere Radtour mit maximal 9% Steigung

Offen 15.5.–31.10.

Zeit 2–2½ Stunden

Länge 25 km

Höhendifferenz 1494 m

Übersetzung 42/23

Karte Landeskarte der Schweiz 1:100000, Blatt 38

Ausgangspunkt Altdorf (458 m), am Südende des Urner Sees

Persönliche Angaben

Gefahren am

Zeit

Übersetzung

Streckenbeschreibung Folgt man in Altdorf (km 0,0) der Beschilderung »Klausen«, erreicht man mit der anschließenden Ortschaft Bürglen erst einmal den Heimatort des Schweizer Nationalhelden Wilhelm Tell. Bis zum Hotel Kinzigpaß (km 2,5) steigt die Straße noch mit 9% an, um dann kurz in das Schächental abzufallen. An der Schächen entlang hält sich die Steigung bei 7% bis zum Beginn einer Kehrengruppe (km 7,0), über die wir mit 9% bis Spiringen (km 8,0) aufwärts radeln. Bald nach dem Ort geht die Steigung zurück, Anstiege bis 5% werden von flacheren Abschnitten abgelöst, die dann in eine 1 km lange Abfahrt bis Unterschächen (km 11,5) übergehen. Weit auseinandergezogene Kehren mit 9% Steigung führen uns aus dem Talkessel am Ausgang des vom Großen Ruchen herabziehenden Brunnitales heraus, wobei bis zum Gasthof Posthof Urigen (km 15,5) der Wald anhält. Zwischen grünen Wiesen wird die Steigung beibehalten, die auch nach einem 250 m langen, beleuchteten Tunnel (km 18,5) nicht zurückgeht. Dafür wird die Straße schmäler und schlängelt sich entlang der Felswände der Schächentaler Windgällen hoch über dem Talboden bergauf. Über zwei Kehren (km 22,0) läßt die Steigung an einer kleinen Talstufe nur kurz nach, bevor wir weiter mit 9% zum Hotel Klausenpaß (km 23,5) hinaufradeln. Hier hat man den schönsten Blick auf die teils vergletscherten, teils felsigen Bergspitzen, die sich vom Claridenstock über Schärhorn und Großen Ruchen bis zum Großen Windgällen hinunterziehen. Bis zur Paßhöhe (km 25,0) steigt die Straße dann noch mit 7% an.

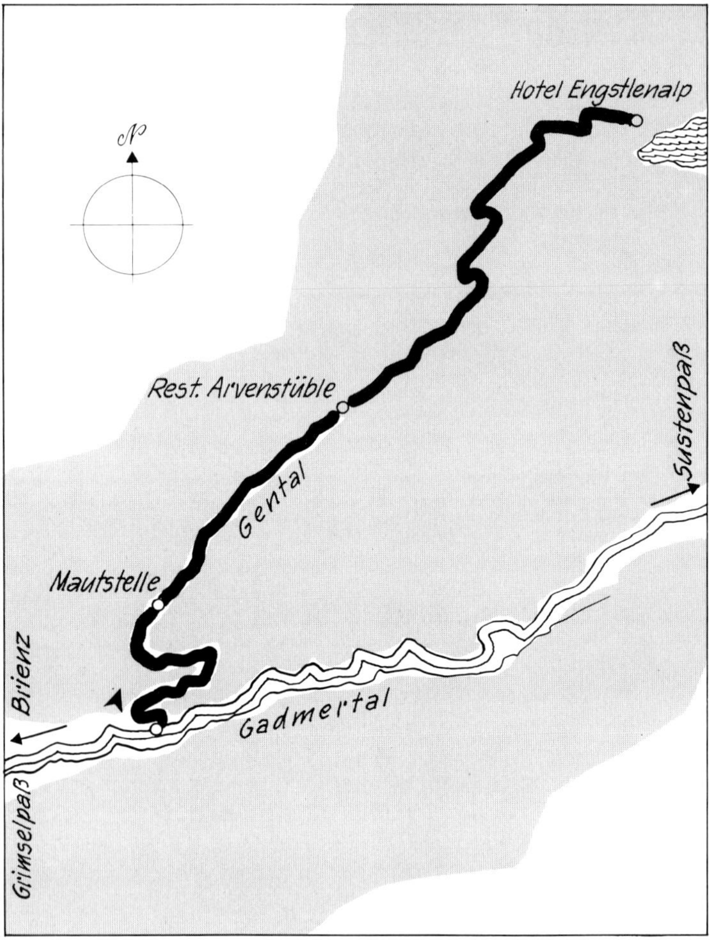
Hotel Engstlenalp
N
Rest. Arvenstüble
Sustenpaß
Gental
Mautstelle
Brienz
Gadmertal
Grimselpaß

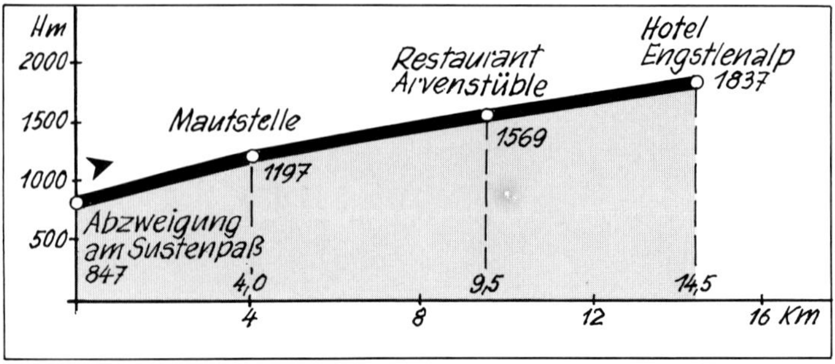
Hm
2000
1500
1000
500
Hotel Engstlenalp
1837
Restaurant Arvenstüble
1569
Mautstelle
1197
Abzweigung am Sustenpaß
847
4,0
9,5
14,5
4
8
12
16 Km

32 Engstlenalp-Bergstraße

1837 m | Schweiz/Bern

Charakter Mittelschwere Radtour mit maximal 12% Steigung durch das Gental zum Engstlensee

Offen 1.5.–31.10.

Zeit 1¼–1¾ Stunden

Länge 14,5 km

Höhendifferenz 990 m

Übersetzung 42/26

Karte Landeskarte der Schweiz 1:100000, Blatt 37

Ausgangspunkt Abzweigung nach Engstlen an der Westseite des Sustenpaßes zwischen Wiler und Nessental (847 m)

Persönliche Angaben

Gefahren am

Zeit

Übersetzung

Streckenbeschreibung Wird der Sustenpaß vielfach als der schönste Alpenpaß bezeichnet, so steht ihm die Auffahrt über die Engstlenalp-Bergstraße nicht viel nach. Ihr Ausgangspunkt ist eine unscheinbare Abzweigung nach Engstlen (km 0,0), etwa in der Mitte zwischen Wiler und Nessental, an der Westseite des Sustenpasses gelegen. Mit Steigungen zwischen 10 und 12% radeln wir durch dichten Wald, der nur kurz den Blick auf die Gletscher um das Sustenhorn im Osten und die Berge über dem Haslital im Westen freigibt, bis zur Mautstelle Wagenkehr (km 4,0). Beeindruckend ist hier der Blick zurück zu den zerklüfteten Felsspitzen der Engelhörner, über denen sich die Gletscherfelder von Wetterhorn und Schreckhorn erheben, während sich vor uns das langgestreckte Gental auftut. Schnell rollt es in den Talgrund hinunter, und am Gentalwasser entlang hält sich die Straße, von kurzen 7%igen Anstiegen abgesehen, nur leicht ansteigend zwischen den grünen Wiesen am Talboden, der von den Berghängen der Gadmerflüh zur Rechten und des Graustocks zur Linken begrenzt wird. Noch vor dem Restaurant Arvenstüble (km 9,5) nimmt die Steigung auf 10% zu, um bis zum Beginn einer kleinen Talstufe (km 10,5) bis auf 12% anzusteigen. Nur kurz läßt die Steigung über zwei Kehren etwas nach, bevor die Trasse am linken Talhang wieder mit 12% recht geradlinig nach oben zieht. Nach einem kurzen flacheren Abschnitt unterbrechen erneut zwei Kehren die Auffahrt, denen ein weiteres Steilstück folgt; noch einmal zwei Kehren mit etwas zurückgehender Steigung, bevor die Trasse auf dem letzten Kilometer wieder auf 12% ansteigt. Bei den Parkplätzen am Hotel Engstlenalp (km 14,5) müssen wir dann unsere Räder den weiterführenden Wanderweg etwas hochschieben, bevor der Engstlensee, umrahmt von den Gletschern des Titlis und der Wendenstöcke, vor uns liegt.

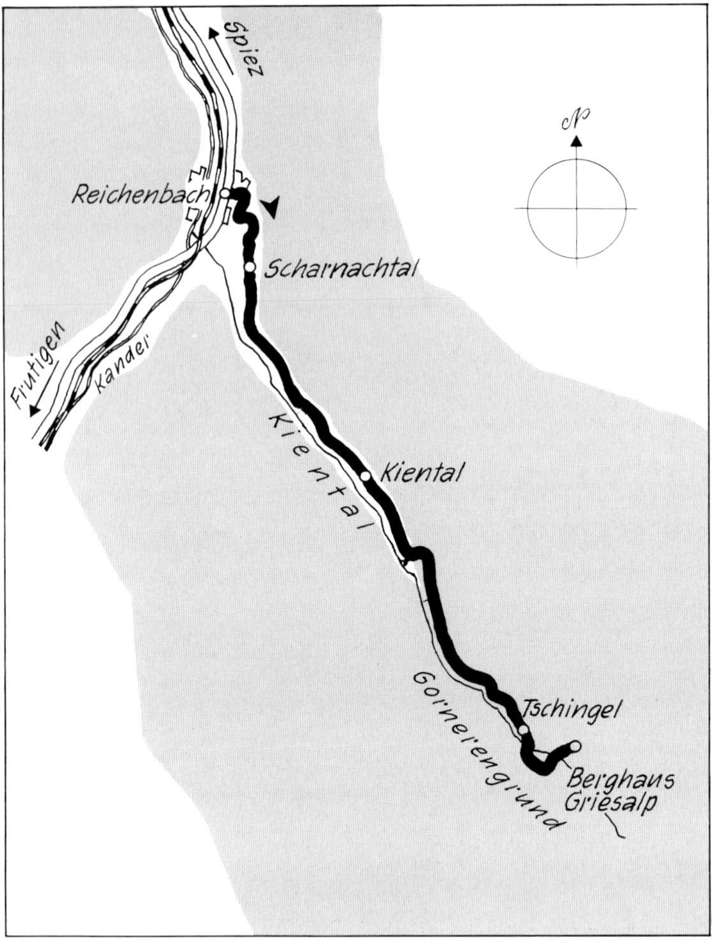
Spiez
N
Reichenbach
Scharnachtal
Frutigen
Kander
Kiental
Kiental
Tschingel
Gornerengrund
Berghaus
Griesalp

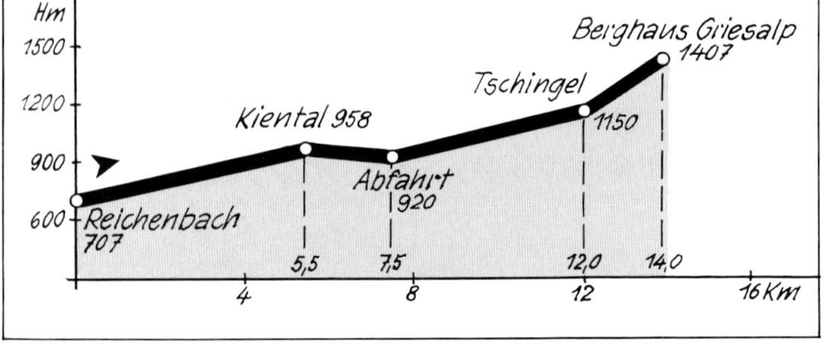
Hm
1500
1200
900
600
Berghaus Griesalp 1407
Tschingel
1150
Kiental 958
Abfahrt
920
Reichenbach
707
5,5
7,5
12,0
14,0
4
8
12
16 Km

33 Kiental- mit Griesalpstraße

1407 m Schweiz/Bern

Charakter Schwere Radtour mit maximal 28% Steigung über die steilste Straße der Schweiz

Offen Ostern–31. 10.

Zeit 1–1½ Stunden

Länge 14 km

Höhendifferenz 738 m

Übersetzung 42/28–30

Karte Landeskarte der Schweiz 1:100000, Blatt 36, 37 und 42

Ausgangspunkt Reichenbach (707 m), ca. 5 km südlich von Spiez am Thuner See

Persönliche Angaben

Gefahren am

Zeit

Übersetzung

Streckenbeschreibung Mit Höchststeigungen bis 28% ist die Mautstraße durch das Kiental zur Griesalp wohl die steilste mit dem Rennrad befahrbare Straße der Schweiz. Noch ist von diesen Steigungen nichts zu bemerken, wenn wir von Reichenbach (km 0,0) über drei Kehren mit 10% Steigung nach Scharnachtal (km 1,0) hinaufradeln. Am Ortsende fährt man kurz ab, Waldstücke verdecken immer wieder die Sicht auf die Gletscher um das Blümlisalphorn vor uns, und bis Kiental (km 5,5) wechseln Steigungen bis 8% mit längeren flacheren Abschnitten ab. Der Beschilderung »Gorneren/Griesalp« folgend, rollt man am Ortsende in einen kleinen Talboden (km 7,5) ab, den man auf bis 12% ansteigender Trasse wieder verläßt. Nach etwa 1 km geht die Steigung zurück, eindrucksvoll zeigt sich die graue Felspyramide des Dündenhorns, und bis zum Gasthof Alpenruh (km 10,0) wechseln Steigungen bis 10% mit flacheren Abschnitten ab. Unsere Geduld wird noch etwas auf die Probe gestellt, denn durch den langgezogenen Gornerengrund hält sich die Straße bis zu der Alm von Tschingel (km 12,0) fast eben. Das Schild »28% Steigung« deutet den Beginn eines steilen, dichtbewaldeten, von Fels durchzogenen Berghanges an, über den Wasserfälle herabschießen und den die Trasse nun in engen Kehren mit kurzen steilen Rampen zu überwinden versucht. Nicht über 24% dürfte die tatsächliche Steigung auf den nächsten 1,4 km liegen, denn die letzten 100 m vor einer kleinen Abzweigung (km 13,5) erfahren nochmals eine spürbare Steigerung, bevor sich die Straße bis zum Berghaus Griesalp (km 14,0) endlich zurückneigt.

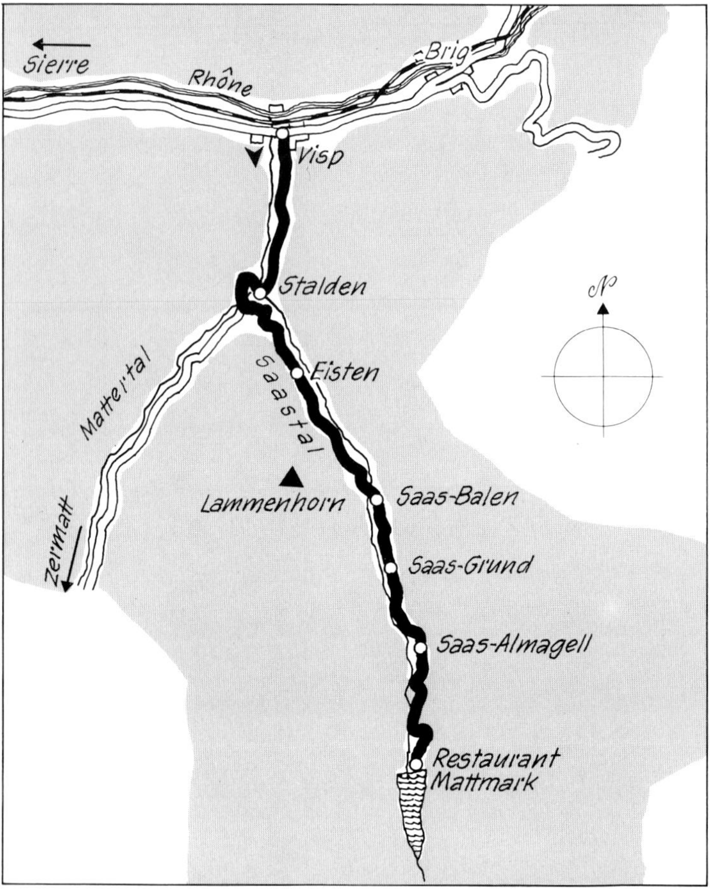
Sierre
Brig
Rhône
Visp
Stalden
N
Eisten
Mattertal
Saastal
Saas-Balen
Lammenhorn
Zermatt
Saas-Grund
Saas-Almagell
Restaurant
Mattmark

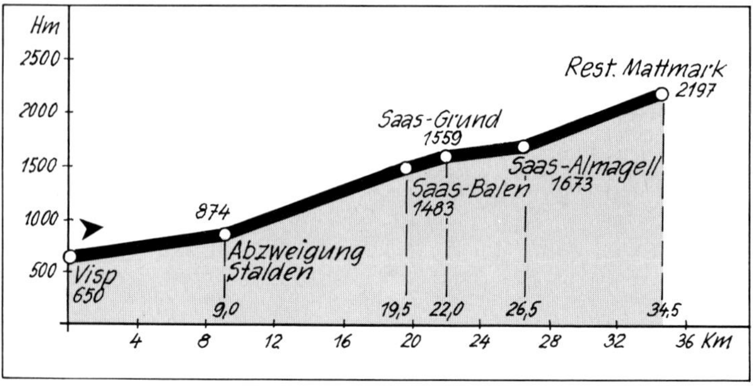
Hm
2500
2000
1500
1000
500
Rest. Mattmark
2197
Saas-Grund
1559
Saas-Almagell
1673
Saas-Balen
1483
874
Abzweigung
Stalden
Visp
650
9,0
19,5
22,0
26,5
34,5
4
8
12
16
20
24
28
32
36 Km

34 Saastal- mit Mattmarkstraße

2197 m | Schweiz/Wallis

Charakter Schwere Radtour mit maximal 13% Steigung in der Mischabel-Gruppe

Offen 1.6.–31.10.

Zeit 2¼–3 Stunden

Länge 34,5 km

Höhendifferenz 1547 m

Übersetzung 42/26

Karte Landeskarte der Schweiz 1:100000, Blatt 42 und 47

Ausgangspunkt Visp (650 m)

Persönliche Angaben

Gefahren am

Zeit

Übersetzung

Streckenbeschreibung Bis zur Abzweigung am Ortsende von Stalden ist die Auffahrt mit der Fahrt ins Mattertal (siehe Beschreibung Tour 35) identisch. Folgt man nun der Beschilderung »Saas-Fee/Mattmark«, steigt die Straße im anfangs aussichtslosen Tal der Saaser Vispa bis Eisten (km 13,0) nicht über 5% an. Dann wechseln längere Anstiege bis 8% mit flacheren Abschnitten ab, wobei bis Niedergut (km 18,5), in einer kleinen Talweitung gelegen, eine Reihe von Lawinengalerien und ein 100 m langer, unbeleuchteter Tunnel zu durchfahren sind. Bei Saas-Balen (km 19,5) beherrscht der doppelgipfelige, von einzelnen Schneefeldern durchsetzte Felsbrocken des Lammenhorns die Szenerie. Bis Saas-Tamatten (km 21,5) steigt die Straße nur leicht an, und mit dem anschließenden Saas-Grund (km 22,0) wird wieder ein größerer Ort erreicht. Die hier mit 8% nach Saas-Fee abzweigende Straße endet dort nach 3,5 km auf 1790 m Höhe. Wer höher hinaus will, folgt dem Hinweis »Mattmark/Saas-Almagell«. Kurz nach dem Abzweiger hat man rechts einen Panoramablick auf die Gletscher der Mischabel-Gruppe, die von ihrem höchsten Berg, dem 4545 m hohen Dom, herabfließen, dann steigt die Straße bis Saas-Almagell (km 26,5) nur leicht an. In einem mit Lärchengruppen bestandenen, von Felsbrocken durchsetzten Talboden nimmt die Steigung langsam auf 9% zu, man überquert einen Bach (km 31,0), und über eine Kehrengruppe zieht die Trasse bis auf 13% an, die bis zum Restaurant Mattmark (km 34,5) fast unvermindert anhalten. Am Fuße des Allalingletschers trennen uns dann nur noch wenige Meter von der Staumauerkrone.

Hinweis: Die Strecke ist vor allem im unteren Abschnitt bis Saas-Grund sehr stark befahren; ein früher Aufbruch ist deshalb empfehlenswert.

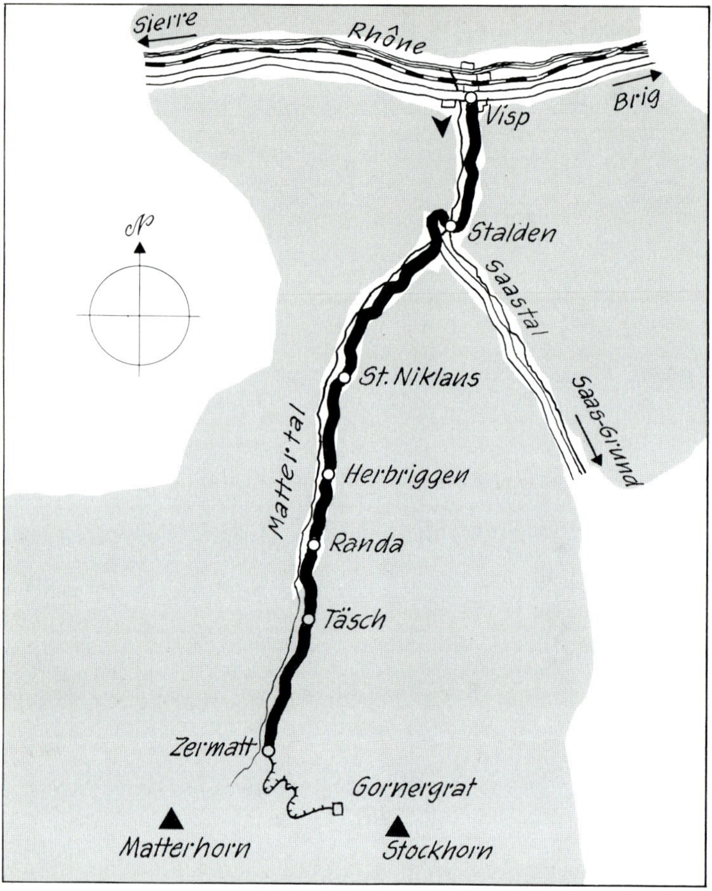
Sierre
Rhône
Brig
Visp
Stalden
Saastal
Saas-Grund
St. Niklaus
Matter·tal
Herbriggen
Randa
Täsch
Zermatt
Gornergrat
Matterhorn
Stockhorn

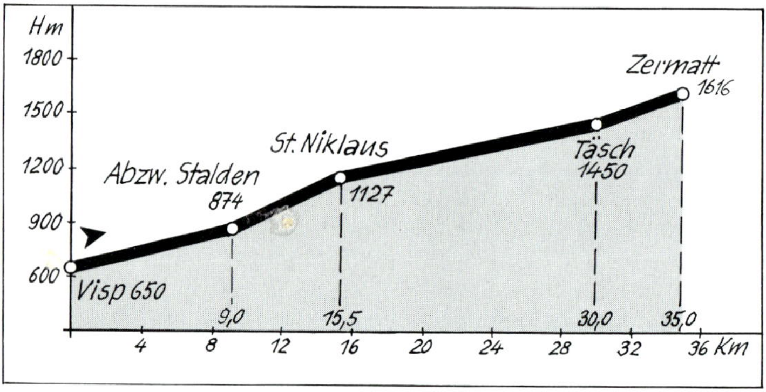
Hm
1800
1500
1200
900
600
Visp 650
Abzw. Stalden
874
St. Niklaus
1127
Täsch
1450
Zermatt
1616
9,0
15,5
30,0
35,0
4
8
12
16
20
24
28
32
36 Km

35 Mattertalstraße

1616 m

Schweiz/Wallis

Charakter Mittelschwere Radtour mit maximal 10% Steigung zum Matterhorn

Offen 1. 1.–31. 12.

Zeit 1¼–2¼ Stunden

Länge 35 km

Höhendifferenz 966 m

Übersetzung 42/23

Karte Landeskarte der Schweiz 1:100000, Blatt 42 und 47

Ausgangspunkt Visp (650 m)

Persönliche Angaben

Gefahren am

Zeit

Übersetzung

Streckenbeschreibung Folgt man in Visp (km 0,0) der Beschilderung »Zermatt«, hält sich die Straße bis Neubrück (km 4,5) fast eben und steigt erst hinter Ackersand (km 5,5) bis auf 8% an. Kurz vor Stalden (km 7,0) wird die Mattervispa überquert und über 10%ige Kehren der Ort durchfahren. Am Ortsende überquert man den Fluß, der hier eine tiefe Schlucht geschaffen hat, noch einmal, bevor man an der folgenden Kreuzung (km 9,0) in das Mattertal einbiegt. Mit 7% steigt die Straße auf dem nächsten Kilometer an, fällt dann leicht zu einer Lawinengalerie (km 11,0) ab, um bis St. Niklaus (km 15,5) nur leicht anzuziehen. Durch den Ort auf 9% ansteigend, fällt die Trasse nach einer kurzen Galerie (km 19,5) bis Mattsand wieder ab. Vor uns zeigen sich die glänzenden Firnfelder des Breithorns mit dem dunklen Felssporn des Kleinen Matterhorns, und erst nach Herbriggen (km 22,5) folgt ein etwa 3 km langer 8%iger Anstieg, bevor wir über Randa (km 27,0) unschwierig Täsch (km 30,0) erreichen. Die Erlaubnis der Kantonspolizei, die auch motorisierten Verkehrsteilnehmern die Weiterfahrt gestattet, haben leider mehr Personen, als einem lieb sein kann, und so bleiben wir auch auf der restlichen Strecke nicht vom Verkehr verschont. Recht schmal und holprig ist die Straße zudem, die bald nach dem Ort bis auf 10% ansteigt. Nach etwa 1 km wird der Anstieg von einem längeren fast ebenen Abschnitt abgelöst, bevor sich die Trasse noch einmal auf einer Länge von 1 km auf 10% aufschwingt. Direkt auf Höhe der Bahnlinie (km 35,0) biegt man um eine Kurve, und der Blick auf das Matterhorn entschädigt für die Strapazen der Auffahrt.

Hinweis: Die Strecke ist sehr stark befahren, ein früher Aufbruch deshalb empfehlenswert.

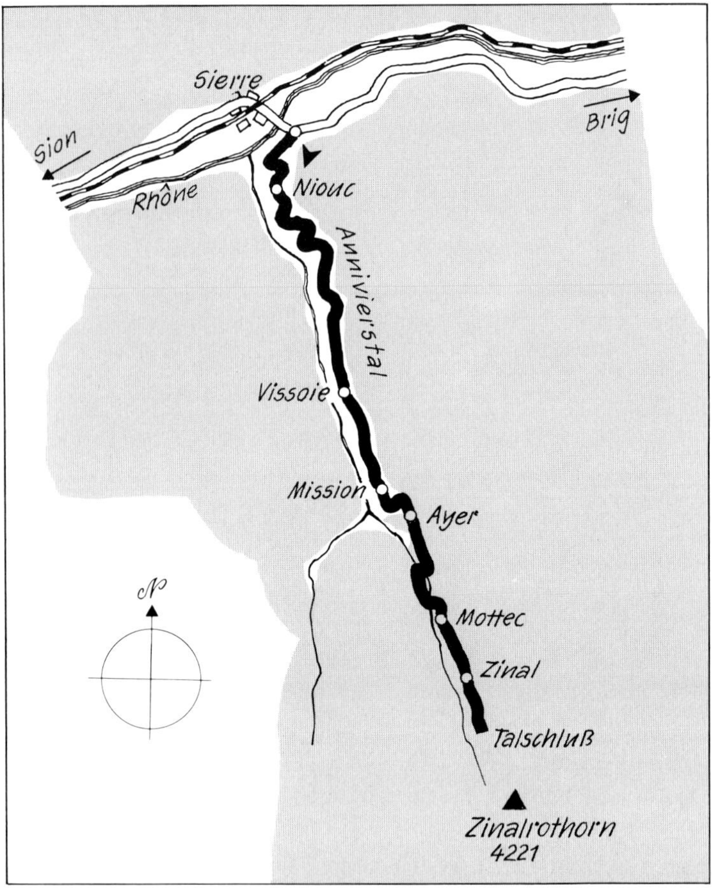
Sierre
Sion
Brig
Rhône
Niouc
Anniviersstal
Vissoie
Mission
Ayer
Mottec
Zinal
Talschluß
Zinalrothorn
4221

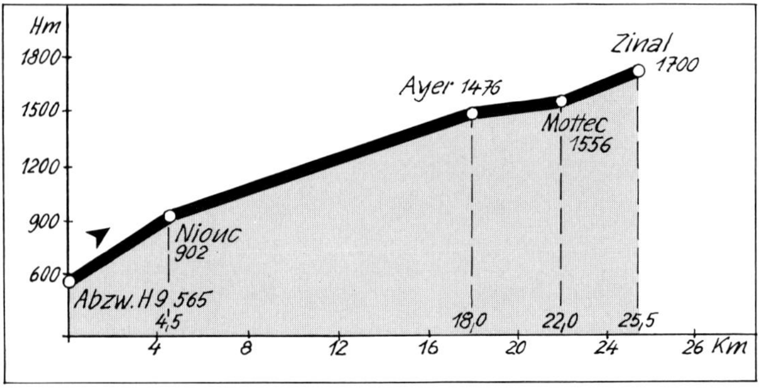
Hm
1800
1500
1200
900
600
Zinal
1700
Ayer 1476
Mottec
1556
Niouc
902
Abzw. H 9 565
4,5
18,0
22,0
25,5
4
8
12
16
20
24
26 Km

36 Anniviers- mit Zinal-Hochtalstraße

1700 m Schweiz/Wallis

Charakter Mittelschwere Radtour mit maximal 11% Steigung durch eines der schönsten Täler im Wallis

Offen 1. 1.–31. 12.

Zeit 1½–2 Stunden

Länge 25,5 km

Höhendifferenz 1135 m

Übersetzung 42/23

Karte Landeskarte der Schweiz 1:100000, Blatt 41 und 46

Ausgangspunkt Abzweigung an der H 9 ca. 3 km östlich von Sierre (565 m)

Persönliche Angaben

Gefahren am

Zeit

Übersetzung

Streckenbeschreibung Wenn von den schönsten Seitentälern des Wallis die Rede ist, darf das Anniviertal nicht fehlen. Es mündet etwa 3 km östlich von Sierre ins Rhônetal, wo man, der Beschilderung »Zinal/Grimetz« (km 0,0) folgend, die Auffahrt beginnt. Auf den ersten beiden Kilometern steigt die Straße mit 9% recht geradlinig nach oben, worauf sich eine enge Kehrengruppe bis Niouc (km 4,5) anschließt. Am Ortsende nimmt die Steigung kurz auf 11% zu, legt sich dann zurück, und fast eben rollen wir in ein kleines Seitental, aus dem die Trasse bis zum Restaurant Les Pontis (km 7,0) kurz bis 11% ansteigt. Ein 100 m langer, unbeleuchteter Tunnel wird durchfahren, fast eben radeln wir bis zu einer kurzen Lawinengalerie (km 11,5), der sich eine zweite anschließt, und über Steigungen bis 7%, meist jedoch weit darunter, wird Vissoie (km 13,0) erreicht. Auf die nadelspitze, vergletscherte Pyramide des Zinalrothorns am Talschluß zu geht die mit 9% aus dem Ort ansteigende Trasse bald zurück, um erst hinter Mission (km 16,0) über zwei Kehren bis Ayer (km 18,0) wieder auf 8% anzuziehen. Vorbei an schönen alten Holzhäusern rollen wir leicht in den Talschluß hinab, die Straße beschreibt eine enge Kurve über die Navisence (km 20,0) und klettert dann über eine Kehre am Berghang der westlichen Talseite mit 9% nach oben. Eine kleine Kapelle kurz vor Mottec (km 22,0) deutet das Ende der Steigung an, bis zum Gasthof Pralong fährt man eben dahin, bevor die Steigung bis zu den Holzhütten von La Boulette (km 23,5) wieder auf 9% zunimmt. Schon nach der nächsten Kurve liegt das Ortsschild von Zinal (km 24,0) vor uns, wo die Straße in einem kleinen Talschluß inmitten einer eindrucksvollen Hochgebirgslandschaft zu Füßen des Zinalrothorns endet (km 25,5).

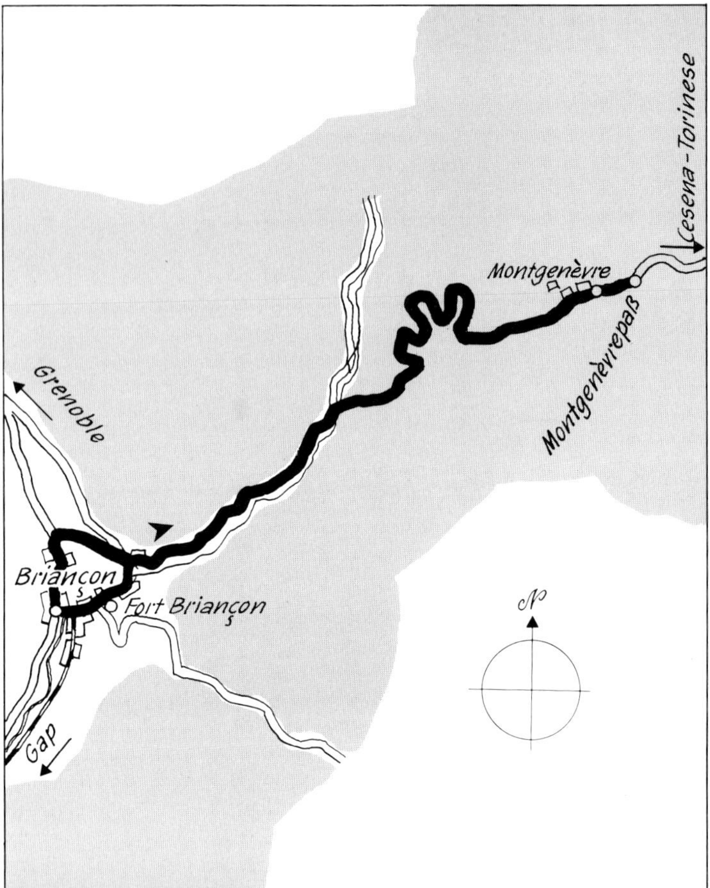
Cesena-Torinese
Montgenèvre
Montgenèvrepaß
Grenoble
Briançon
Fort Briançon
Gap
N

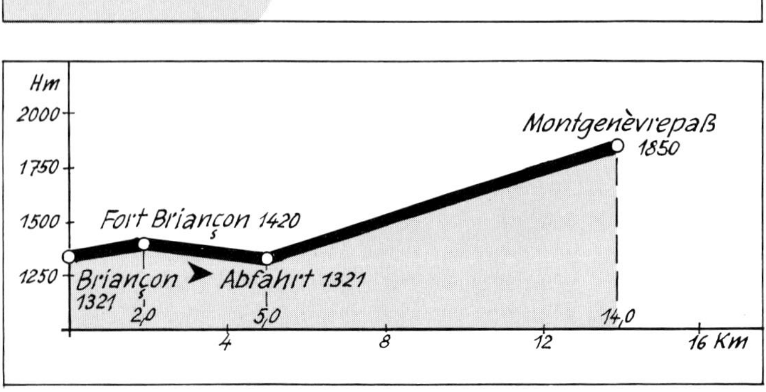
Hm
2000
1750
1500
1250
Montgenèvrepaß
1850
Fort Briançon 1420
Briançon
1321
Abfahrt 1321
2,0
5,0
14,0
4
8
12
16 Km

37 Montgenèvre-Paßstraße, Westseite

1850 m Frankreich/Dauphiné

Charakter Leichte Radtour mit maximal 10% Steigung in der Briançonnais

Offen 1. 1.–31. 12.

Zeit 1–1¼ Stunden

Länge 14 km

Höhendifferenz 628 m

Übersetzung 42/21–23

Karte Carte Topographique 1:100000, Blatt 54

Ausgangspunkt Briançon (1321 m)

Persönliche Angaben

Gefahren am

Zeit

Übersetzung

Streckenbeschreibung Wer in Briançon (km 0,0), am Rande des Pelvoux-Nationalparks, mit dem Fahrrad einen leichten Ausflug unternehmen möchte, kann die Auffahrt zum Montgenèvrepaß ins Auge fassen. Und wenn man dabei allen Schwierigkeiten aus dem Weg gehen möchte, sollte man aus der Ortsmitte nicht der geradlinig zur alten Festung hinaufführenden Straße, die auf 700 m Länge mit 18% ansteigt, folgen, sondern der Beschilderung »Turin«, die einen in gemäßigter 8%iger Steigung um den alten Ortskern herumleitet. Am alten Fort (km 2,0) vorbei fällt die Straße auf den nächsten Kilometern meist sogar leicht ab, um erst nach Überqueren des Flüßchens Clarée (km 5,0) auf 6% anzuziehen. Weit schaut man nach links in den Taleinschnitt des Val Clarée, und bei genauerem Hinsehen ist am Berghang vor uns der weitere Streckenverlauf ebenfalls bereits zu erkennen. Bald nimmt die Steigung auf 8% zu, und rückblickend sind die hellen Steinmauern des Forts am Rande des Talkessels von Briançon gut auszumachen. Der Wald gibt wenig Schatten, und da Briançon nicht nur die höchstgelegene Stadt Europas ist, sondern auch damit wirbt, mehr als 300 Sonnentage im Jahr zu haben, ist bei dieser Auffahrt vor allem die Hitze unser größter Feind. Über mehrere Kehren geht es bei Steigungen zwischen 8 und 10% höher, dann tritt der Wald zurück, und wir erreichen die Chalets und Liftanlagen von Montgenèvre (km 12,5). Um zur Paßhöhe zu gelangen, müssen wir zuerst etwas abfahren, bevor die Trasse nochmals zum höchsten Punkt (km 14,0) ansteigt.
Hinweis: Ausgangspunkt der östlichen Paßroute ist Cesena-Torinese im italienischen Piemont (siehe Beschreibung Tour 27).

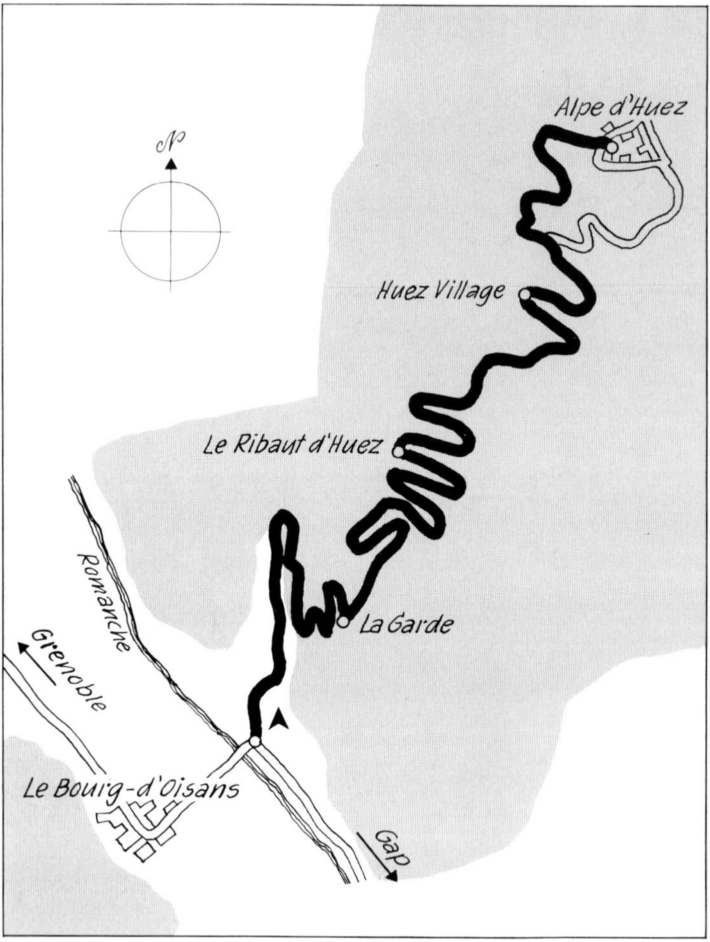
Alpe d'Huez
N
Huez Village
Le Ribaut d'Huez
Romanche
La Garde
Grenoble
Le Bourg-d'Oisans
Gap

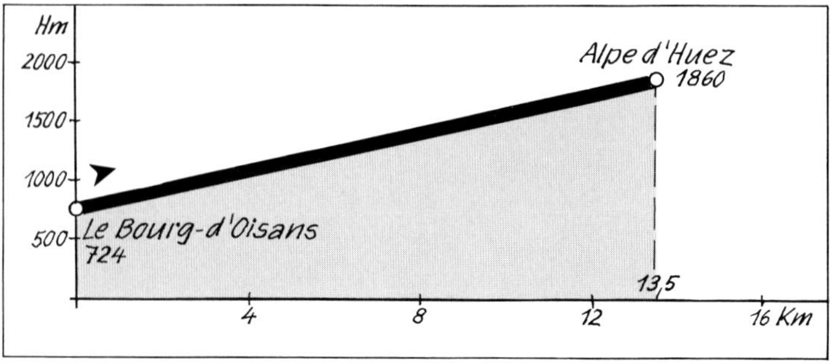
Hm
2000
1500
1000
500
Alpe d'Huez
1860
Le Bourg-d'Oisans
724
13,5
4
8
12
16 Km

38 Alpe-d'Huez-Bergstraße

1860 m Frankreich/Dauphiné

Charakter Mittelschwere Radtour mit maximal 10% Steigung zur bekanntesten Alm Frankreichs

Offen 1. 1.–31. 12.

Zeit 1½–2 Stunden

Länge 13,5 km

Höhendifferenz 1136 m

Übersetzung 42/23–26

Karte Carte Topographique 1 : 100 000, Blatt 54

Ausgangspunkt Le Bourg-d'Oisans (724 m), ca. 45 km östlich von Grenoble

Persönliche Angaben

Gefahren am

Zeit

Übersetzung

Streckenbeschreibung Die Hochalmen von Alpe d'Huez sind in Frankreich ein bekanntes Skigebiet. In Radlerkreisen ist Alpe d'Huez vornehmlich als Endpunkt der längsten und schwersten Alpen-Etappe der Tour de France ein Begriff. Am Ortsende von Le Bourg-d'Oisans (km 0,0) folgt man den Hinweisen »La Garde/L'Alpe d'Huez«, überquert die Romanche, und schon beginnt die Straße auf 10% anzusteigen. Die erste von insgesamt 19 Kehren (km 2,5) wird erreicht, dunkler Schiefer tritt hier an die Straße, und nur in den Kehren läßt die Steigung kurz etwas nach. Durch das Dorf La Garde (km 3,5) mit seiner kleinen gotischen Steinkirche kurz etwas flacher, nimmt die Steigung schon am Ortsende wieder auf 10% zu, und über mehrere Kehren radelt man nach Le Ribaut d'Huez (km 5,5). Gepflegte Blumenbeete am Straßenrand, mit dunklem Holz verkleidete Chalets begleiten eine Trasse, die gleichbleibend mit 10% Steigung über auseinandergezogene Kehren weiter nach oben zieht und den Blick auf die Berge des Pelvouxmassivs im Süden mit der Spitze des Roche de la Muzelle eröffnet. Wir erreichen Huez Village (km 9,0), dessen kleine Ferienhäuser im Sommer meist unbewohnt sind, genauso wie die Chalets von Huez en Oisans (km 10,5), das sich fast an Huez Village anschließt. Am Ortsende bringt uns die Kehre mit der Nummer 4 höher, und an einer Kreuzung (km 11,5) weisen uns die Aufschriften auf der geradeaus weiterführenden Straße den Weg. Mit gewohnter 10%iger Steigung radeln wir höher, Kehre Nummer 2 fällt mit dem Ortsanfang von Alpe d'Huez (km 12,5) zusammen, und in der Ortsmitte (km 13,5) zeigt uns das Ende der Aufschriften das Ziel dieser Auffahrt an.

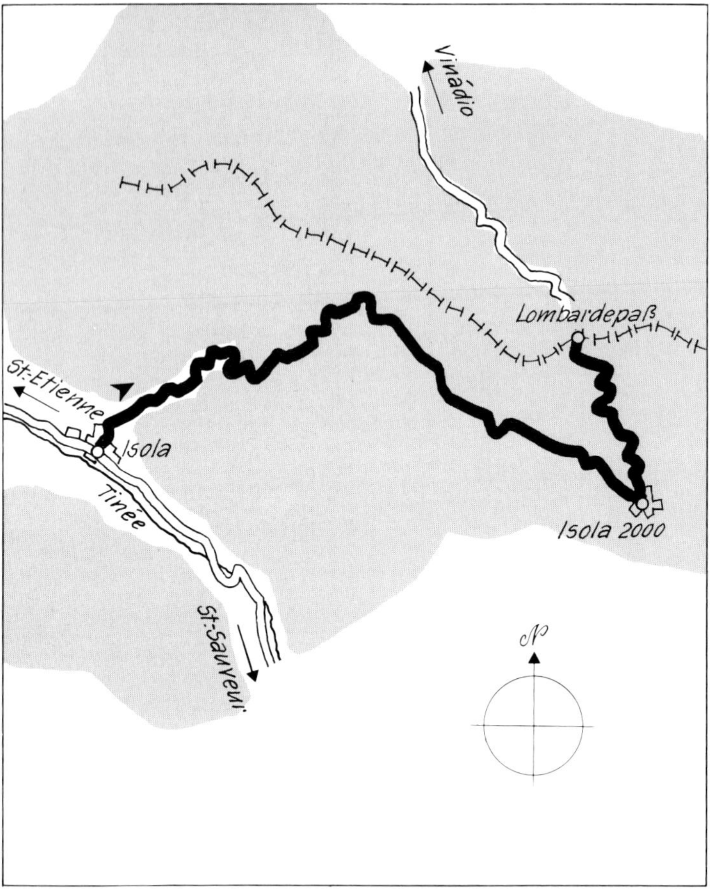

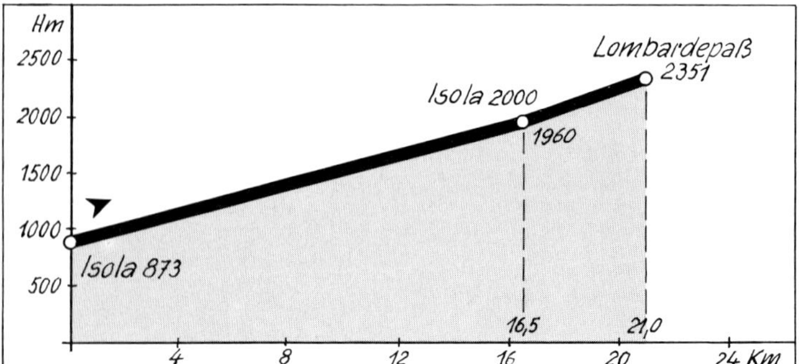

Auf der Ostseite des Klausenpasses ▷
(Tour 30)

HELVETIA

Die Engstlenalp-Bergstraße zählt zu den schönsten Unternehmungen in den Schweizer Alpen (Tour 32)

Der Kirchturm von La Garde bei der Auffahrt nach Alpe d'Huez (Tour 38) ▷

Das Breithorn mit dem Kleinen Matterhorn bei der Auffahrt über die Mattertalstraße gesehen (Tour 35)

Auf der italienischen Seite des Lombardepasses (Tour 28)

Die Gefahrenstelle im oberen Teil der Gáviapaß-Südseite wird durch einen ▷ im Bau befindlichen Tunnel entschärft (Tour 23)

Kurz unter der Gávia-Paßhöhe (Tour 22)

Auf dem Champ du Feu, dem höchsten Punkt der Vogesenstraße (Tour 50)

◁ Blick vom Aussichtspunkt Belvedere des Bouzèdes über die waldreichen Cevennen (Tour 59)

Gewitterstimmung auf der Vogesenkammstraße (Tour 47)

V.C.S

Das Dörfchen Bóree auf der Ostseite der Croix-de-Boutieres-Paßstraße wird von einer Madonnenstatue bewacht (Tour 58)

1 Auf der Südseite des Finielspasses, dem höchsten Übergang in den Cevennen (Tour 60)

Der Béalpaß ist der höchste Übergang in den Monts du Forez (Tour 53 und 54)

Die Westseite des Klausenpasses (Tour 31)

Auf der Ostseite des Aubisquepasses (Tour 64)

Auf der Paßhöhe (Tour 63)

Luz-St.-Sauveur ist Ausgangspunkt der westlichen Auffahrt zum Tourmaletpaß (Tour 65)

17 COL D AUBISQUE
29 ESPAGNE
Maison Familiale

Im oberen Teil des Aubisquepasses (Tour 63)

◁ In Laruns ist der Weg zum Aubisquepaß gut ausgeschildert (Tour 63)

Regen in den Pyrenäen (Tour 73)

Hat man die Hochhäuser von Gourette hinter sich, ist es zur Aubisque-Paßhöhe nicht mehr weit (Tour 63)

39 Lombarde-Paßstraße, Südseite

2351 m — Frankreich/Provence

Charakter Schwere Radtour mit maximal 11% Steigung vom Piemont in die Provence

Offen 15. 6.–31. 10.

Zeit 1¾–2½ Stunden

Länge 21 km

Höhendifferenz 1478 m

Übersetzung 42/23–26

Karte Carte Topographique 1:100000, Blatt 61

Ausgangspunkt Isola (873 m)

Persönliche Angaben

Gefahren am

Zeit

Übersetzung

Streckenbeschreibung In Isola (km 0,0), einer kleinen Ortschaft im Tinéetal, steigt die Straße zum Lombardepaß gleich von Beginn mit 11% an. In einem engen Tal ohne Aussicht geht die Steigung über mehrere Kehrengruppen, die Talseite ein paarmal wechselnd, nicht unter 10% zurück. An der ersten von mehreren folgenden Abzweigungen (km 6,5) bleibt es gleich, für welche Trasse man sich entscheidet; nach kurzer Zeit führen beide wieder zusammen. Nach zwei Lawinengalerien (km 8,5) beträgt die Steigung 9% und nach einem weiteren kurzen Tunnel (km 9,5) nur noch 8%. Schon an der nächsten Abzweigung (km 10,5) nimmt sie wieder auf 10% zu und geht bis zur Talstation eines kleinen Skilifts (km 13,5) nur kurz zurück. Eine kleine Talstufe wird über eine Kehre überwunden, während sich im Süden die breite Schneise einer Skipiste, die vom Mont St.-Sauveur herabzieht, zeigt. Steigungen bis 10% bringen uns zum Ortsanfang von Isola 2000 (km 16,5), einem Retortenskiort, den man aber an seinem nördlichen Rand über mehrere Kehren umfährt. Beim Zollamt (km 18,0) treffen wir wieder mit der durch den Ort führenden Straße zusammen und beginnen den letzten Teil der Auffahrt. Eine schmale Trasse zieht mit Steigungen bis 8% anfangs durch lichten Lärchenwald, dann über gerölldurchsetzte Hänge in engen Kehren bergan. Erst kurz unter der Paßhöhe (km 21,0) nimmt die Steigung nochmals auf 11% zu, und, oben angekommen, erwartet uns statt eines Restaurants nur der Blick auf die Berge des Mercantour-Nationalparks im Süden und die Cottischen Alpen im Norden.

Hinweis: Ausgangspunkt der nördlichen Paßroute ist Vinádio im italienischen Piemont (siehe Beschreibung Tour 28). Der Grenzübergang ist offiziell noch von 22–7 Uhr geschlossen.

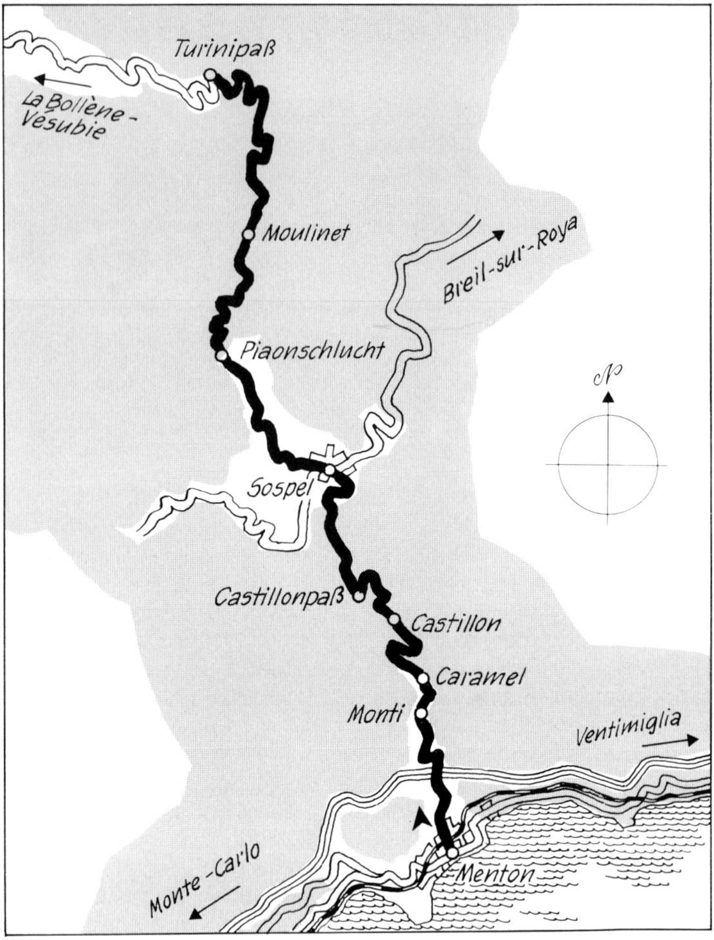
Turinipaß
La Bollène-Vésubie
Moulinet
Breil-sur-Roya
Piaonschlucht
N
Sospel
Castillonpaß
Castillon
Caramel
Monti
Ventimiglia
Monte-Carlo
Menton

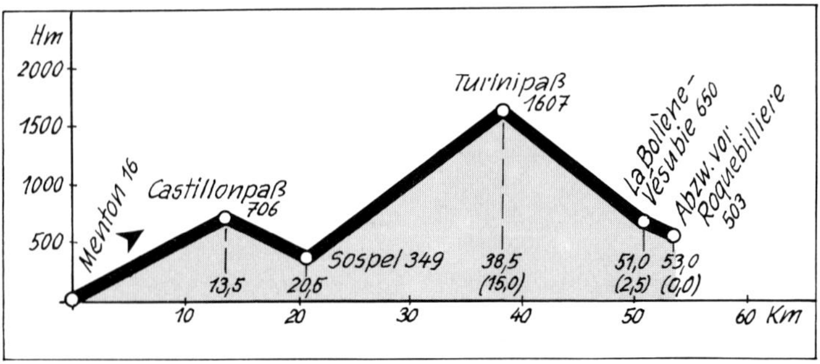
Hm
2000
1500
1000
500
Menton 16
Castillonpaß 706
Sospel 349
Turinipaß 1607
La Bollène-Vésubie 650
Abzw. vor Roquebillière 503
13,5
20,5
38,5 (15,0)
51,0 (2,5)
53,0 (0,0)
10
20
30
40
50
60 Km

40 Turini- mit Castillon-Pässestraße, Südseite

1607 m Frankreich/Provence

Charakter Schwere Radtour mit maximal 10% Steigung auf den Spuren der Rallye Monte Carlo

Offen 1. 1.–31. 12.

Zeit 3–4 Stunden

Länge 38,5 km

Höhendifferenz 1948 m

Übersetzung 42/23

Karte Carte Topographique 1:100000, Blatt 61

Ausgangspunkt Menton (16 m)

Persönliche Angaben

Gefahren am

Zeit

Übersetzung

<u>Streckenbeschreibung</u> In Menton (km 0,0) suchen wir uns die Beschilderung »Sospel« und radeln, unter den Pfeilern der Autobahn hindurch, in ein mit üppiger Vegetation bewachsenes Tal ein. Steigungen bis 10% bringen uns nach Monti (km 3,5), wo das nächste Ziel, der Col de Castillon, erstmals ausgeschildert ist. Kurvenreich steigt die Straße meist 8% an, einzelne Kehren eröffnen hin und wieder den Blick zurück auf die Dächer von Menton und das Meer. Der Viadukt von Caramel (km 9,0) wird überfahren, die Ortschaft Castillon (km 11,0) umfahren, und Steigungen zwischen 6 und 8% führen zu einem 40 m langen, unbeleuchteten Felstunnel, das die Castillon-Paßhöhe (km 13,5) markiert. Auf guter, zweispuriger Straße rollt man hinunter in den Talkessel nach Sospel (km 20,5), wo die Weiterfahrt Richtung »Moulinet/Col de Turini« ausgeschildert ist. Auf den ersten Kilometern hält sich die Straße nur mäßig ansteigend im Talboden der Bévera. Nach einer kurzen Abfahrt werden Tal und Straße schmäler, und die Steigung nimmt auf 8% zu. Dicht rücken die Felswände der Piaonschlucht an die Fahrbahn, und in zahllosen Kurven windet sich die Straße mit Steigungen, die 8% nicht überschreiten, an der linken Talseite nach Moulinet (km 26,0) hinauf. Ein kurzes Felstunnel (km 29,0) unterbricht die Monotonie der Trasse, die mit Steigungen zwischen 6 und 8%, von kurzen 10%igen Aufschwüngen unterbrochen, am Rande des Mercantour-Nationalparks entlangführt. Ein Schild »8 Lacet« zeigt den Beginn einer letzten Kehrengruppe an, die uns über 8 und 10%ige Steigungen zur Paßhöhe (km 38,5) führt. Einige Hotels und mehrere Straßen erinnern allerdings eher an einen Verkehrsknotenpunkt, und auch ein Paßschild sucht man hier oben vergebens.

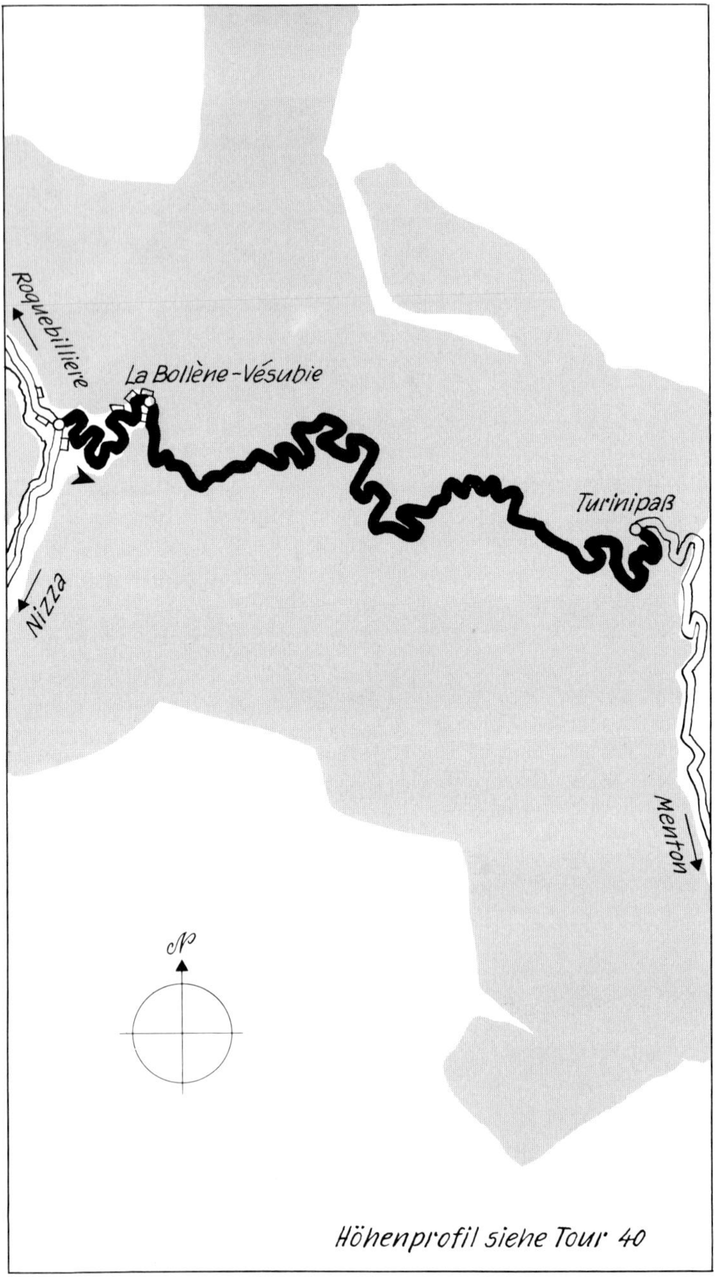
Roquebillière
La Bollène-Vésubie
Turinipaß
Nizza
Menton
N
Höhenprofil siehe Tour 40

41 Turini-Paßstraße, Nordwestseite

1607 m — Frankreich/Provence

Charakter Mittelschwere Radtour mit maximal 10% Steigung

Offen 1. 1.–31. 12.

Zeit 1¼–1¾ Stunden

Länge 15 km

Höhendifferenz 1104 m

Übersetzung 42/23

Karte Carte Topographique 1 : 100 000, Blatt 61

Ausgangspunkt Kreuzung der D 2565 und D 70 vor Roquebilliere im Vésubietal (503 m)

Persönliche Angaben

Gefahren am

Zeit

Übersetzung

Streckenbeschreibung Wenn man von Nizza kommend das Tal der Vésubie lange einwärts radelt, trifft man kurz vor Roquebilliere auf eine Kreuzung, an der die Départementalstraße 70 in die D 2565 mündet. Diese Kreuzung (km 0,0) ist Ausgangspunkt der westlichen Route zum Turinipaß, die man der Beschilderung »La Bollène/ Turini« folgend beginnt. Über mehrere Kehren steigt die Straße auf dem ersten Kilometer mit 10% an und geht dann bis La Bollène-Vésubie (km 2,5) auf 6% zurück. Nach dem Ort nimmt die Steigung wieder auf 10% zu, biegt langsam in das vom Col de Turini herabziehende Tal ein, wobei auch die Steigung etwas zurückgeht. Nach einem kurzen Felstunnel (km 5,0) nimmt sie wieder auf 10% zu, um bis zur Paßhöhe dann kaum noch einmal nachzulassen. Allerdings ist es noch ein weiter Weg dorthin. Brüchiger Schiefer drängt sich an die Straße, die eine enge Kehrengruppe (km 6,5) erreicht, über deren teils schleifenartig angelegte Kurven es höher geht. Nach einer kleinen Brücke (km 8,5) gibt eine Hangtraverse die Sicht auf die nun unter uns liegenden Windungen frei, und es braucht nicht viel Phantasie, um sich vorzustellen, wie dort die PS-Boliden bei der Rallye Monte Carlo um die Ecken driften. Kehre um Kehre, Kurve um Kurve zieht die Straße bei gleichbleibender Steigung bergan. Das Tal rückt näher zusammen, Wald nimmt uns auf, bis Verkehrsschilder die nahe Paßhöhe ankündigen. Kurz darauf endet die Steigungsstrecke vor den Hotels auf der Paßhöhe (km 15,0), die allerdings nur an Wochenenden mit einer größeren Zahl von Gästen rechnen können.

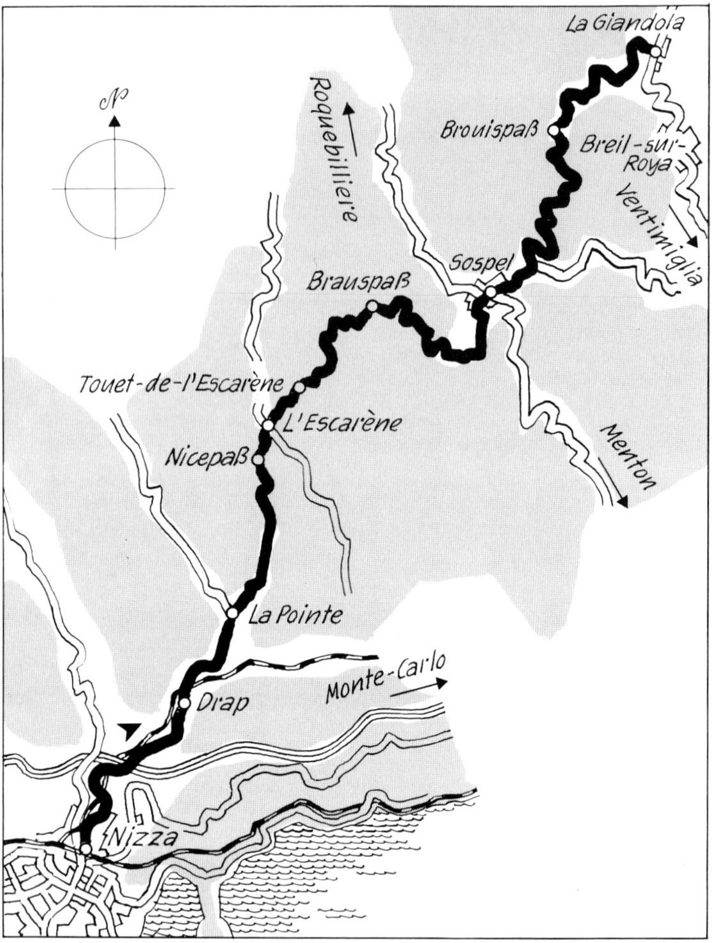
La Giandola
Brouispaß
Breil-sur-Roya
Ventimiglia
Roquebillière
Sospel
Brauspaß
Touet-de-l'Escarène
L'Escarène
Nicepaß
Menton
La Pointe
Monte-Carlo
Drap
Nizza

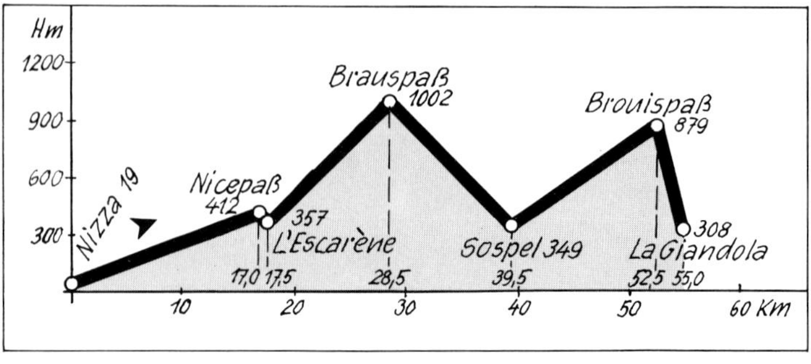
Hm
1200
900
600
300
Nizza 19
Nicepaß 412
357 L'Escarène
Brauspaß 1002
Sospel 349
Brouispaß 879
308 La Giandola
17,0 17,5 28,5 39,5 52,5 55,0
10 20 30 40 50 60 Km

42 Nice-, Braus-, Brouis-Pässestraße

1002 m — Frankreich/Provence

Charakter Schwere Radtour mit maximal 15% Steigung im Hinterland der Côte d'Azur

Offen 1.1.–31.12.

Zeit 3–4 Stunden

Länge 55 km

Höhendifferenz 1568 m

Übersetzung 42/26

Karte Carte Topographique 1:100000, Blatt 61

Ausgangspunkt Nizza-Ost (19 m)

Persönliche Angaben

Gefahren am

Zeit

Übersetzung

Streckenbeschreibung Folgt man in Nizza-Ost den Hinweisen zur Autobahn Genua, trifft man vor der Autobahneinfahrt auf die nach Drap/Sospel führende Straße. Über den Vorort La Trinité (km 0,0) verläßt man Nizza und erreicht, ständig an Häusern und Industriebetrieben vorbei, Drap (km 6,5). Der Beschilderung »L'Escarène/Sospel« nach hält sich die Straße auch bis La Pointe (km 10,0) fast eben, ein bewaldetes Tal nimmt uns auf und die Steigung bis auf 5% zu. An einer Kreuzung (km 12,5), an der beide Abzweiger zum Col de Nice führen, folgen wir der Beschilderung »L'Escarène«. Weißer Kalkfels leuchtet aus der Schlucht neben uns, die Steigung nimmt auf 9% zu, und vier Kehren bringen uns zu einer kleinen Kuppe, die den Nicepaß (km 17,0) andeutet. Kurz fährt man bis L'Escarène (km 17,5) ab und beginnt den Anstieg zum Brauspaß auf anfangs mit 7% ansteigender Straße, die bis Touet-de-l'Escarène (km 20,0) schon auf 10% zunimmt. Nach dem Ort wird es auf einer Länge von 700 m sogar 15% steil, dann müssen zwei Kehrengruppen mit insgesamt 15 Kehren über Steigungen zwischen 8 und 10% überwunden werden. Noch einmal registriert man 15%, bevor sich die Trasse bis zur Paßhöhe (km 28,5), die von einem verfallenen Haus markiert wird, zurücklegt. Einige Haarnadelkehren lassen auf der Abfahrt bis Sospel (km 39,5) keine großen Geschwindigkeiten zu. Richtung Breil-sur-Roya hält sich die Trasse anfangs nur leicht ansteigend im Talboden, bis insgesamt elf Kehren mit bis zu 6% wieder höher führen. Auf 1 km Länge nimmt die Steigung auf 8% zu, dann ist die Brouispaßhöhe (km 52,5) über weitere vier Kehren mit mäßigeren 6% endlich erreicht. Bis La Giandola (km 55,0) rollt es schließlich mit Gefälle bis 12% nur noch abwärts.

Die Vogesen

Links des Rhein, etwa auf Höhe des Rheinknicks bei Basel beginnend, erstrecken sich die Vogesen auf einer Länge von fast 170 km und bis zu 20 km Breite Richtung Norden zum Pfälzer Wald. Die Bruche, die bei Molsheim in die Oberrheinische Tiefebene austritt, um bei Straßburg in den Rhein zu münden, unterteilt das Gebirge in die Nord- und Südvogesen. Während die Nordvogesen - ein vielzerfurchtes Plateaugebirge mit weiten Wiesentälern, die nach dem hier vorherrschenden Sandstein auch »Sandsteinvogesen« genannt werden - mit Höhen zwischen 500 und 1000 m - keine Wasserscheide bilden und somit auch keine Paßstraßen aufweisen, sind die Südvogesen für den Radler schon interessanter. Zum Oberrheintal steil abfallend, nach Westen zwar allmählicher, aber doch mit stark bewegtem Relief in die Lothringer Hochflächen übergehend, erreichen sie mit dem Grand Ballon (Großer Belchen) immerhin eine Höhe von 1424 m. Hier befindet sich auch der höchste Übergang, zwar »nur« 1336 m hoch, aber doch mit einer weitreichenden Aussicht, die über den anscheinend brettebenen Oberrheingraben zu den Schwarzwaldbergen im Osten und im Süden bis zur Hochgebirgs-Silhouette des Berner Oberlandes reicht. Aber es ist eher die unmittelbare Umgebung, die die Vogesen so reizvoll erscheinen läßt und die man mit keinem anderen Verkehrsmittel als dem Fahrrad so eindrucksvoll genießen kann. Mehr als zwei Drittel sind Wald - Tannen, Fichten, Buchen, Ahorn und Erlen -, der in Kammnähe langsam verschwindet und in Hochmoore und Hochweiden mit wenigen windzerzausten und flechtenbedeckten Tannen übergeht. Zahlreiche Bergseen, entstanden durch eiszeitliche Gletscher, erhöhen den landschaftlichen Reiz. Tage mit Frühnebelfeldern oder Unwetterstimmung offenbaren hier eine einzigartig herbe landschaftliche Schönheit, deren weitere Wetterentwicklung man am besten in einer der »Fermes-Auberges« - bewirtschaftete Bauernhöfe mit kräftiger Hausmannskost und einfachem, preiswertem Nachtquartier - beobachtet. Die Vogesen sind zu jeder Jahreszeit reizvoll, aber wer den Hochsommer mit seinem Ausflugsverkehr oder den Herbst mit seinen wechselnden Wetterlagen meiden will, sollte den Frühling oder Spätsommer zu einigen der nachfolgend beschriebenen Touren nutzen.

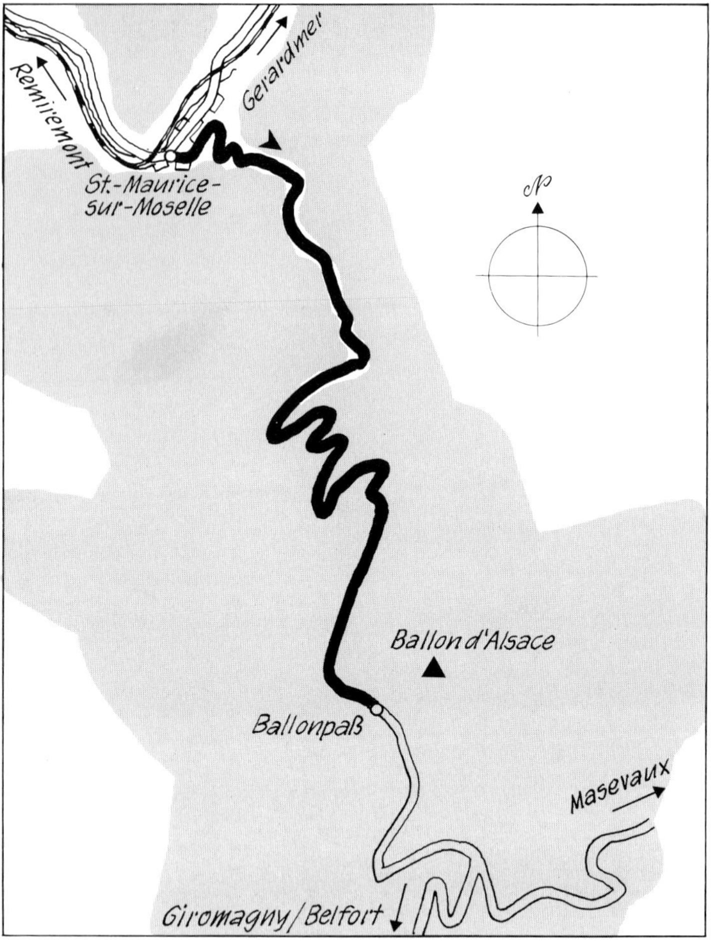
Remiremont
Gerardmer
St.-Maurice-sur-Moselle
Ballon d'Alsace
Ballonpaß
Masevaux
Giromagny/Belfort

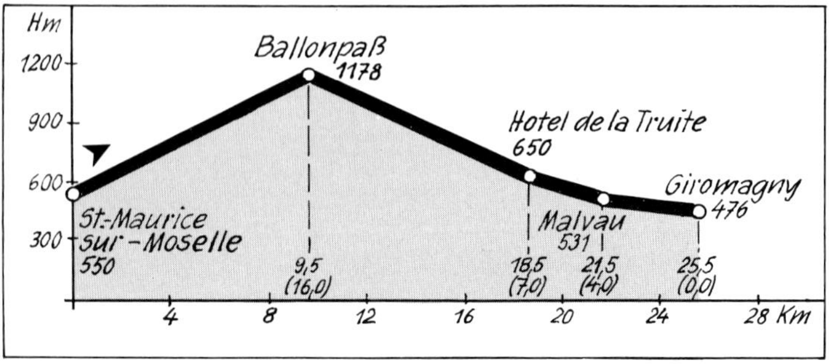
Hm
1200
900
600
300
Ballonpaß
1178
Hotel de la Truite
650
Giromagny
476
St.-Maurice
sur-Moselle
550
Malvau
531
9,5
(16,0)
18,5
(7,0)
21,5
(4,0)
25,5
(0,0)
4
8
12
16
20
24
28 Km

43 Ballon-Paßstraße, Nordseite

1178 m — Frankreich/Lorraine

Charakter Leichte Radtour mit maximal 7% Steigung auf den Eckpfeiler der Südvogesen

Offen 1. 1.–31. 12.

Zeit ¾–1 Stunde

Länge 9,5 km

Höhendifferenz 628 m

Übersetzung 42/21

Karte Carte Topographique 1 : 100 000, Blatt 31

Ausgangspunkt St.-Maurice-sur-Moselle (550 m)

Persönliche Angaben

Gefahren am

Zeit

Übersetzung

Streckenbeschreibung Bevor sich die Südvogesen bei Belfort recht rasch absenken und durch die Burgundische Pforte deutlich abgegrenzt in das Hügelland des Jura übergehen, schwingen sie sich mit dem Ballon d'Alsace noch einmal bis 1247 m Höhe auf. Als südlichen Eckpfeiler der Vogesen bezeichnet man deshalb diese auch Elsäßer oder Welscher Belchen genannte Erhebung, zu der auch eine Paßstraße hinaufführt. Mit »Belfort/Ballon d'Alsace« gut ausgeschildert, steigt die Straße in St.-Maurice-sur-Moselle an den südlichen Hängen über der Talfurche der Moselle aufwärts. Bei km 3,0 deuten zwei Steinmauern ein Brücklein an, fast eben radelt man auf dem nächsten Kilometer dahin, bevor die Steigung über eine Kehre (km 4,0) wieder auf 7% zunimmt. Wald nimmt uns auf, und gleichmäßig zieht die Straße, nur von wenigen Kehren unterbrochen, bergan. Auf dem Ballon de Servance wird der Sendemast wieder sichtbar, dessen Spitze schon am Beginn dieser Tour deutlich zu erkennen war, und über eine Kehre (km 7,5) kommt man aus dem Wald heraus. Vorbei an Wiesenflächen mit weidenden Pferden, dem großen weißen Holzbau eines Gestüts und zwei kleinen Schleppliften, die, wie die Straße, bald wieder im Wald verschwinden, geht es weiter mit 7% Steigung höher. Wieder bleibt der Wald zurück (km 9,0), und diesmal zeigen zwei Bars am Straßenrand den Beginn der Paßhöhe an. Der höchste Punkt wird nach einer kleinen Kehre auf kaum noch ansteigender Trasse beim Restaurant du Sommet (km 9,5) durch einen weißen Strich mit der Abkürzung GPM für Grand Prix Montagne angedeutet. Über die ausgedehnten Hochweiden des Gipfelplateaus verliert sich der Blick dann über die sich fast fächerförmig ausbreitenden Berge und Täler der Vogesen im Süden und Westen.

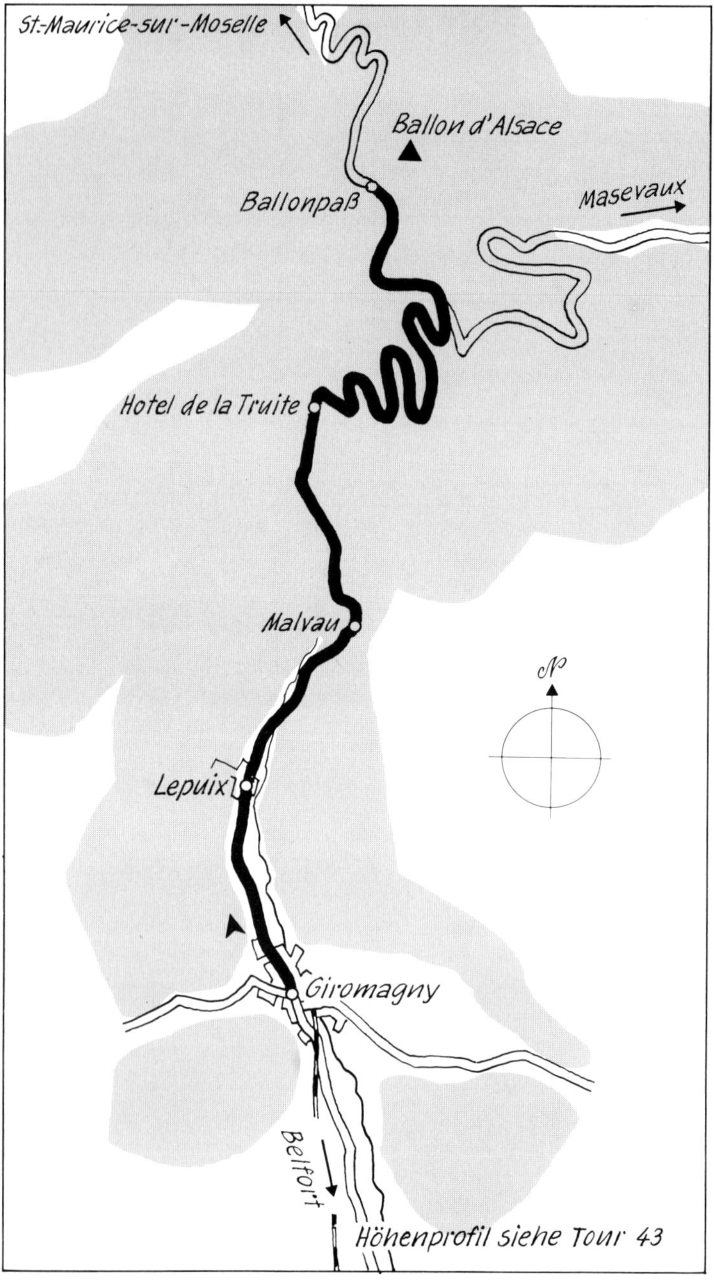
St.-Maurice-sur-Moselle
Ballon d'Alsace
Ballonpaß
Masevaux
Hotel de la Truite
Malvau
N
Lepuix
Giromagny
Belfort
Höhenprofil siehe Tour 43

44 Ballon-Paßstraße, Südseite

1178 m — Frankreich/Franche-Comté

Charakter Leichte Radtour mit maximal 7% Steigung

Offen 1. 1.–31. 12.

Zeit 1–1¼ Stunden

Länge 16 km

Höhendifferenz 702 m

Übersetzung 42/21

Karte Carte Topographique 1:100000, Blatt 31

Ausgangspunkt Giromagny (476 m)

Persönliche Angaben

Gefahren am

Zeit

Übersetzung

Streckenbeschreibung Auch die Tour de France führt regelmäßig über den Ballon d'Alsace, und es heißt, daß einige Fahrer diesen nicht einmal 1200 m hohen Übergang mehr fürchten als manchen Zweitausender in den Alpen oder Pyrenäen. Vor allem das Duell zwischen Eddy Merckx und Rudi Altig im Jahre 1969, als der Belgier den Deutschen - wahrlich keinen Bergspezialisten - erst kurz unter dem Gipfel nach Aufbietung aller Kräfte schlagen konnte, ist in die Annalen der Tour-Geschichte eingegangen. Die steilen und giftigen Steigungen, von denen in diesen Schilderungen die Rede ist, findet man allerdings auf der Südseite, die in Giromagny (km 0,0) beginnt, nicht. Im Talboden der Savoureuse steigt die Straße, von zwei kurzen 7%igen Anstiegen abgesehen, bis Malvau (km 4,0) nur mäßig an. Dann nimmt uns Wald auf, die Steigung auf 7% zu, und bald bleiben die letzten Häuser im Talboden unter uns zurück. Beim Hotel de la Truite (km 7,0) rauscht ein kleiner Wasserfall über eine Felswand, und kurz danach folgt die erste Kehre (km 7,5). Gleichmäßige 7% beträgt die Steigung, hin und wieder verschwinden kleine Wasserbäche unter der Straße, und in großen Abständen erwarten uns weitere Kehren, die auf der Innenseite teilweise durch Steinmauern abgesichert sind. Nach der fünften Kehre (km 13,0) läßt die Steigung auf 5% nach, und bald danach trifft man auf die von Masevaux heraufführende Straße (km 13,5). Die ersten Parkplätze, kurz nach dem Restaurant Chaumiere (km 15,0) geht der Wald zurück, und bis zur Auberge d'Alsace (km 15,5) nimmt die Steigung nochmals auf 7% zu, um bis zum Zielstrich beim Restaurant du Sommet (km 16,0) nur noch leicht anzusteigen.

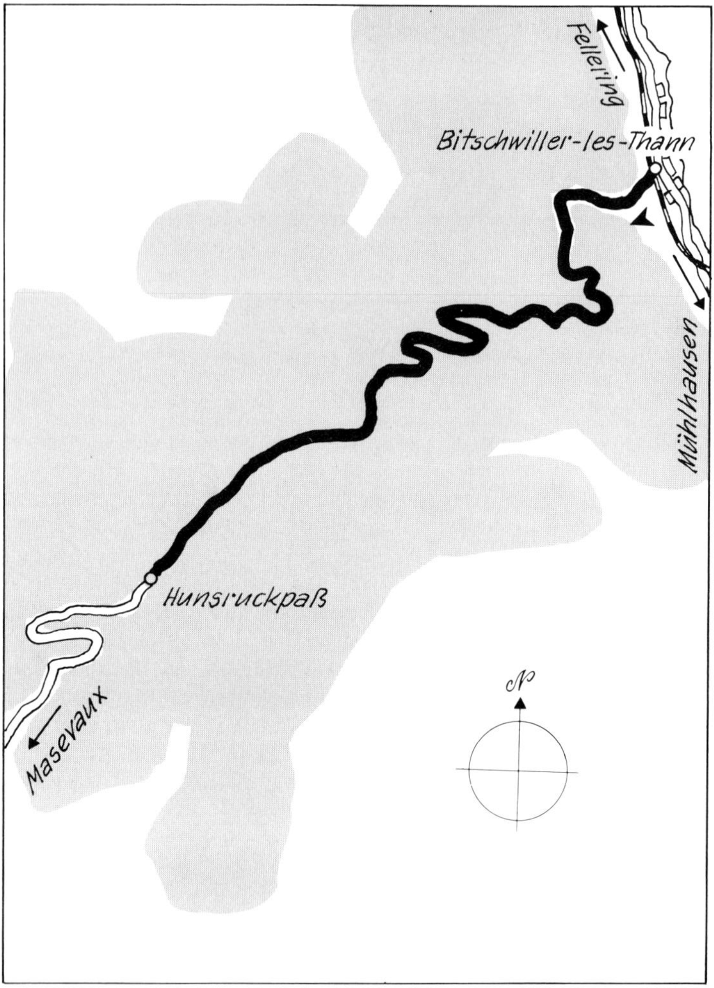
Fellering
Bitschwiller-les-Thann
Mühlhausen
Hunsruckpaß
Masevaux
N

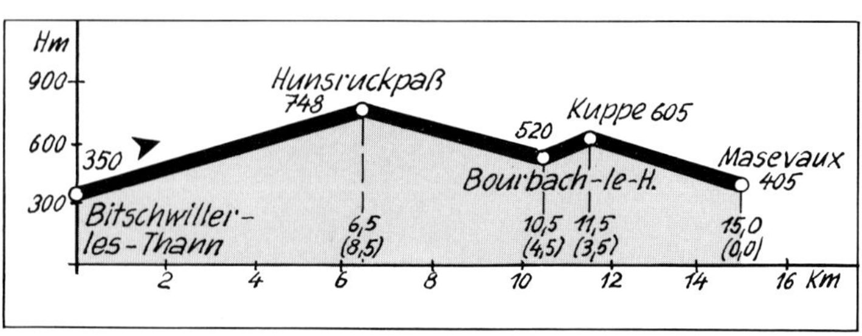
Hm
900
600
300
Hunsruckpaß
748
520
Kuppe 605
350
Masevaux
405
Bourbach-le-H.
Bitschwiller-
les-Thann
6,5
(8,5)
10,5
(4,5)
11,5
(3,5)
15,0
(0,0)
2
4
6
8
10
12
14
16 Km

45 Hunsruck-Paßstraße, Nordseite

748 m Frankreich/Alsace

Charakter Leichte Radtour mit maximal 11% Steigung über die Route Joffre

Offen 1.1.–31.12.

Zeit ½–¾ Stunde

Länge 6,5 km

Höhendifferenz 398 m

Übersetzung 42/23

Karte Carte Topographique 1:100000, Blatt 31

Ausgangspunkt Bitschwiller-les-Thann (350 m)

Persönliche Angaben

Gefahren am

Zeit

Übersetzung

Streckenbeschreibung Fährt man von Mulhouse/Mühlhausen nach Westen, trifft man bereits nach kurzer Fahrzeit auf den östlichen Rand der Vogesen, die hier ziemlich steil und unvermittelt aus der Oberrheinischen Tiefebene aufragen. Höhen von annähernd 800 m erreichen diese dichtbewaldeten Bergkuppen am Rande des Vogesenhauptkamms, und die Paßstraße über den Co · du Hunsruck gibt Gelegenheit, erste Eindrücke über diese Landschaft zu sammeln. In Bitschwiller-les-Thann (km 0,0) läßt die Häuserzeile gegenüber dem Rathaus etwas Platz für die zum Col du Hunsruck/Masevaux abzweigende Straße. Die Bahnlinie wird überquert, und, von einem kurzen 6%igen Anstieg abgesehen, rollt es bis zu den letzten Häusern des Ortes fast eben dahin. Am Ortsende (km 1,0) nimmt die Steigung auf 7% zu, ein kleines Gehöft ist die letzte Ansiedlung vor der Paßhöhe, und über zwei kleine Schleifen radelt man in dichten Wald ein. Rauher, grobkörniger Asphalt, nur in den Kurven und Kehren von glatterem Teerbelag abgelöst und für die Vogesen eher untypisch, bringt uns bei bis auf 9% ansteigender Trasse höher. Schon bald (km 3,0) geht die Steigung zurück, beträgt auf fast 1 km Länge nicht mehr als 4%, bevor sie bis zu einem kleinen Blockhaus mit im dichten Wald fast verborgenen Parkplätzen (km 4,5) wieder auf 7% zunimmt. Ein kurzer flacher Abschnitt, dann steigt die Straße auf einer Länge von 500 m auf 10% an, läßt anschließend etwas nach, um sich nochmals auf etwa 500 m Länge bis 11% aufzuschwingen (km 6,0). Die letzten Meter bis zur Paßhöhe (km 6,5), wo sich die Auberge de la Fourmi im dichten Wald neben der Straße versteckt, legt man dann bei 5%iger Steigung schnell zurück.

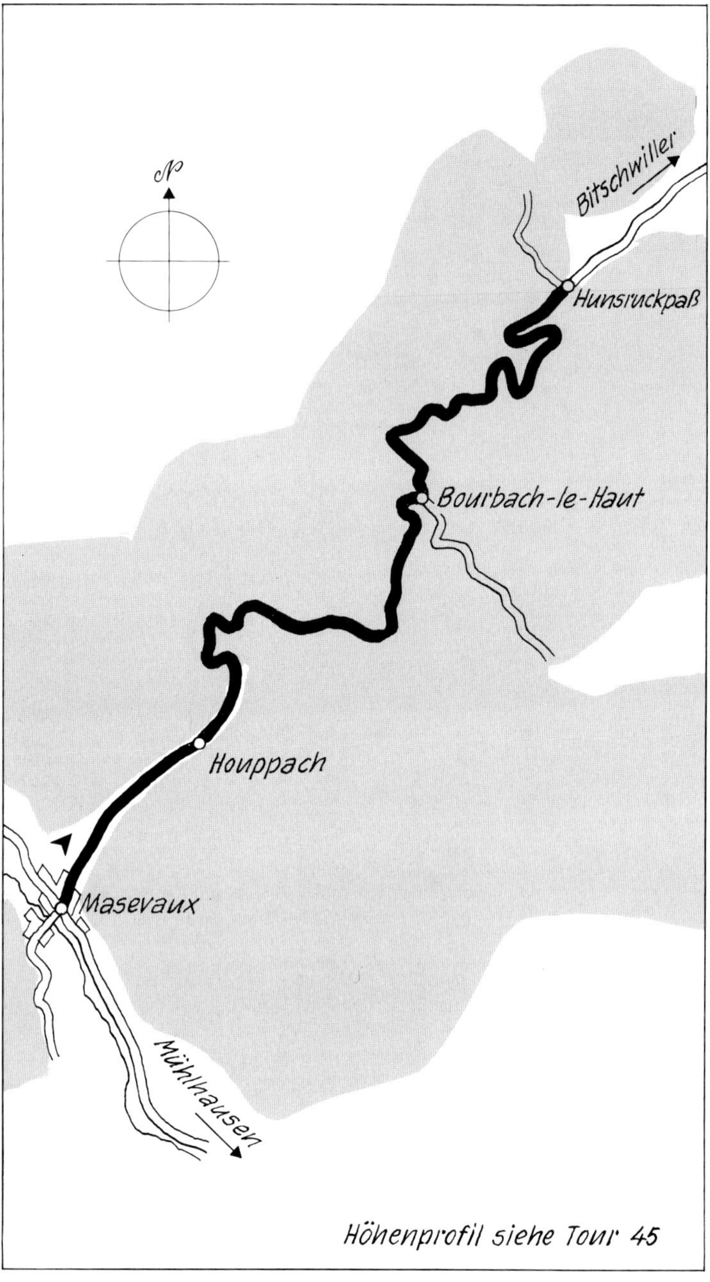
N
Bitschwiller
Hunsruckpaß
Bourbach-le-Haut
Houppach
Masevaux
Mühlhausen
Höhenprofil siehe Tour 45

46 Hunsruck-Paßstraße, Südseite

748 m Frankreich/Alsace

Charakter Leichte Radtour mit maximal 9% Steigung

Offen 1. 1.–31. 12.

Zeit ½–¾ Stunde

Länge 8,5 km

Höhendifferenz 428 m

Übersetzung 42/23

Karte Carte Topographique 1:100000, Blatt 31

Ausgangspunkt Masevaux (405 m)

Persönliche Angaben

Gefahren am

Zeit

Übersetzung

Streckenbeschreibung Südlicher Ausgangspunkt der Hunsruck-Paßstraße, die von der französischen Armee zur Beförderung von Kriegsmaterial in den Jahren 1914–1918 angelegt wurde und nach ihrem Erbauer, dem Marschall Joffre, auch Route Joffre genannt wird, ist Masevaux (km 0,0). Richtung »Bourbach-le-Haut/Thann« steigt die Straße aus dem Ort mit 8% bis Houppach (km 1,0) an. Kurz rollt es in das kleine Dörfchen – einem vielbesuchten Wallfahrtsort, der auch Klein-Einsiedeln genannt wird – ab, bevor die Trasse über eine Kehre am Ortsende wieder anzieht. Steigungen zwischen 7 und 9% bringen uns höher, zurückgehender Wald eröffnet den Blick auf die Dächer von Masevaux, das sich im Tal der Doller ausbreitet, und mit 7% klettert die Straße zu einer kleinen Kuppe (km 3,5) hinauf. Die folgende Abfahrt endet vor Bourbach-le-Haut (km 4,5), dem letzten Ort vor der Paßhöhe, in den man über enge Kurven mit rötlichem Kopfsteinpflaster einfährt. Am Ortsausgang (km 5,5) wartet nochmals eine enge Kehre mit diesem holprigen Belag, bevor die Trasse wieder in die Wälder an den vom Roßberg herabziehenden Berghängen eintaucht. Die gegenüberliegende Talseite bildet ein mit Wiesen und Büschen bedeckter Berggrat, der sich bis zu einer kleinen Kuppe östlich der Paßhöhe hinaufzieht. Mit 7% ermöglicht die Steigung ein recht angenehmes Höherkommen, woran sich bis zum Scheitelpunkt auch nichts mehr ändern wird. Nur zwei Kehren (km 7,5) bringen noch etwas Abwechslung in die Auffahrt, zum Greifen nah liegt die Paßhöhe vor uns, und kurz danach ist der höchste Punkt (km 8,5), ein kleiner Einschnitt zwischen zwei Bergkuppen, erreicht.

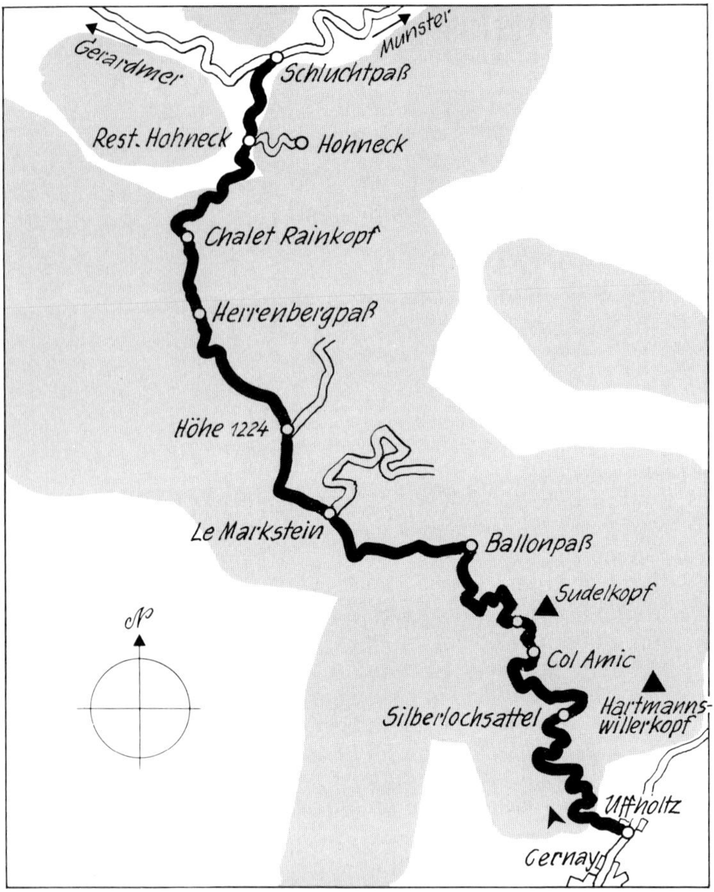
Gerardmer
Munster
Schluchtpaß
Rest. Hohneck
Hohneck
Chalet Rainkopf
Herrenbergpaß
Höhe 1224
Le Markstein
Ballonpaß
Sudelkopf
Col Amic
Silberlochsattel
Hartmanns-
willerkopf
Uffholtz
Cernay
N

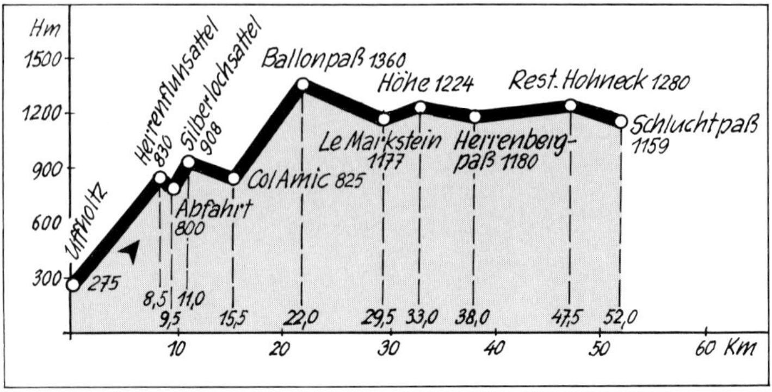
Hm
1500
1200
900
600
300
Uffholtz
275
Herrenfluhsattel
830
Silberlochsattel
908
Abfahrt
800
Col Amic 825
Ballonpaß 1360
Le Markstein
1177
Höhe 1224
Herrenberg-
paß 1180
Rest. Hohneck 1280
Schluchtpaß
1159
8,5
9,5
11,0
15,5
22,0
29,5
33,0
38,0
47,5
52,0
10
20
30
40
50
60 Km

47 Vogesenkammstraße

1360 m Frankreich/Alsace

Charakter Mittelschwere Radtour mit maximal 10% Steigung über die Route des Crêtes

Offen 1.1.–31.12.

Zeit 2¾–3½ Stunden

Länge 52 km

Höhendifferenz 1345 m

Übersetzung 42/23

Karte Carte Topographique 1:100000, Blatt 31

Ausgangspunkt Uffholtz bei Cernay (275 m), ca. 15 km westlich von Mulhouse/Mühlhausen

Persönliche Angaben

Gefahren am

Zeit

Übersetzung

Streckenbeschreibung Man verläßt Uffholtz (km 0,0), das sich direkt an Cernay anschließt, der Beschilderung »Vieil Armand/Le Markstein« folgend, über die Rue du Ballon. Geradlinig zieht sich die Straße aus dem Ort, um am Beginn der ersten Kehre (km 2,0) auf 7% anzusteigen. Durch dichten Wald radeln wir über weitere Kehren auf bis 9% ansteigender Trasse, nur von kürzeren flacheren Abschnitten unterbrochen, höher. Bei km 8,5 geht es 1 km bergab, bevor die Straße wieder mit 7% bis zum Silberlochsattel (km 11,0) anzieht. Anfangs durch Wald, dann über blickfreie Wiesenflächen rollt es, von einem längeren Flachstück unterbrochen, zur Straßenkreuzung am Col Amic (km 15,5) hinunter. Lange zieht sich die Fahrbahn an den Hängen des Sudelkopfs entlang, bei Steigungen, die 8% kaum einmal unter-, dafür auch nicht wesentlich überschreiten, vorbei an der Auberge du Grand Ballon (km 19,0) bis zum höchsten Punkt (km 22,0) kurz unter der Kuppe des Grand Ballon. Das Schlimmste nun hinter, den schönsten Streckenabschnitt noch vor uns, können wir getrost die lange Abfahrt nach Le Markstein (km 29,5) angehen. Fast auf Kammhöhe steigt die Straße über die Skihänge um den Markstein bis zu einer »Höhe 1224« genannten Abzweigung nach Sondernach/Munster (km 33,0) nur leicht an. Unserem Ziel Col de la Schlucht entgegen rollt es bis zum Herrenbergpaß (km 38,0) wieder leicht abwärts. Auch danach fällt die Trasse zwar meist ab, wird aber von kurzen, oft nur wenig über 100 m langen 6%igen Gegenanstiegen unterbrochen. Am Chalet Rainkopf (km 44,0) vorbei nimmt die Steigung, mit flacheren Abschnitten garniert, bis zum Restaurant Hohneck (km 47,5) nochmals bis auf 7% zu. Wer will, kann die 1,5 km lange Auffahrt zum Aussichtspunkt Hohneck noch mitnehmen, denn bis zum Kreuzungspunkt am Schluchtpaß (km 52,0) geht es fast nur noch abwärts.

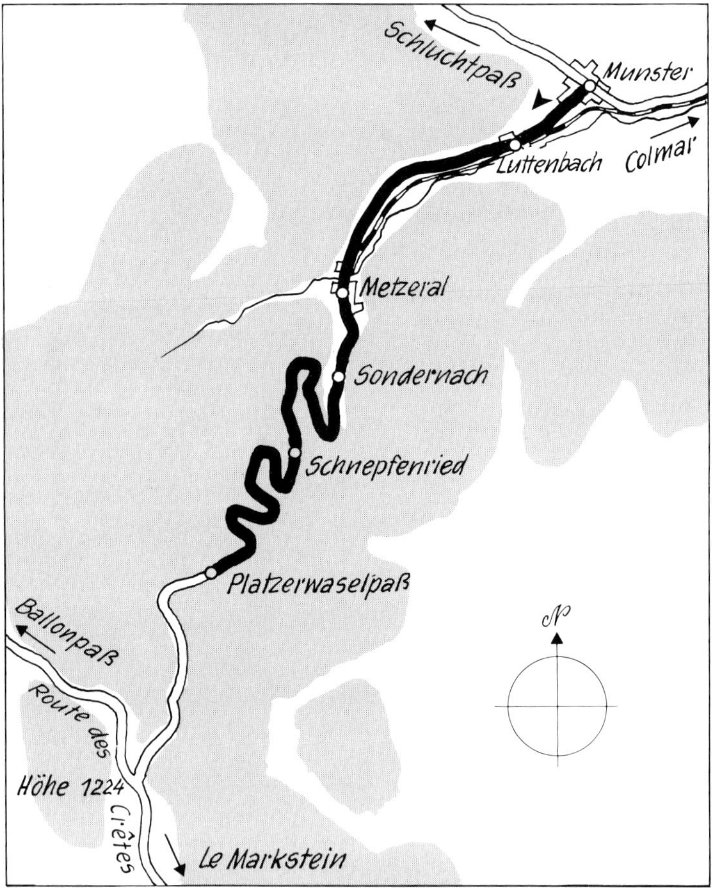

Schluchtpaß
Munster
Luttenbach
Colmar
Metzeral
Sondernach
Schnepfenried
Platzerwaselpaß
Ballonpaß
Route des
Crêtes
Höhe 1224
Le Markstein
N

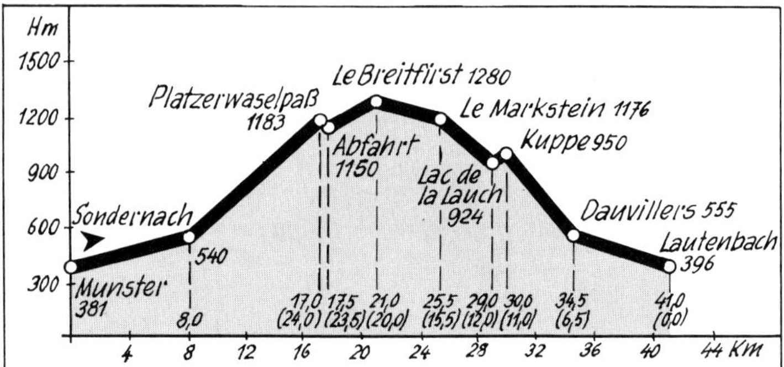

Hm
1500
1200
900
600
300
Sondernach
540
Munster
381
Platzerwaselpaß
1183
Le Breitfirst 1280
Abfahrt
1150
Le Markstein 1176
Lac de
la Lauch
924
Kuppe 950
Dauvillers 555
Lautenbach
396
8,0
17,0 (24,0)
17,5 (23,5)
21,0 (20,0)
25,5 (15,5)
29,0 (12,0)
30,0 (11,0)
34,5 (6,5)
41,0 (0,0)
4
8
12
16
20
24
28
32
36
40
44 Km

48 Platzerwasel-Paßstraße, Nordseite

1183 m — Frankreich/Alsace

Charakter Mittelschwere Radtour mit maximal 12% Steigung am Rande der Vogesen

Offen 1. 1.–31. 12.

Zeit 1–1½ Stunden

Länge 17 km

Höhendifferenz 802 m

Übersetzung 42/23

Karte Carte Topographique 1:100000, Blatt 31

Ausgangspunkt Munster/Münster (381 m)

Persönliche Angaben

Gefahren am

Zeit

Übersetzung

Streckenbeschreibung Die Landschaft, die die Straße über den Platzerwaselpaß zwischen Munster und Guebwiller erschließt, ist charakteristisch für die Vogesen: weite, ruhige Wälder, nichts Spektakuläres, alles eher beschaulich. Wenn man sich von Munster (km 0,0) auf den Weg macht, wird man keine entsprechende Beschilderung finden, und so folgt man den Hinweisen »Luttenbach/Metzeral«. Im breiten, von bewaldeten Hügeln umsäumten Wiesental der Fecht radeln wir durch mehrere kleine Ortschaften auf fast ebener Straße bis Metzeral (km 6,0). Auch bis Sondernach (km 8,0) erwarten uns keine Schwierigkeiten, und erst im Ort, der Beschilderung »Schnepfenried/Route des Crêtes« folgend, nimmt die Steigung zu. Hochstämmiger Nadelwald nimmt uns auf, durch den die Straße bis auf 9% ansteigend über mehrere Kehren höher führt. Kurz nach der einsam im Wald gelegenen Auberge de Casse (km 13,5) geht die Steigung bis zu einer Straßenkreuzung (km 14,5) spürbar auf 7% zurück. Der Beschilderung »Route des Crêtes/Le Markstein« nach eröffnen sich im Osten Ausblicke auf die gegenüberliegende Talseite, deren bewaldete Hügel allmählich in den kahlen Kuppen des Hilsenfirsts und Wirbelkopfs auslaufen. An der Talstation eines kleinen Schlepplifts (km 15,0) vorbei, nimmt die Steigung wieder zu und erreicht auf einer Länge von 500 m bis zu 12%. Ein Schild deutet den Platzerwaselpaß an, und kurz darauf ist dieser – ein Waldsattel ohne jede Aussicht, zwischen Schnepfenriedkopf und Nonselkopf (km 17,0) – erreicht. Nach knapp 5 km mündet die Trasse, erst kurz abfallend, dann bis auf 9% zum Col de Breitfirst ansteigend und nochmals kurz abfallend, an der Straßenkreuzung Le Markstein/Le Grand Ballon in die Route des Crêtes.

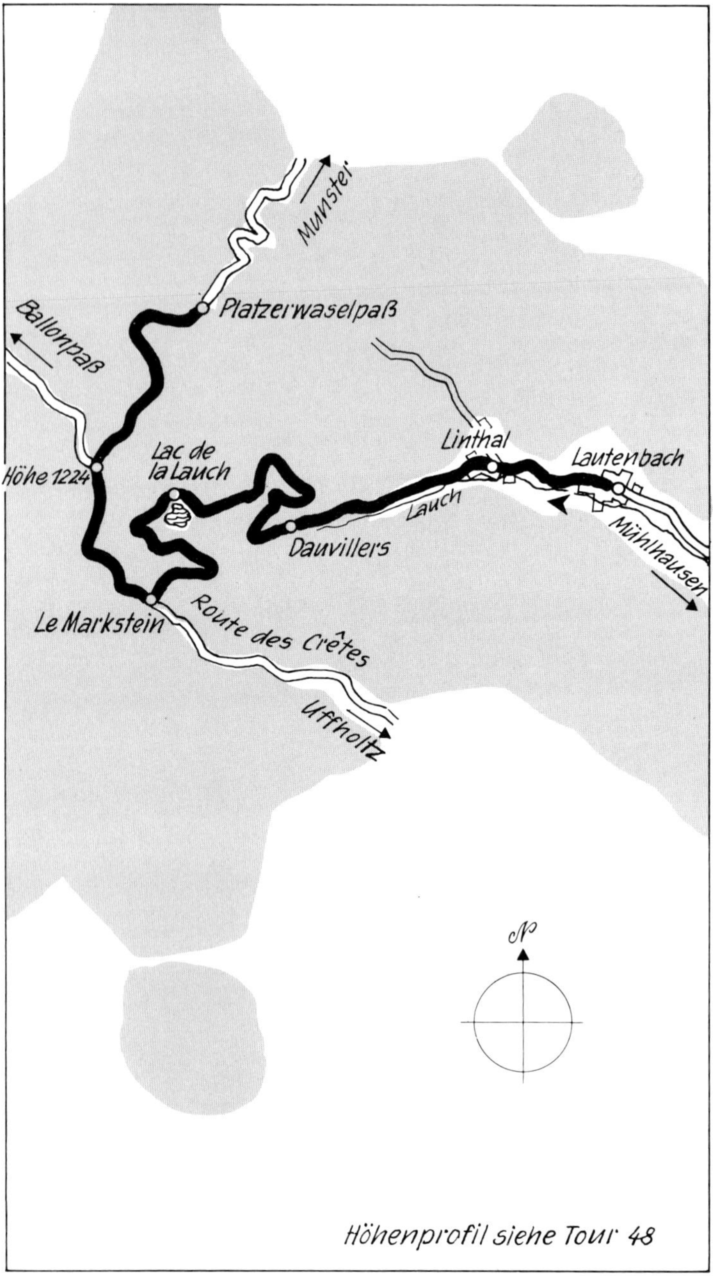
Munster
Platzerwaselpaß
Ballonpaß
Höhe 1224
Lac de la Lauch
Linthal
Lautenbach
Lauch
Dauvillers
Mühlhausen
Le Markstein
Route des Crêtes
Uffholtz
N
Höhenprofil siehe Tour 48

49 Platzerwasel-Paßstraße, Südostseite

1183 m — Frankreich/Alsace

Charakter Mittelschwere Radtour mit maximal 10% Steigung

Offen 1. 1.–31. 12.

Zeit 1¼–1¾ Stunden

Länge 24 km

Höhendifferenz 943 m

Übersetzung 42/23

Karte Carte Topographique 1 : 100 000, Blatt 31

Ausgangspunkt Lautenbach (396 m), ca. 4 km westlich von Guebwiller

Persönliche Angaben

Gefahren am

Zeit

Übersetzung

Streckenbeschreibung Nachdem die Aussprache des Wortes Platzerwasel für Franzosen offenbar schwierig ist, hat man auch in Lautenbach (km 0,0) auf einen diesbezüglichen Hinweis verzichtet. Allerdings führt ohnehin nur eine Straße nach Westen in das Tal der Lauch, die sich bis Linthal (km 1,0) eben hält, und auch die 5%igen Steigungen bis Dauvillers (km 6,5) werden von flacheren Abschnitten unterbrochen. Das dazugehörige Anwesen versteckt sich neben der Straße, die nun auf 9% ansteigend über mehrere Kehren durch dichten Wald aufwärts führt. Erst bei km 10,0 geht die Steigung auf 6% zurück, um auf einer kleinen Kuppe (km 11,0) zum Lac de la Lauch (km 12,0) abzufallen. Ein kurzes flaches Stück beschert uns der tiefschwarze Stausee noch, bevor die Trasse (km 12,5) wieder bis auf 10% ansteigt. Erst kurz vor dem Schild »Le Markstein« wird es wieder flacher, und vor uns dehnen sich die Hochweiden und Hotelbauten unterhalb der kahlen Kuppe des Marksteins aus. An der folgenden Kreuzung (km 15,5) trifft man auf die Route des Crêtes, der man ein kurzes Stück Richtung »Col de la Schlucht/La Bresse« folgt. Es ist das schönste Teilstück dieser Auffahrt, die sich nun auf nur leicht ansteigender Trasse zwischen fahlgrünen Hochweiden mit weiten Ausblicken bis zur Rheinebene im Osten vollzieht. Bereits an der nächsten Kreuzung (km 19,5) verläßt man Richtung »Sondernach/Münster« die Route des Crêtes und radelt auf der bis 7% ansteigenden Straße zum Le Breitfirst (km 20,0) hinauf, dem eigentlich höchsten Punkt der Auffahrt. Es folgt eine zuerst wieder von 6%igen Anstiegen unterbrochene Abfahrt bis zur Auberge Uffrain (km 23,5) und danach eine mit 7% ansteigende Straße, die auf einer Waldkuppe (km 24,0) endet. Von dieser Seite zeigt nur ein 12%-Gefälleschild an, daß es sich um den Platzerwaselpaß handelt.

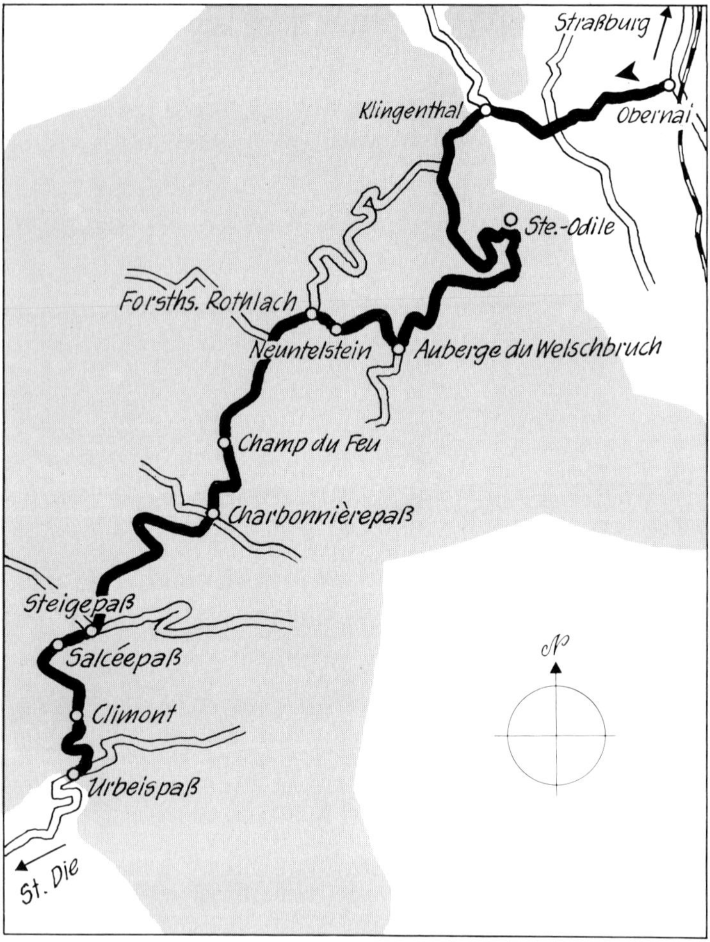
Straßburg
Klingenthal
Obernai
Ste.-Odile
Forsths. Rothlach
Neuntelstein
Auberge du Welschbruch
Champ du Feu
Charbonnièrepaß
Steigepaß
Salcéepaß
Climont
Urbeispaß
St. Die
N

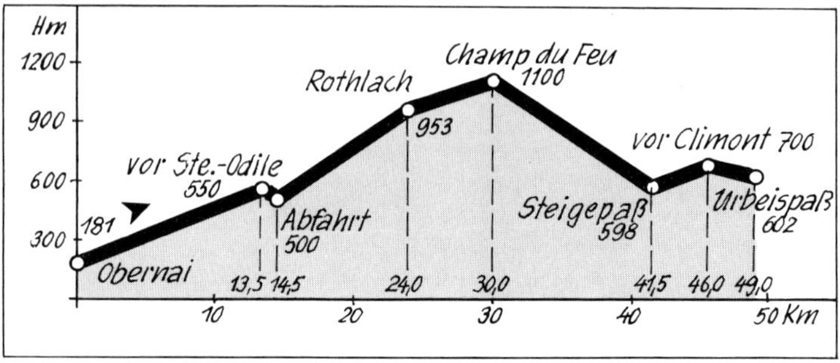
Hm
1200
900
600
300
Champ du Feu
1100
Rothlach
953
vor Ste.-Odile
550
Abfahrt
500
181
Obernai
vor Climont 700
Steigepaß
598
Urbeispaß
602
13,5
14,5
24,0
30,0
41,5
46,0
49,0
10
20
30
40
50 Km

50 Vogesenstraße

1100 m | Frankreich/Alsace

Charakter Mittelschwere Radtour mit maximal 10% Steigung über die Champ du Feu

Offen 1.1.–31.12.

Zeit 2¼–3 Stunden

Länge 49 km

Höhendifferenz 1071 m

Übersetzung 42/21–23

Karte Carte Topographique 1:100000, Blatt 12 und 31

Ausgangspunkt Obernai (181 m)

Persönliche Angaben

Gefahren am

Zeit

Übersetzung

Streckenbeschreibung Ausgangspunkt der Vogesenstraße, auch Camp du Feu genannt, ist das malerische Städtchen Obernai (km 0,0), das man über holpriges Kopfsteinpflaster Richtung »Ottrott/Le Champ du Feu« verläßt. Bis Klingenthal (km 4,5) rollt es meist eben, und weiter der Beschilderung »Le Champ du Feu« folgend steigt die Straße nur kurz aus dem Ort heraus auf 8% an, um sich dann bis zu einer Kreuzung (km 7,0) wieder zurückzulegen. Hier sollte man die Champ du Feu vorerst verlassen und Richtung »Ste. Odile/Le Hohwald« auf gleichmäßig mit 8% ansteigender Trasse durch dichten Wald aufwärts radeln. An den Parkplätzen unterhalb Sainte Odile (km 13,5) können wir entscheiden, ob wir die wenigen hundert Meter zum Kloster hinauffahren oder gleich Richtung Rothlach abbiegen wollen. Anfangs eben, fällt die Trasse über eine Kreuzung (km 14,5) noch ab, um bis zu einer weiteren Kreuzung bei der Auberge du Welschbruch (km 20,0) wieder auf 5% anzusteigen. Die hier beginnende 8%ige Steigung hält 1 km an und geht bis zum Forsthaus Rothlach (km 24,0) wieder zurück. Der folgende 10%ige Anstieg bleibt etwa 800 m, bevor die Trasse bis zum Champ du Feu (km 30,0) in ein leichtes Auf und Ab übergeht. Der 20 m hohe Aussichtsturm bietet eine weite Fernsicht, und man kann sich Zeit lassen, die Orts- und Bergnamen auf den Keramikplatten der Brüstung zu studieren, denn bis zum Charbonnièrepaß (km 32,5) geht es nur abwärts. Mit »Col d'Urbeis« ist unser Ziel nun ausgeschildert, und einem kurzen 6%igen Anstieg folgt eine lange Abfahrt bis zum Steigepaß (km 41,5). Dann überrascht der Salcéepaß (km 43,0), an dem die Straße wieder abzweigt. Der folgende 1 km lange 8%ige Anstieg ist die letzte nennenswerte Steigung, bevor es hinter Climont (km 46,0) bis zur Straßenkreuzung am Urbeispaß (km 49,0) fast nur noch abwärts geht.

Das Zentralmassiv

Wo sich der Alpenhauptkamm, etwa in Höhe der Montblanc-Gruppe, entschieden nach Süden wendet und langsam dem Mittelmeer zustrebt, ragt im Westen, durch die Rhône getrennt, fast in Form eines rechtwinkeligen Dreiecks mit den Endpunkten Lyon, Clermont-Ferrand und Carcassonne, das Massif Central auf. Mit seiner höchsten Erhebung, dem 1885 m hohen Puy de Sancy, ist es ein Mittelgebirge, dem hochalpine Panoramen fehlen. Und trotzdem braucht dieses Berggebiet mit seinen endlos scheinenden, leicht gewellten und oftmals baumlosen Hochflächen, die von tiefen Schluchten zerschnitten und von zerklüfteten vulkanischen Bergstöcken bedeckt sind, einen Vergleich mit bekannteren europäischen Landschaften nicht zu scheuen. Kaum eine andere Region kann eine solche Vielzahl von Gegensätzen auf relativ kleinem Raum aufweisen, die von mächtigen Vulkankegeln im Norden - der Auvergne - über die phantastischen Cañons im Gebiet der Causse - einem verkarsteten Kalkplateau - bis zu den mediterranen bewaldeten Hängen der Cevennen im Süden reicht. Von den übrigen Gebieten Frankreichs immer etwas isoliert, schwer zugänglich und abseits der Hauptverkehrswege, hat sich dieses Berggebiet seine Eigenständigkeit noch weitgehend bewahrt. Es ist ein stilles, karges, teilweise fast menschenleeres Bergland mit einer rauhen, melancholischen Schönheit, die jedoch nicht über die Armut, die aus verfallenen Dörfern, verlassenen Siedlungen und malerischen, aber doch verkommenen Städtchen ersichtlich ist, hinwegtäuschen kann. Und trotzdem: gerade für den Radler bieten sich in diesem verkehrs- und bevölkerungsarmen Land, in dem aber auch der entlegenste, schon halb verfallene Weiler über eine asphaltierte Straße zu erreichen ist, geradezu ideale Voraussetzungen. Und wer einmal abseits der lärmenden und überlaufenen Verkehrswege ruhig, fast beschaulich Paß- und Bergstraßen mit dem Fahrrad erleben möchte, sollte dies hier tun. Die nachfolgend aufgeführten Touren stellen zwar die bekanntesten und lohnendsten Unternehmungen dar, können aber in diesem von zahllosen Pässen und Höhenstraßen durchzogenen Gebiet nur eine kleine Auswahl sein. Gleichzeitig sollen sie deshalb als Anregung dienen, in einer Landschaft, die sich wie kaum eine zweite hierzu eignet, selbst auf Entdeckungsreise zu gehen, abseits der Hauptstraße einsame Sträßchen aufzuspüren und malerische, wenig besuchte Dörfer zu erkunden.

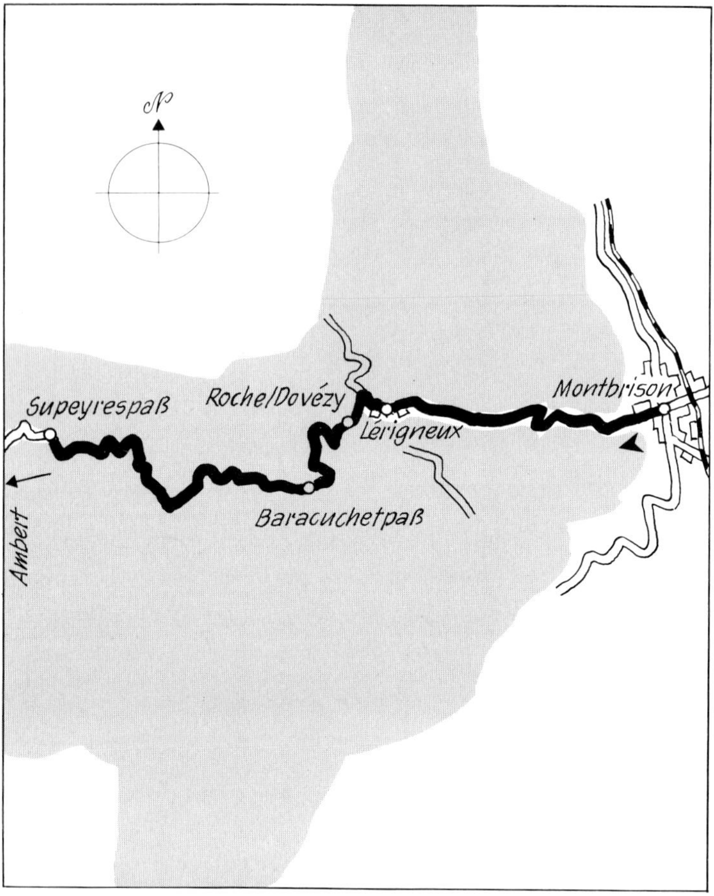
N
Supeyrespaß
Roche/Dovézy
Montbrison
Lérigneux
Baracuchetpaß
Ambert

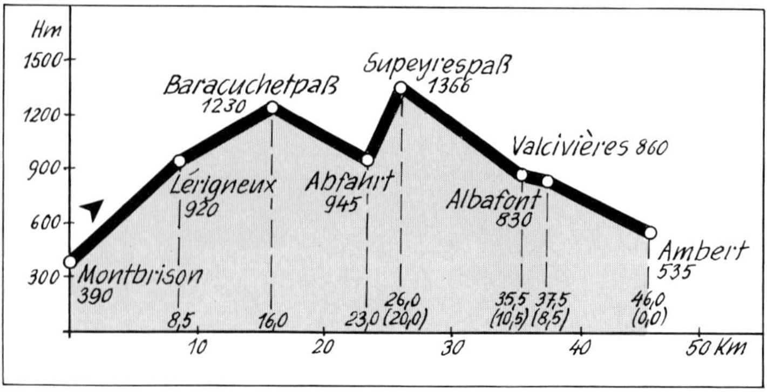
Hm
1500
1200
900
600
300
Baracuchetpaß 1230
Supeyrespaß 1366
Valcivières 860
Lérigneux 920
Abfahrt 945
Albafont 830
Montbrison 390
Ambert 535
8,5
16,0
23,0
26,0 (20,0)
35,5 (10,5)
37,5 (8,5)
46,0 (0,0)
10
20
30
40
50 Km

51 Baracuchet- mit Supeyres-Pässestraße, Ostseite

1366 m Frankreich/Rhône-Alpes

Charakter Mittelschwere Radtour mit maximal 6% Steigung zwischen Loire und Doretal

Offen 1.1.–31.12.

Zeit 1¾–2¼ Stunden

Länge 26 km

Höhendifferenz 1261 m

Übersetzung 42/21

Karte Carte Topographique 1:100000, Blatt 50

Ausgangspunkt Montbrison (390 m), ca. 35 km nordwestlich von St.-Etienne

Persönliche Angaben

Gefahren am

Zeit

Übersetzung

Streckenbeschreibung Folgt man in Montbrison (km 0,0) dem Abzweiger Richtung »Col de Baracuchet/Lérigneux«, radelt man in stark gewelltes Hügelgelände ein, das kaum Landwirtschaft zuläßt, und so unterbrechen nur vereinzelte Wiesen, Mais- und Getreidefelder den Wald am Straßenrand. Bis Lérigneux (km 8,5) werden 6% nicht überschritten, meist liegt die Steigung weit darunter, und man muß eigentlich nur aufpassen, um an einer Kreuzung (km 3,5) den Abzweiger nach Lérigneux nicht zu übersehen. Durch das kleine Kirchdorf Richtung »Roche/Dovézy« – das Schild zum Baracuchetpaß ist etwas versteckt hinter einer Hausmauer angebracht –, radeln wir mit Steigungen bis 6% zu einer weiteren Kreuzung (km 10,0), an der die nach links weisende Beschilderung wieder gut sichtbar ist. Mit 6% geht es höher, anfangs durch Laub- dann durch Nadelwald, der langsam lichter wird, und auf einer Hochfläche zwischen Kiefern und blumenübersäten Bergmatten ist dann der Baracuchetpaß (km 16,0) erreicht. Bis zu einer Kreuzung (km 16,5) lassen wir es leicht bergab rollen und treffen erstmals auf einen Hinweis zum Supeyrespaß. Eine freundliche, fast baumlose Hochfläche, von leichten Mulden durchzogen, liegt vor uns, und in eine solche radeln wir weiter abwärts. Ein leichter Anstieg, dann fährt man zwischen Almmatten und Weideflächen mit weitverstreuten Gehöften ein längeres Stück bergab bis zu einer kleinen Brücke (km 23,0), wo die Straße wieder ansteigt. 6% beträgt die Steigung bis zu einem kleinen Waldgürtel, und gleich darauf liegt auch die Paßhöhe (km 26,0) vor uns. Nur ein Steinkreuz und das Paßschild stehen auf diesem Wiesenrücken, der eine weite Sicht nach Westen über das Tal der Dore hinweg zu den Hügeln der Monts du Livradois bietet.

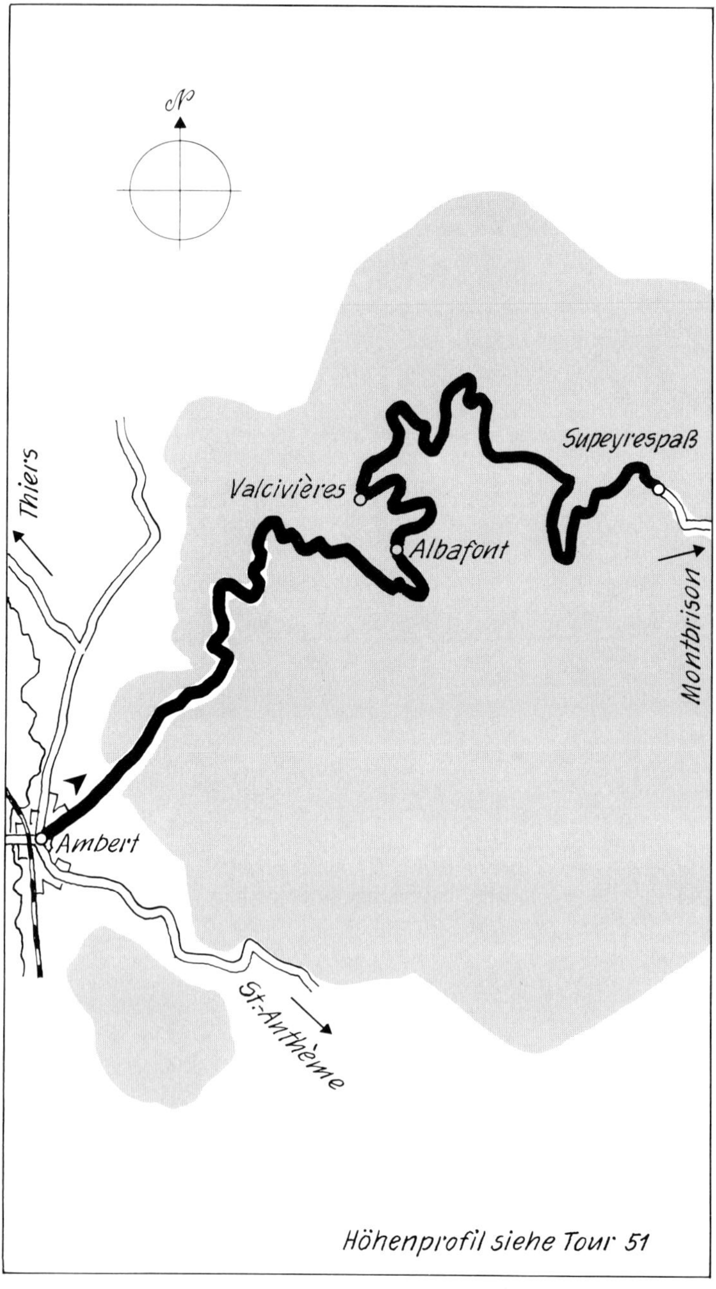
N
Thiers
Valcivières
Albafont
Supeyrespaß
Montbrison
Ambert
St.-Anthème
Höhenprofil siehe Tour 51

52 Supeyres-Paßstraße, Westseite

1366 m Frankreich/Auvergne

Charakter Mittelschwere Radtour mit maximal 8% Steigung

Offen 1. 1.–31. 12.

Zeit 1¼–1¾ Stunden

Länge 20 km

Höhendifferenz 831 m

Übersetzung 42/23

Karte Carte Topographique 1:100000, Blatt 50

Ausgangspunkt Ambert (535 m)

Persönliche Angaben

Gefahren am

Zeit

Übersetzung

Streckenbeschreibung Nach Westen hin, in das Tal der Dore, fallen die Berghänge der Forez-Gruppe schon etwas stärker ab. Dicht bewaldet sind sie zudem, bieten somit wenig Aussicht und Abwechslung; dafür aber eignet sich diese weitgehend unberührte Natur ideal zum Radfahren. In Ambert (km 0,0) folgt man der Beschilderung »Valcivières«, wobei eine Häuserzeile gerade Platz für die Auffahrt zum Supeyrespaß bietet. Rasch ist das Tal gequert, die Steigung nimmt bis auf 8% zu, und an einer Kreuzung (km 4,5) orientieren wir uns an der geradeaus nach Valcivières führenden Straße, da die zweite Alternative einen Umweg von 6 km bedeuten würde. Schon kurz danach geht die Steigung zurück, und eben rollt es bis zu einer kleinen Brücke (km 8,0), bevor die Straße leicht bis zur Häusergruppe von Albafont (km 8,5) ansteigt. Ringsherum nur dichter Laubwald, fährt man nochmals zu einer kleinen Brücke (km 9,0) ab, mit 7% steigt die Straße zu einer Kreuzung (km 10,0) an, und den Schwung der nachfolgenden kurzen Abfahrt sollte man ausnutzen, denn nach der nächsten Kehre liegt Valcivières (km 10,5), gleichzeitig die letzte Ortschaft vor der Paßhöhe, vor uns. An der alten Kirche am kleinen Dorfplatz vorbei steigt die Straße wieder zwischen 6 und 8% bergan. Auf einer kleinen Kuppe steht ein Gehöft (km 14,0), dessen frei auf der Straße herumlaufende Hühner und Ziegen die ländliche Ruhe dieser Gegend widerspiegeln. Wer will, kann sich mit zum Verkauf feilgebotenem Käse eindecken, bevor es zum letzten Mal kurz abwärts rollt. Durch lichten Wald steigt die Trasse weiter gleichmäßig zwischen 6 und 8% an. Abrupt endet der Waldgürtel, und gleich darauf sehen wir das Steinkreuz auf der Wiesenfläche der Paßhöhe (km 20,0) vor uns.

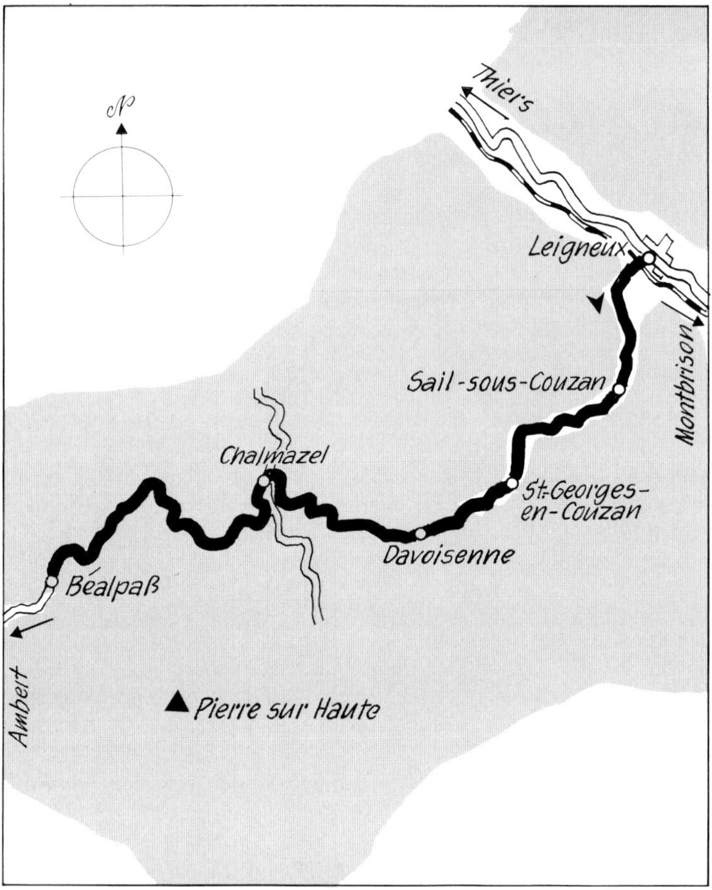
N
Thiers
Leigneux
Montbrison
Sail-sous-Couzan
Chalmazel
St.-Georges-en-Couzan
Davoisenne
Béalpaß
Ambert
Pierre sur Haute

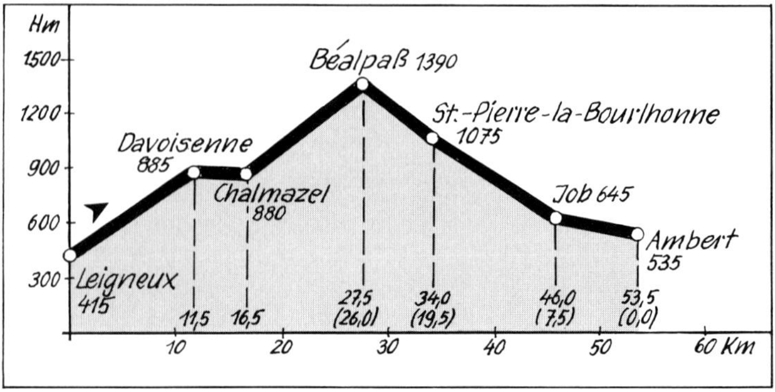
Hm
1500
1200
900
600
300
Béalpaß 1390
St.-Pierre-la-Bourlhonne 1075
Davoisenne 885
Chalmazel 880
Job 645
Ambert 535
Leigneux 415
11,5
16,5
27,5 (26,0)
34,0 (19,5)
46,0 (7,5)
53,5 (0,0)
10
20
30
40
50
60 Km

53 Béal-Paßstraße, Ostseite

1390 m | Frankreich/Rhône-Alpes

Charakter Mittelschwere Radtour mit maximal 7% Steigung über den höchsten Paß in den Monts du Forez

Offen 1. 1.–31. 12.

Zeit 1¾–2½ Stunden

Länge 27,5 km

Höhendifferenz 980 m

Übersetzung 42/21

Karte Carte Topographique 1:100000, Blatt 50

Ausgangspunkt Leigneux (415 m), ca. 20 km nördlich von Montbrison

Persönliche Angaben

Gefahren am

Zeit

Übersetzung

Streckenbeschreibung Der Béalpaß ist der nördlichste lohnende Übergang vom Loiretal über die Monts du Forez ins Tal der Dore. Ausgangspunkt ist das Industriestädtchen Leigneux (km 0,0), auf das man trifft, wenn man in Boen der Beschilderung »Thiers« folgt und nach etwa 2 km die Lignon überquert. Vor uns erhebt sich die imposante Burgruine von Sail-sous-Couzan (km 1,5), das man auf fast ebener Straße erreicht. Die Steigung nimmt auf 6% zu, die Straße wendet sich nach Westen und verläßt bald den bewaldeten Taleinschnitt, den die Lignon hier geschaffen hat. Bis 2 km hinter St.-Georges-en-Couzan (km 8,0) hält die Steigung an, und vor uns öffnet sich eine leicht gewellte Wald- und Wiesenlandschaft. Hoch ragt die Fernsehantenne auf dem Pierre sur Haute weit vor uns auf, aber unser Ziel liegt, von hier noch nicht einsehbar, weiter rechts. Bis Davoisenne (km 11,5) radelt man eben dahin, und nach Chalmazel (km 16,5) geht es sogar leicht abwärts. Noch vor dem eigentlichen Ortskern zweigt die Straße zum Béalpaß ab (km 17,0), und an der alten Festung vorbei nimmt die Steigung kurz auf 7% zu. Auf die Antennen am Pierre sur Haute vor uns zufahrend, geht die Steigung bis zu einer Kreuzung (km 21,0) auf 5% zurück. Die Straße wird schmäler, die Antennen bleiben im Süden zurück, bis uns schöner Nadelwald die Sicht versperrt, durch den die Trasse mit Steigungen bis 6%, anfangs sogar länger darunter, bergan zieht. Dann lichtet sich der Wald (km 25,5), und wir radeln durch ausgedehnte Almwiesen zur Paßhöhe (km 27,5), von der sich der nur unwesentlich höhere Puy Gros im Norden und die Kuppe des Procher im Süden kaum abheben.

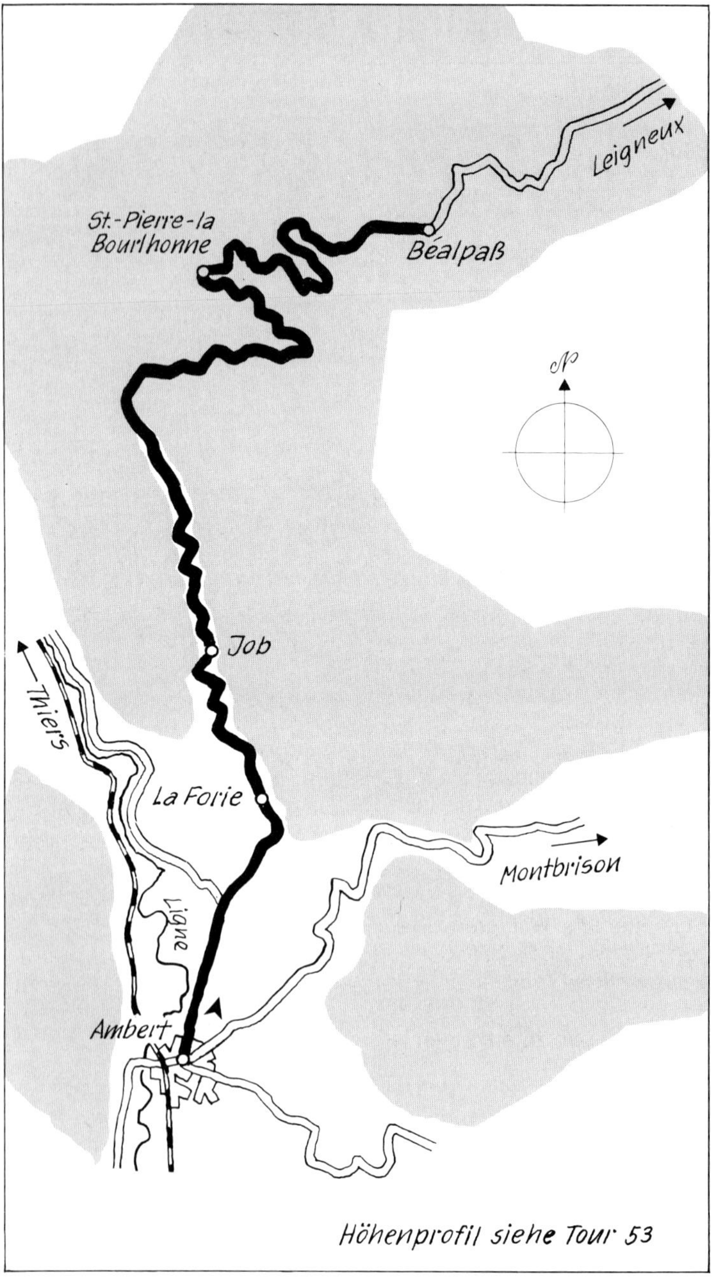
Leigneux
St.-Pierre-la Bourlhonne
Béalpaß
Job
Thiers
La Forie
Montbrison
Ligne
Ambert
Höhenprofil siehe Tour 53

54 Béal-Paßstraße, Südwestseite

1390 m Frankreich/Auvergne

Charakter Mittelschwere Radtour mit maximal 8% Steigung

Offen 1.1.–31.12.

Zeit 1½–2 Stunden

Länge 26 km

Höhendifferenz 855 m

Übersetzung 42/23

Karte Carte Topographique 1:100000, Blatt 50

Ausgangspunkt Ambert (535 m)

Persönliche Angaben

Gefahren am

Zeit

Übersetzung

Streckenbeschreibung Ausgangspunkt der Südwestseite ist Ambert (km 0,0), das man über die vielbefahrene Straße Richtung »Vichy/Clermont-Ferrand« verläßt. Schon kurz nach dem Ortsende (km 1,0) zweigt eine Straße Richtung »La Forie/Job« ab. Am östlichen Rand der Talfurche, die die Dore hier in Nord-Süd-Richtung geschaffen hat, wechseln bis Job (km 7,5) leichte Anstiege mit ebenen Abschnitten und einigen kurzen Abfahrten ab. Weiter hält sich die Straße entlang des Bergzuges, Steigungen bis 4%, von flacheren Passagen abgelöst, lassen uns zwar schnell vorankommen, aber kaum an Höhe gewinnen. Erst langsam steigt die Trasse an den Hügeln dann stetig nach oben, und bis St.-Pierre-la-Bourlhonne (km 19,5) nimmt die Steigung auf 5% zu. Erstmals ist unser Ziel, der Col du Béal, ausgeschildert, und mit 8% verläßt die Straße den Ort. Freie Wiesenhänge gestatten den Blick zurück über das Tal auf die Bergzüge des Livradois, während der Waldgürtel vor uns erst knapp unter einem langgestreckten Bergrücken endet. Bald nimmt uns der Wald auf, und die nach dem Ort ansetzende 8%ige Steigung wird auch über die Waldgrenze (km 25,5) hinaus beibehalten. Auf der Paßhöhe (km 26,0) befindet sich ein Restaurant, und bei klarem Wetter schweift der Blick zurück nach Westen wo sich die Silhouette der Kette der Puys erhebt, während im Osten die ebene Talschaft der Loire zu erkennen ist.

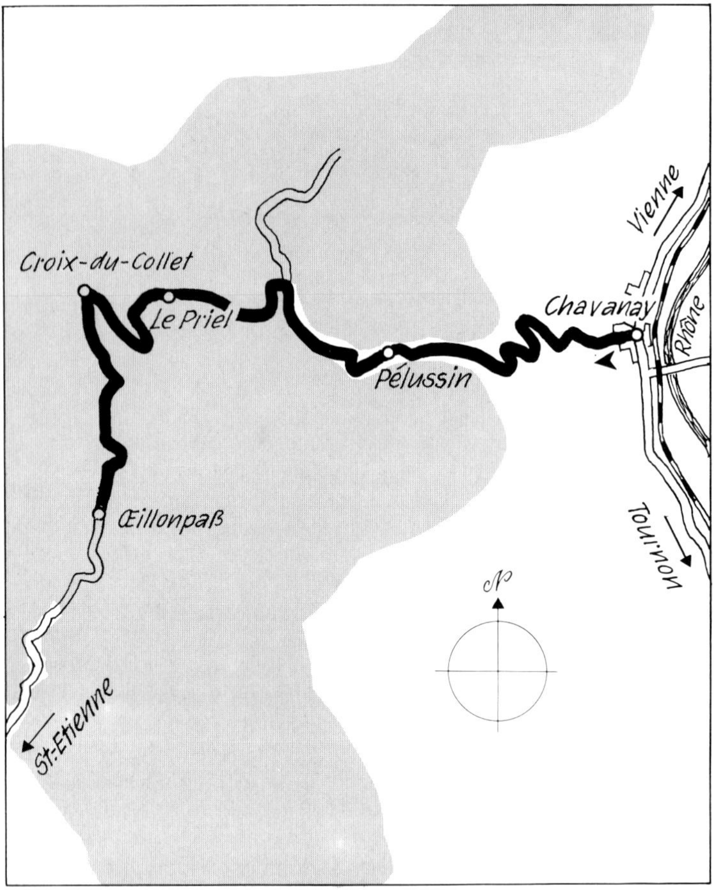
Croix-du-Collet
Le Priel
Pélussin
Chavanay
Vienne
Rhône
Tournon
Œillonpaß
St.-Etienne
N

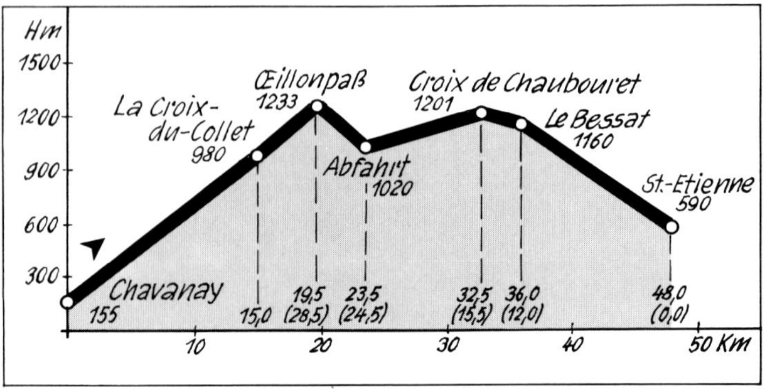
Hm
1500
1200
900
600
300
La Croix-
du-Collet
980
Œillonpaß
1233
Abfahrt
1020
Croix de Chaubouret
1201
Le Bessat
1160
St.-Etienne
590
Chavanay
155
15,0
19,5
(28,5)
23,5
(24,5)
32,5
(15,5)
36,0
(12,0)
48,0
(0,0)
10
20
30
40
50 Km

55 Œillon-Paßstraße, Ostseite

1233 m — Frankreich/Rhône-Alpes

Charakter Mittelschwere Radtour mit maximal 10% Steigung im Pilat-Naturpark

Offen 1.1.-31.12.

Zeit 1½-2 Stunden

Länge 19,5 km

Höhendifferenz 1078 m

Übersetzung 42/23

Karte Carte Topographique 1:100000, Blatt 51

Ausgangspunkt Chavanay (155 m), ca. 20 km südwestlich von Vienne

Persönliche Angaben

Gefahren am

Zeit

Übersetzung

Streckenbeschreibung Chavanay (km 0,0), ein kleines Straßendorf am rechtsseitigen Rhôneufer, ist Eingangstor in den Pilat-Nationalpark. Im Ortszentrum (km 0,0), etwas abseits der Nationalstraße 9, folgt man der Beschilderung »Col de l'Œillon«. Anfangs durch Laubwald entlang der Valencize, dann zwischen Weizenfeldern und Apfelbäumen, überschreitet die Steigung bis Pélussin (km 4,5) 5% kaum einmal. Vor uns zeigt eine weithin sichtbare Sendeantenne auf einem langgestreckten Bergrücken bereits das Ziel an. Im Ort der Beschilderung »St. Etienne« nach, überschreitet die Steigung auch auf den nächsten Kilometern bis zu einer scharfwinkeligen Abzweigung (km 9,0) 6% nicht. Der Col de l'Œillon ist wieder angeschrieben, und bis Le Priel (km 11,0), einem kleinen Weiler, nimmt die Steigung auf 10% zu. Nach einer Linkskurve (km 12,0) taucht man in den urwüchsigen Nadelwald der Gemeindeforste von Pélussin ein. An einem kleinen Brunnen (km 14,0) können wir unsere Wasservorräte ergänzen, dann zieht die Straße gleichmäßig mit 10% Steigung zur kleinen Waldlichtung am Croix-du-Collet, um in einer engen Kehre am gleichnamigen Hotel (km 15,0) vorbei weiter anzusteigen. Kaum spürbar scheint die Steigung zurückzugehen, geradlinig verläuft die Trasse bergan, wendet sich nach Westen (km 16,5) und neigt sich beim Belvedere de la Faucharet (km 18,5) zurück. Der kleine Parkplatz am Straßenrand und der zurückgehende Wald erlauben zwar eine freie Sicht nach Osten, die aber durch den Dunst des Rhônetals meist stark getrübt ist. Kurz danach ist die Paßhöhe (km 19,5) erreicht. Die hier noch zur Table d'Orientation mit 12% höher führende Straße endet nach knapp 1,5 km in der Mulde zwischen den beiden sichtbaren Bergrücken. Die versprochene Orientierungstafel konnte dort allerdings nicht entdeckt werden.

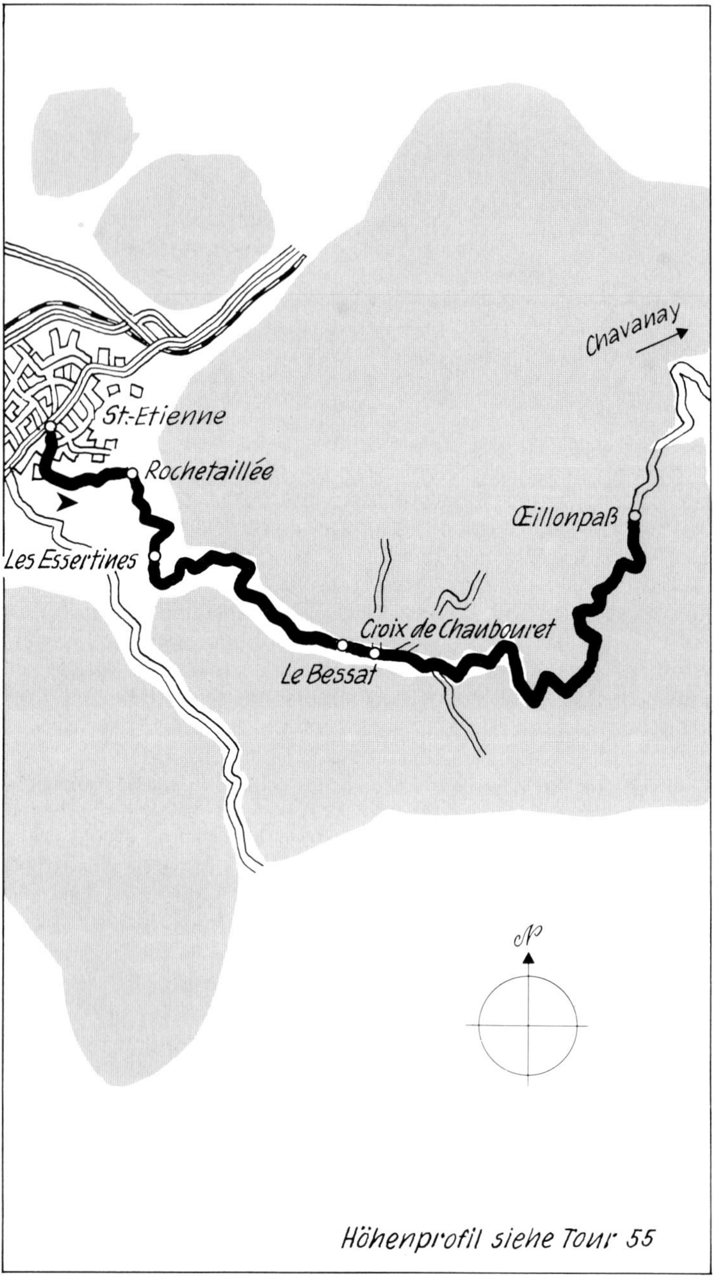
Chavanay
St.-Etienne
Rochetaillée
Œillonpaß
Les Essertines
Croix de Chaubouret
Le Bessat
N
Höhenprofil siehe Tour 55

56 Œillon-Paßstraße, Westseite

1233 m — Frankreich/Rhône-Alpes

Charakter Leichte Radtour mit maximal 10% Steigung

Offen 1.1.–31.12.

Zeit 1½–2 Stunden

Länge 28,5 km

Höhendifferenz 850 m

Übersetzung 42/23

Karte Carte Topographique 1:100000, Blatt 51

Ausgangspunkt St.-Etienne (590 m)

Persönliche Angaben

Gefahren am

Zeit

Übersetzung

Streckenbeschreibung Verläßt man den Kreisverkehr am südlichen Ortsende von St.-Etienne (km 0,0) der Beschilderung »Le Bessat« folgend, trifft man kurz danach auf die Hinweisschilder »Rochetaillée/Parc du Pilat«. Kurz nimmt die Steigung bis zur Stadtgrenze auf 10% zu, um dann bis Rochetaillée (km 4,5) auf 4% zurückzugehen. Vorbei an einer verfallenen Burgruine erinnert bald nichts mehr an das moderne Stadtbild von St.-Etienne, die Straße steigt auf 6% an und nimmt über eine Kehre bis kurz vor Les Essertines (km 7,5) auf 8% zu. Vor uns öffnet sich eine weite Hügellandschaft, kleine Waldgruppen werden von Wiesen abgelöst, und gemütlich erreichen wir bei einer 4% nicht überschreitenden Steigung Le Bessat (km 12,0). Bei gleichbleibender Steigung leitet die Trasse zum Croix de Chaubouret (km 15,5), einem teils bewaldeten Hügelrücken und beliebten Ausflugsgebiet, hinauf. Nach einer kurzen Abfahrt heißt es abbremsen, um die Abzweigung zum Col de l'Œillon (km 17,0) nicht zu übersehen. An einem Wiesenhang führt die Straße mit 6% nach oben, um dann nach 1 km lange abzufallen. Zum Glück ist das Gefälle nicht sehr stark, und so verliert man bis zu einer Straßenkreuzung (km 24,5) nicht zuviel an Höhe. Über uns sind der Sendemast und das Observatorium auf dem Bergrücken über der Paßhöhe bereits zu sehen, zu der die Straße mit Steigungen bis 8% hinaufführt. Am Hotel de l'Œillon (km 27,0) vorbei geht die Steigung auf 6% zurück, länger als erwartet zieht sich die Trasse noch über eine Kehre aufwärts, bevor wir die Räder vor dem Restaurant auf der Paßhöhe (km 28,5) abstellen können.

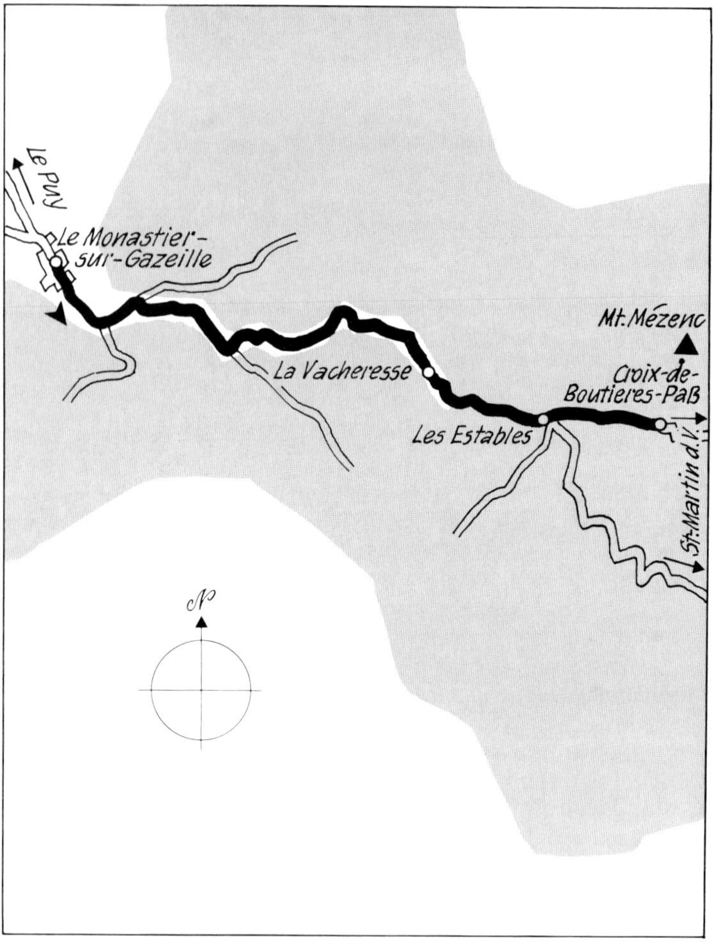
Le Puy
Le Monastier-
sur-Gazeille
Mt. Mézenc
La Vacheresse
Croix-de-
Boutieres-Paß
Les Estables
St.-Martin d.V.
N

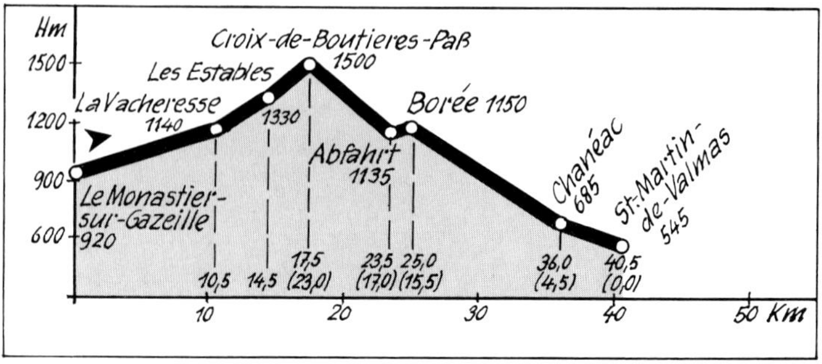
Hm
1500
1200
900
600
Croix-de-Boutieres-Paß
1500
Les Estables
1330
La Vacheresse
1140
Borée 1150
Abfahrt
1135
Le Monastier-
sur-Gazeille
920
Chanéac
685
St.-Martin-
de-Valmas
545
10,5
14,5
17,5
(23,0)
23,5
(17,0)
25,0
(15,5)
36,0
(4,5)
40,5
(0,0)
10
20
30
40
50 Km

57 Croix-de-Boutieres-Paßstraße, Westseite

1500 m Frankreich/Auvergne

Charakter Leichte Radtour mit maximal 7% Steigung über den höchsten Paß des Velay

Offen 1.1.–31.12.

Zeit 1–1½ Stunden

Länge 17,5 km

Höhendifferenz 580 m

Übersetzung 42/21

Karte Carte Topographique 1:100000, Blatt 50

Ausgangspunkt Le Monastier-sur-Gazeille (920 m), ca. 20 km südöstlich von Le Puy

Persönliche Angaben

Gefahren am

Zeit

Übersetzung

Streckenbeschreibung Zwischen der Vulkankette der Puys im Norden und den Cevennen im Süden liegt das Velay. Der Osten des Velay wird vom Bergzug des Vivarais beherrscht, einem Mittelgebirge vulkanischen Ursprungs. Hier befinden sich auch einige lohnende Paßstraßen, deren höchste über den Croix de Boutieres führt. In Le Monastier-sur-Gazeille (km 0,0) ist dieser allerdings nicht angeschrieben, und so folgen wir den Hinweisen »Les Estables/Gerbier de Jonc«. Unter einer hohen Steinbrücke (km 1,5) hindurch radelt man auf leicht fallender Straße in einen kleinen Talboden ab. An einer Kreuzung (km 4,5) hält man sich weiter an die Beschilderung „Les Estables« und erreicht La Vacheresse (km 10,5) über Steigungen bis 6%, die jedoch ständig von flacheren Abschnitten und leichten Abfahrten abgelöst werden. Es ist eine herbe Landschaft, deren karge Böden kaum Landwirtschaft zulassen, mit fast baumlosen Hochflächen und dürren, windzerzausten Wiesen, durch die die Straße bis Les Estables (km 14,5) nur noch leicht ansteigt. Erstmals ist in der Ortsmitte der Croix-de-Boutieres-Paß angeschrieben, und die 2,6 km, die auf dem Hinweisschild zusätzlich vermerkt sind, stimmen fast auf den Meter. Vor uns zeigt sich der Bergkegel des Mont Mézenc, mit seiner bescheidenen Höhe von 1753 m immerhin höchster Gipfel dieser Gruppe, und zwischen Wiesen steigt die Straße mit 7% höher. Ein kleiner Waldgürtel wird erreicht, und gleich darauf liegt die Kuppe der Paßhöhe (km 17,5), durch ein Steinkreuz angedeutet, vor uns. Das Wäldchen versperrt jegliche Aussicht, und man muß die wenigen Meter zur nächsten Kehre abfahren, um die weite Berglandschaft der Ardèche überblicken zu können, aus der sich die Basaltkegel erloschener Vulkane hervorheben.

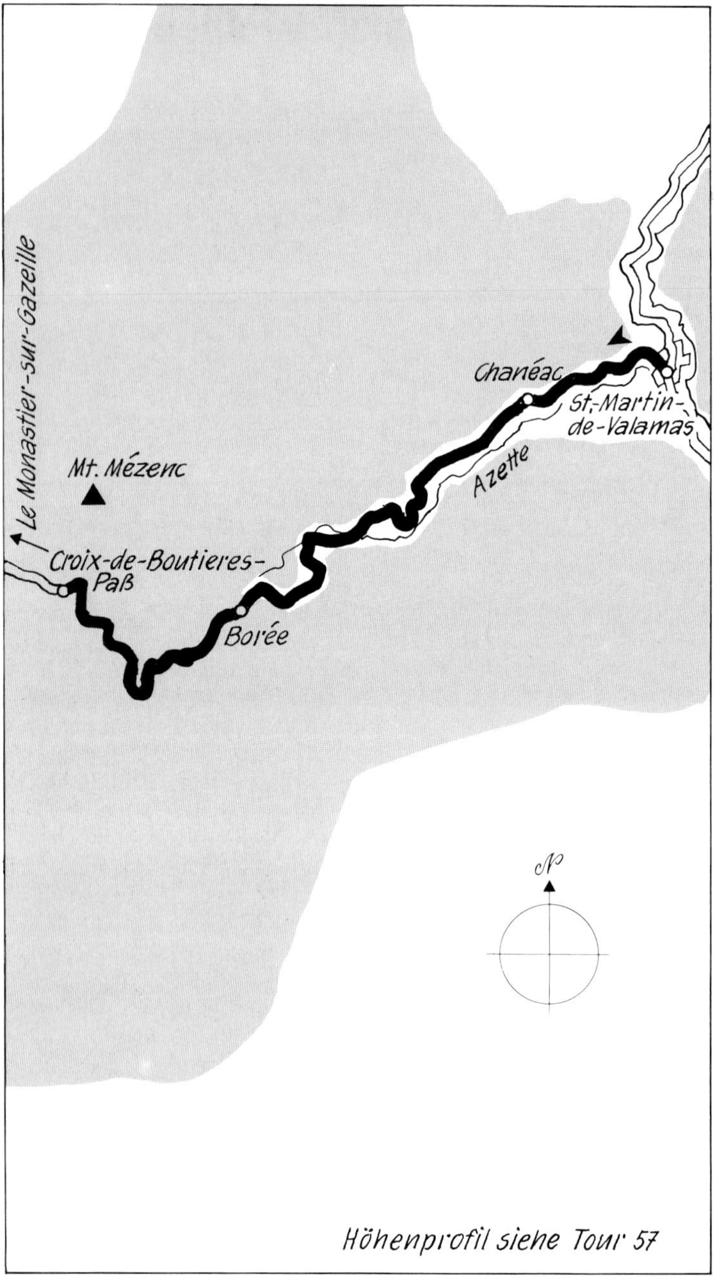
Le Monastier-sur-Gazeille
Mt. Mézenc
Croix-de-Boutieres-
Paß
Borée
Chanéac
St.-Martin-
de-Valamas
Azette
N
Höhenprofil siehe Tour 57

58 Croix-de-Boutieres-Paßstraße, Ostseite

1500 m — Frankreich/Rhône-Alpes

Charakter Mittelschwere Radtour mit maximal 8% Steigung

Offen 1.1.–31.12.

Zeit 1½–2 Stunden

Länge 23 km

Höhendifferenz 970 m

Übersetzung 42/23

Karte Carte Topographique 1:100000, Blatt 50

Ausgangspunkt St.-Martin-de-Valamas (550 m)

Persönliche Angaben

Gefahren am

Zeit

Übersetzung

Streckenbeschreibung Enger sind die Schluchten, steiler die Hänge, nicht mehr so offen und weit wie auf der Westseite ist das Land, wenn man die Auffahrt zum Boutierespaß von Osten her über St.-Martin-de-Valamas beginnt. Etwas außerhalb des Ortskerns (km 0,0) findet man die Abzweigung der D 278 nach Lachapelle/Chanéac. Fast eben hält sich die Straße im Tal der Saliouse, und schon bald quert man, der Beschilderung »Chanéac/Borée« folgend, über eine Brücke (km 2,5) in das Tal der Azette hinüber. Anfangs mit 4%, dann die Talseite wechselnd und auf 6% zunehmend, steigt die Trasse bis Chanéac (km 4,5) an. In dem schmalen, einsamen Tal führt uns ein enges Sträßchen mit Steigungen bis 7%, von flacheren Abschnitten unterbrochen, höher. Einige Häuser deuten den Talschluß an, Wald nimmt uns auf, durch den Kehren mit 8% Steigung höher führen. Bis über die Waldgrenze hinaus hält die Steigung bis zum Beginn einer Hochebene (km 11,0) an, geht dann auf 5% zurück (km 14,0), und bis Borée (km 15,5) rollt es schließlich leicht abwärts. Auch hier weist nichts auf unser Ziel hin, und so folgen wir der Beschilderung »Les Estables/Le Mézenc«. Weiter leicht abfahrend, steigt die Straße erst am Fuße eines felsigen Kegels (km 17,0) wieder auf 6% an und eröffnet einen schönen Blick über die Bergketten der Ardèche im Süden. An einer Kreuzung (km 19,5) orientieren wir uns an den Hinweisen »Fay-sur-Lignon« und treffen kurz darauf wieder auf die Abzweigung nach Les Estables/Le Mézenc. Am linken Rand eines Talkessels, dessen Ränder nur vereinzelt Fels aufweisen, radelt man schließlich mit 6% Steigung zur Paßhöhe (km 23,0) hinauf.

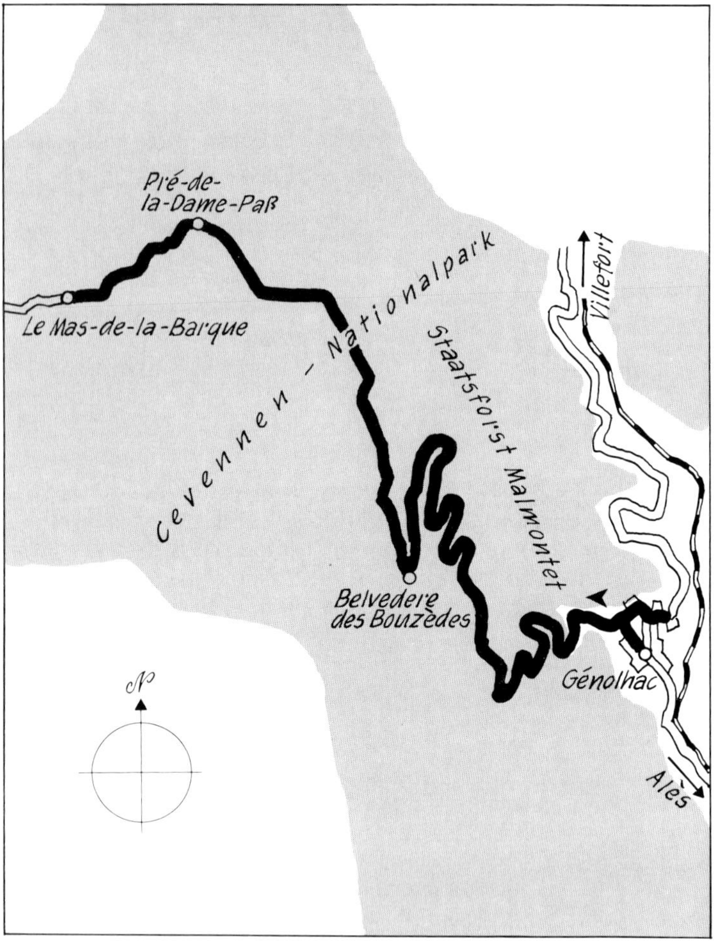
Pré-de-
la-Dame-Paß
Le Mas-de-la-Barque
Cevennen - Nationalpark
Staatsforst Malmontet
Villefort
Belvedere
des Bouzèdes
Génolhac
Alès
N

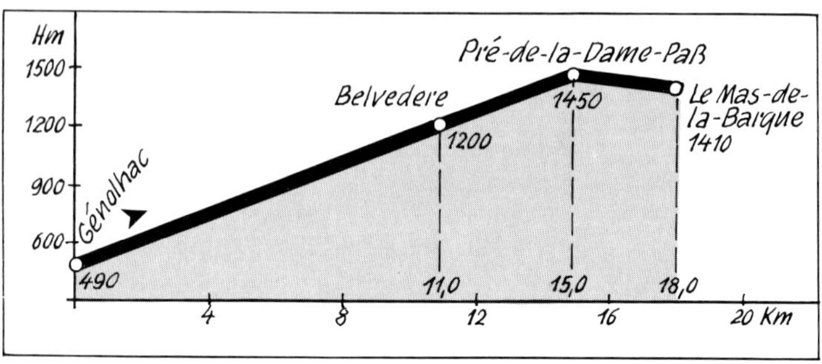
Hm
1500
1200
900
600
Pré-de-la-Dame-Paß
Belvedere
1450
1200
Le Mas-de-
la-Barque
1410
Génolhac
490
11,0
15,0
18,0
4
8
12
16
20 Km

59 Pré-de-la-Dame-Bergstraße

1450 m Frankreich/Languedoc-Roussillon

Charakter Mittelschwere Radtour mit maximal 11% Steigung zu einem Aussichtspunkt in den Cevennen

Offen 1. 1.–31. 12.

Zeit 1¼–1¾ Stunden

Länge 15 km

Höhendifferenz 960 m

Übersetzung 42/23

Karte Carte Topographique 1:100000, Blatt 59

Ausgangspunkt Génolhac (490 m), ca. 37 km nordwestlich von Alès

Persönliche Angaben

Gefahren am

Zeit

Übersetzung

Streckenbeschreibung Den südöstlichen Rand des Zentralmassivs bilden die Cevennen, ein von Cañons zerfurchter, weithin entvölkerter Landstrich, dessen Berghänge von schier endlos scheinenden Wäldern überzogen sind. Den vielleicht schönsten Eindruck von dieser Landschaft vermittelt eine Auffahrt über die Pré-de-la-Dame-Bergstraße, die ihren Beginn in Génolhac (km 0,0) hat. Gut ausgeschildert ist die Auffahrt, und mit 11% steigt die Straße aus dem Ort an. Schon bei der ersten Kehre (km 1,0) geht die Steigung zurück, die Eichen-, Buchen- und Kastanienwälder der Staatsforste von Malmontet nehmen uns auf, und bald radeln wir in den Cevennen-Nationalpark ein. Über Kurven und Kehren mit Steigungen zwischen 4 und 6% führt die Straße durch den dichten, jegliche Aussicht verwehrenden Wald. Je höher man kommt, desto mehr nimmt die Steigung zu, geht bis auf 10%, die allerdings immer wieder von flacheren Abschnitten unterbrochen werden. Kilometer um Kilometer legt man so recht eintönig zurück, bis sich in einer Kehre der Wald völlig unerwartet lichtet; hier, beim Belvedere des Bouzèdes, (km 11,0) muß man anhalten. Tief unter uns, schier unüberblickbar weit, breitet sich die Landschaft der Cevennen aus, wie ein zerknittertes grünes Tuch, in dessen Falten sich Flußläufe und die roten Dächer von Ortschaften verteilen. Eine Steintafel informiert über die wichtigsten Städte und Erhebungen, und auf dem nächsten Kilometer steigt die Straße wieder durch Wald mit 10% bergan. Fast geradlinig führt sie dann mit 6% weiter, der Wald geht zurück (km 14,5), und kurz darauf deutet ein Schild (km 15,0) das Steigungsende an. Auf meist leicht fallender Straße könnte man noch zu den Restaurants von Le Mas-de-la-Barque (km 18,0) abfahren, die aber keine landschaftlichen Vorzüge bieten.

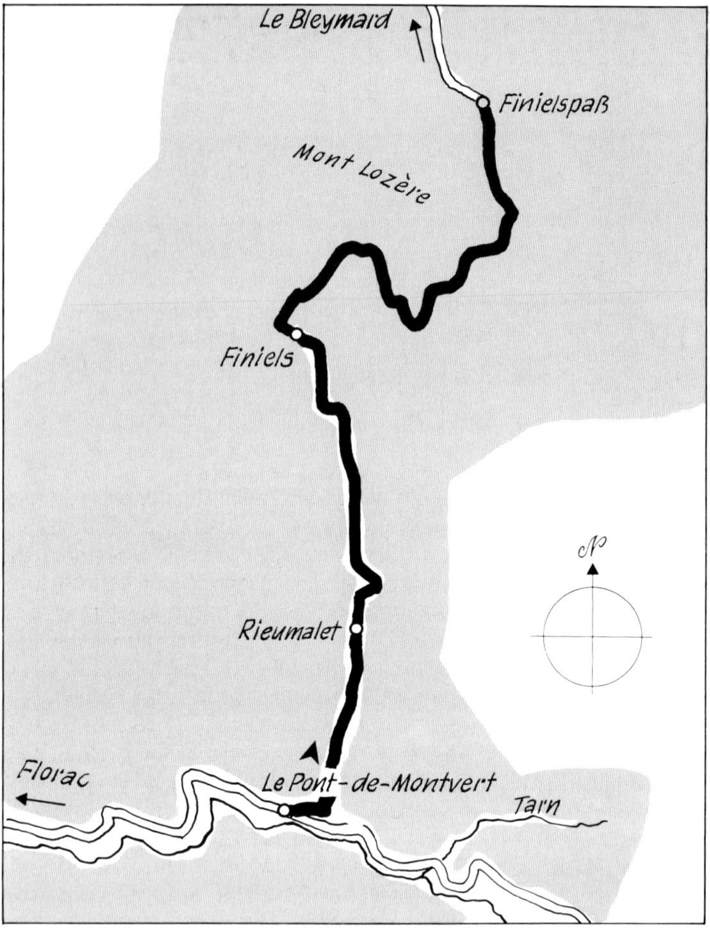
Le Bleymard
Finielspaß
Mont Lozère
Finiels
Rieumalet
Florac
Le Pont-de-Montvert
Tarn

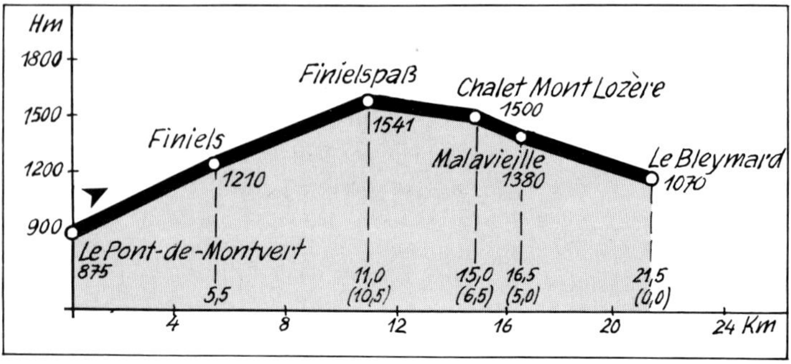
Hm
1800
1500
1200
900
Finielspaß
1541
Chalet Mont Lozère
1500
Finiels
1210
Malavieille
1380
Le Bleymard
1070
Le Pont-de-Montvert
875
5,5
11,0
(10,5)
15,0
(6,5)
16,5
(5,0)
21,5
(0,0)
4
8
12
16
20
24 Km

60 Finiels-Paßstraße, Südseite

1541 Frankreich/Languedoc-Roussillon

Charakter Leichte Radtour mit maximal 9% Steigung zu den Quellen des Tarn

Offen 1. 1.–31. 12.

Zeit 1–1¼ Stunden

Länge 11 km

Höhendifferenz 666 m

Übersetzung 42/23

Karte Carte Topographique 1:100000, Blatt 59

Ausgangspunkt Le Pont-de-Montvert (875 m)

Persönliche Angaben

Gefahren am

Zeit

Übersetzung

Streckenbeschreibung Der höchste Übergang in den Cevennen ist der Finielspaß. Er liegt mitten im Gebiet des Nationalparks und überquert den Bergzug des Mont Lozère, an dem auch die Quellen des Tarn liegen. Unverkennbar ist der Einfluß der Causses, verkarsteter Kalkplateaus, die westlich an den Nationalpark anschließen und die den Wald hier bereits weitgehend zurückgedrängt haben. Wo die Schlucht der Alignon weit genug auseinandergerückt ist, um Platz für die Häuser von Le Pont-de-Montvert (km 0,0) zu schaffen, findet man den Abzweiger »Finiels/Le Bleymard«. Über eine Kehre radeln wir in das Tal der Rieumalet ein, an dessen rechter Seite die Straße mit 6% ansteigt. Dürre Gräser zwischen Steinen lassen nur Schafzucht zu, und selten hat sich in kleinen Senken etwas mehr Erde angesammelt, um eine üppigere Vegetation zu ermöglichen. Nach Finiels (km 5,5), einer Ansammlung weniger Steinhütten, nimmt die Steigung bis zu einer kleinen Brücke (km 6,5) auf 9% zu. Vor uns der Bergzug des Mont Lozère, dessen grüne Kuppe aus einem Waldgürtel aufragt, vermittelt ein Blick zurück schon einen Eindruck von den karstigen Hochflächen der Causses. Auffällig sind die teils aufgeschichteten Felsbrocken an den Wiesenhängen neben der Straße, dann geht die Steigung auf 6% zurück, und Wald nimmt uns auf (km 9,5). Bei noch weiter nachlassender Steigung ist die Paßhöhe (km 11,0) rasch erreicht. Eine sich nach Norden ausdehnende baum- und strauchlose Hochfläche lädt, wie ein Schild verrät, hier oben im Winter zum Langlauf ein.

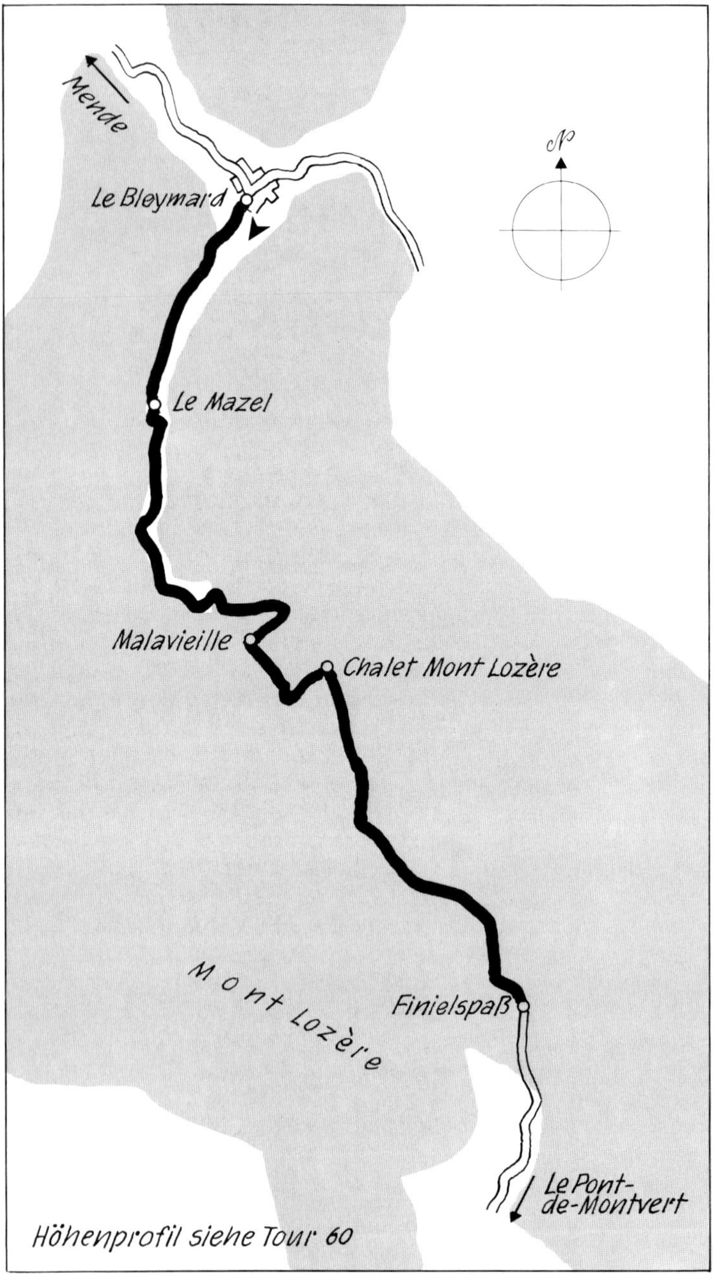
Mende
N
Le Bleymard
Le Mazel
Malavieille
Chalet Mont Lozère
Mont Lozère
Finielspaß
Le Pont-de-Montvert
Höhenprofil siehe Tour 60

61 Finiels-Paßstraße, Nordseite

1541 m Frankreich/Languedoc-Roussillon

Charakter Leichte Radtour mit maximal 10% Steigung

Zeit ¾–1¼ Stunden

Länge 10,5 km

Höhendifferenz 471 m

Übersetzung 42/23

Karte Carte Topographique 1:100000, Blatt 59

Ausgangspunkt Le Bleymard (1070 m)

Persönliche Angaben

Gefahren am

Zeit

Übersetzung

Streckenbeschreibung Die nördliche Paßroute unterscheidet sich deutlich von der Südseite. Nicht wegen der Länge oder der Schwierigkeiten, sondern wegen der Landschaft. Keine Verkarstung, keine Steine sind hier anzutreffen, sondern ausgedehnte Wälder und Wiesen, die sich über die leicht gewellten Bergrücken der Umgebung erstrecken. Auch in Le Bleymard (km 0,0) erinnert nichts an die Enge, die im Tal auf der gegenüberliegenden Seite vorherrscht. Am Ortsende, der Beschilderung »Mont Lozère« folgend, überqueren wir einen kleinen Bach und radeln bis Le Mazel (km 1,0) fast eben dahin. Gut ausgebaut ist die Straße, die nun auf 7% ansteigt und über eine Kehre zum Ortsschild von Malavieille (km 5,0) führt. Die dazugehörigen Häuser entdeckt man allerdings nur, wenn man ganz am rechten Rand fahrend einen Blick über die Steinböschung nach unten wirft. Mit gleichbleibender Steigung geht es an dem bewaldeten Hang aufwärts, und kurz danach liegt ein großer Parkplatz mit dem Chalet Mont Lozère und einem weiteren Hotelkomplex (km 6,5) vor uns. Der Skibetrieb im Winter an den doch recht flachen Hängen der Umgebung rechtfertigt die Hotelbauten, während im Sommer meist nur wenige Ausflügler diese Einrichtungen in Anspruch nehmen. Die Straße tritt in den Nationalpark ein, wird schmäler und führt, kurz auf 10% ansteigend, eine kleine Kuppe (km 7,5) hinauf. Fast eben radeln wir dann über eine Hochfläche auf eine Waldgruppe zu, die gleichzeitig die Paßhöhe (km 10,5) markiert.

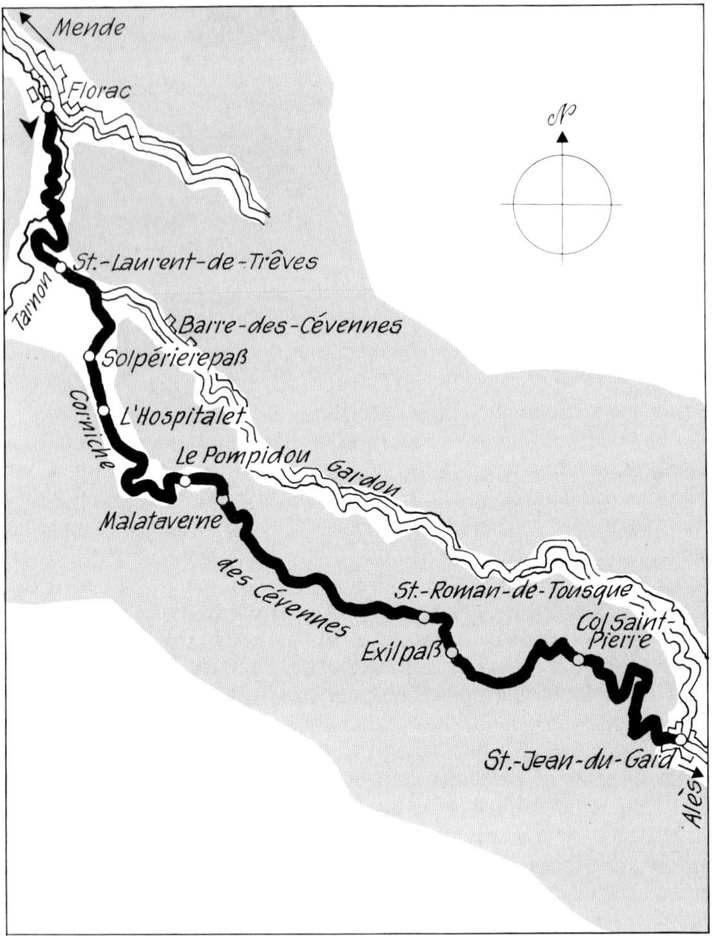
Mende
Florac
N
St.-Laurent-de-Trêves
Tarnon
Barre-des-Cévennes
Solpérierepaß
Corniche
L'Hospitalet
Le Pompidou
Gardon
Malataverne
des Cévennes
St.-Roman-de-Tousque
Col Saint-Pierre
Exilpaß
St.-Jean-du-Gard
Alès

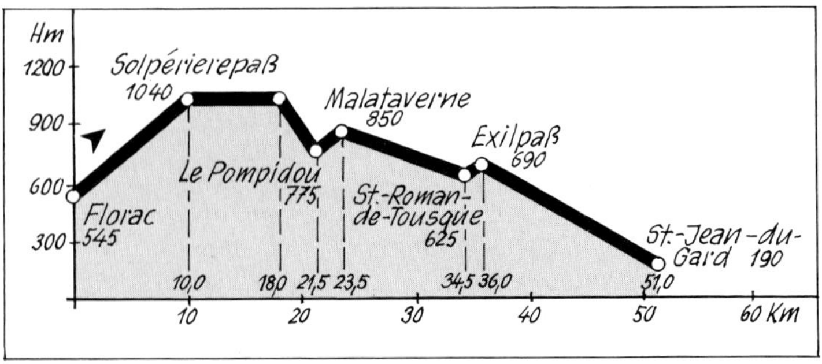
Hm
1200
900
600
300
Solpérierepaß 1040
Malataverne 850
Le Pompidou 775
Exilpaß 690
St.-Roman-de-Tousque 625
Florac 545
St.-Jean-du-Gard 190
10,0
18,0
21,5
23,5
34,5
36,0
51,0
10
20
30
40
50
60 Km

62 Cevennen-Höhenstraße

1040 m — Frankreich/Languedoc-Roussillon

Charakter Mittelschwere Radtour mit maximal 12% Steigung über die Corniche des Cévennes

Offen 1. 1.–31. 12.

Zeit 2–3 Stunden

Länge 51 km

Höhendifferenz 635 m

Übersetzung 42/26

Karte Carte Topographique 1 : 100 000, Blatt 59

Ausgangspunkt Florac (545 m)

Persönliche Angaben

Gefahren am

Zeit

Übersetzung

Streckenbeschreibung Gar nicht weit vom Mont Lozère entfernt liegt Florac (km 0,0), der nördliche Ausgangspunkt der Cevennen-Höhenstraße. Am Ortsende noch etwas eben an der Tarnon entlang, steigt die Straße an der rechten Talseite bis km 3,0 mit 5% an, um anschließend auf fast 2 km wieder abzufallen. Es folgt eine Brücke (km 5,0), die Trasse zieht auf 12% an und geht erst am Beginn einer Kehre (km 6,0) auf 6% zurück. Eine zweite Kehre bringt uns auf einen Hügelrücken, der einen schönen Ausblick in ein parallel laufendes Tal bietet. Noch einmal nimmt die Steigung bis St.-Laurent-de-Trêves (km 8,5) auf 12% zu, um bis zu einer Kreuzung am Solpérierepaß (km 10,0) auf 8% zurückzugehen. Die nach Barre-des-Cévennes abzweigende Strecke sucht sich ihren Weg im Talboden der Gardon, und so radeln wir, der D 9 folgend, noch zu einer kleinen Kuppe (km 11,0) hinauf. Der höchste Punkt der Straße ist erreicht, und vor uns tut sich ein fast baum- und strauchloses Hochplateau auf. Die dichtbewaldete gegenüberliegende Talseite ist zu erkennen, weit vor uns erheben sich die Bergzüge des Languedoc, und fast eben rollt es über L'Hospitalet (km 14,5), bis die Trasse plötzlich (km 18,0) in das Tal abbricht. Mit Gefälle bis 10% geht es bis Le Pompidou (km 21,5) abwärts. Bis Malataverne (km 23,5) steigt die Straße wieder mit 4% an, um nach einem ebenen Abschnitt bis St.-Roman-de-Tousque (km 34,5) erneut abzufallen. Ein kurzer 10%iger Anstieg am Ort vorbei, dann geht über eine Kehre die Steigung bis zum Exilpaß (km 36,0) wieder auf 8% zurück. Die folgende Abfahrt wird nur noch von einem kurzen leichten Gegenanstieg zum Col Saint-Pierre (km 42,5) unterbrochen. Die Waldzone der Cevennen hat uns bereits aufgenommen, und über schöngeschwungene Schleifen braucht man bis zu einer Kreuzung im Gardontal (km 49,5), kurz vor St.-Jean-du-Gard (km 51,0), nicht mehr zu treten.

Die Pyrenäen

Der Ruf eines wilden, unzugänglichen Gebirges, den die Pyrenäen genießen, gründet sich wohl in erster Linie auf die große Entfernung von Deutschland und die damit verbundenen spärlichen Informationen sowie die relativ späte touristische Erschließung dieses Berglandes. In Radsportlerkreisen tragen vor allem die schon beinahe sagenhaften Geschichten aus den Anfangsjahren der Tour de France hierzu bei: Von plötzlich auftauchenden Wölfen und Bären, die sich den Teilnehmern in den Weg stellten, ist hier die Rede; von steilsten Pässen entlang schwindelerregender Abgründe, die auch im Hochsommer von Schnee und Eis bedeckt waren; und von unglaublich schlechten Straßenverhältnissen, die jede Befahrung zu einer Tortur für Mensch und Material machten. Tatsächlich präsentieren sich die Pyrenäen heute als eine kleinere Ausgabe der Alpen, und dies in jeder Beziehung. Mit einer Gesamtausdehnung von 440 km - der zentrale Teil hat sogar nur eine Länge von knapp 250 km - erreichen sie eher bescheidene Ausmaße, und auch der höchste Berg, der bereits im spanischen Teil liegende Pic d'Aneto, hat mit 3404 m Höhe nur Ostalpencharakter. Braunbären gibt es zwar noch in den Pyrenäen, der Radtourist wird diese scheuen Gesellen aber mit Sicherheit nicht zu Gesicht bekommen. Der Zustand der Paßstraßen - alle beschriebenen Touren führen über befestigte Straßen - ist nicht besser, aber auch nicht schlechter als in den Alpen. Von der Streckenlänge und den Steigungen her gesehen, sind die meisten für den trainierten Radler nur als leicht und mittelschwer einzustufen, und auch die höchste Paßstraße über den Col du Tourmalet kann es mit dem Stilfser Joch oder der Großglockner-Hochalpenstraße nicht aufnehmen. Dafür entschädigt die doch fremdartige Landschaft mit von der Erosion stark zerklüfteten Kalk- und Granitspitzen, die durch die starke Sonneneinstrahlung nur schwach vergletschert sind und somit fast kahl und harmlos wirken. Die touristische Erschließung erreicht - glücklicherweise - bei weitem nicht das Ausmaß der Alpen, dennoch finden sich für den Radler überall Unterkunft und Einkehrmöglichkeiten entlang der Paßrouten. Durch den, verglichen mit den Alpen, relativ einfachen Aufbau - keine großen Seitentäler wirken sich störend aus - ist der Verlauf des Gebirges recht geradlinig ausgerichtet. Auch die beschriebenen Pässe folgen im wesentlichen dieser Linie, und so bietet es sich an, sie in einem Zug, entweder von Pau im Westen oder Tarascon-sur-Ariège im Osten beginnend, zu durchfahren. Das jährliche Spektakel der Tour-de-France-Karawane, die auch über diese Straßen rollt, wäre sicherlich ein zusätzlicher Anreiz für die weite Anreise.

TOURMALET 5
STE MARIE DE C 22

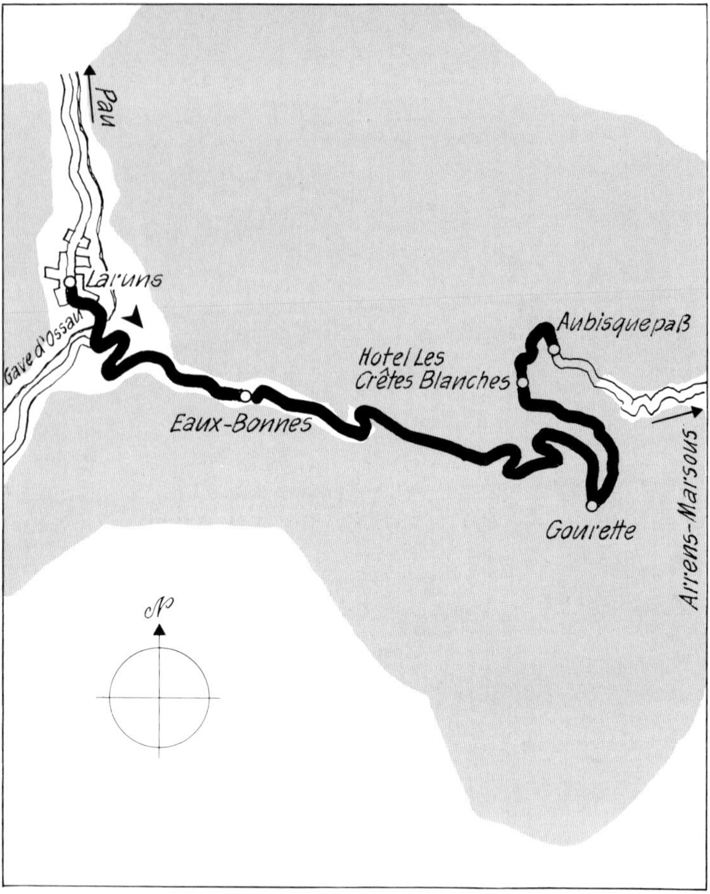
Pau
Laruns
Gave d'Ossau
Eaux-Bonnes
Hotel Les Crêtes Blanches
Aubisquepaß
Gourette
Arrens-Marsous

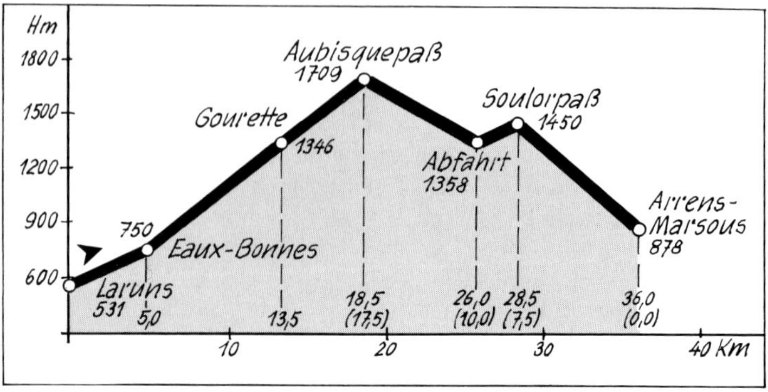
Hm
1800
1500
1200
900
600
Aubisquepaß 1709
Gourette 1346
Soulorpaß 1450
Abfahrt 1358
750
Eaux-Bonnes
Laruns 531
Arrens-Marsous 878
5,0
13,5
18,5 (17,5)
26,0 (10,0)
28,5 (7,5)
36,0 (0,0)
10
20
30
40 Km

63 Aubisque-Paßstraße, Westseite

1709 m — Frankreich/Aquitaine

Charakter Mittelschwere Radtour mit maximal 13% Steigung in den Atlantischen Pyrenäen

Offen 1.1.–31.12.

Zeit 1½–2 Stunden

Länge 18,5 km

Höhendifferenz 1178 m

Übersetzung 42/23–26

Karte Carte Topographique 1:100000, Blatt 70

Ausgangspunkt Laruns (531 m), ca. 40 km südlich von Pau

Persönliche Angaben

Gefahren am

Zeit

Übersetzung

Streckenbeschreibung Kurz nach Laruns (km 0,0) überquert man auf einer kleinen Brücke die Gave d'Ossau. An der Abzweigung zur spanischen Grenze vorbei zieht sich die Straße mit Steigungen zwischen 6 und 8% in wenigen Schleifen über einen bewaldeten Hang aufwärts. In Eaux-Bonnes (km 5,0) nimmt die Steigung auf 10% zu, scharf biegt die Fahrbahn nach links, um sich dann bei gleichbleibender Steigung unter den gestrüppüberwucherten Hängen der rechten Talseite entlangzuziehen. Vorbei an einem winzigen Stausee radeln wir bei auf 5% zurückgehender Steigung durch das schattige Tal und überqueren das Flüßchen Le Valentin (km 7,5). Auf einer Länge von 200 m nimmt die Steigung auf 13% zu, noch einmal wechseln wir über eine Brücke auf die sonnigere linke Talseite und erkennen hoch oben die modernen Hochhäuser von Gourette. Ständige Steigungen zwischen 8 und 10% bringen rasch höher, eine weite Schleife gewährt einen Blick zurück bis zum Talanfang, und kurz danach ist der Ort (km 13,5) erreicht. Einen ungewohnten Anblick bieten die plattig geschichteten, grauen, von Gletschern glattgeschliffenen Felsen des Pyrenäen-Nationalparks südlich des Ortes. Gewohnter ist da schon das Hotel Edelweiß, an dem die schmäler werdende, scharf nach Norden abzweigende Straße vorbeiführt. Zwischen Almmatten und Tannenwald fühlt man sich fast in die heimatlichen Alpen zurückversetzt, aber allzuviel Zeit, Vergleiche anzustellen, läßt die mit 10–12% Steigung bergauf führende Straße nicht. Wer beim Hotel Les Crêtes Blanches (km 16,5) eine kurze Pause einlegt, blickt nicht nur weit zurück nach Westen, sondern kann bereits das Haus auf der Paßhöhe erkennen. Durch eine von kargen Wiesen bedeckte Hochfläche radeln wir dann die letzten Höhenmeter bei nicht nachlassender 10–12%iger Steigung bis zum Hotel Col d'Aubisque auf der Paßhöhe (km 18,5).

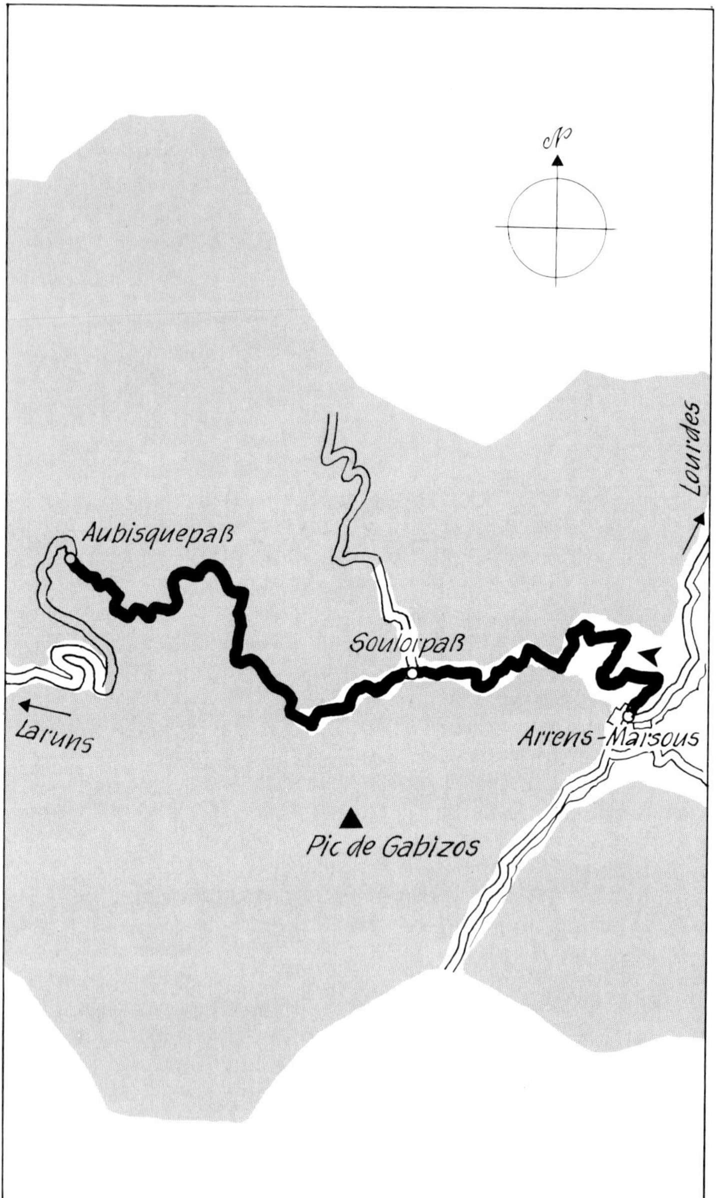

N
Lourdes
Aubisquepaß
Soulorpaß
Laruns
Arrens-Marsous
Pic de Gabizos
Höhenprofil siehe Tour 63

64 Aubisque- mit Soulor-Pässestraße, Ostseite

1709 m — Frankreich/Midi-Pyrénées

Charakter Mittelschwere Radtour mit maximal 12% Steigung

Offen 1. 1.–31. 12.

Zeit 1½–2 Stunden

Länge 17,5 km

Höhendifferenz 923 m

Übersetzung 42/23–26

Karte Carte Topographique 1:100000, Blatt 70

Ausgangspunkt Arrens-Marsous (878 m)

Persönliche Angaben

Gefahren am

Zeit

Übersetzung

Streckenbeschreibung In Arrens-Marsous (km 0,0), einer kleinen Ortschaft im oberen Arrens-Tal, hält man sich an die Beschilderung »Col du Soulor«. Zwischen grünen Wiesen, Laubbäumen und vereinzelten schiefergedeckten Steinhütten schlängelt sich die Straße mit 10% Steigung, die kurz aber auch immer wieder bis 12% erreicht, bergauf. Nur wenige flachere Abschnitte ermöglichen ein Ausruhen, aber lichter Laubwald, von Vogelbeerbäumen durchsetzt, gestattet bald den Blick auf die Bergumrahmung der Umgebung. Eine kleine Steinhütte (km 6,0) lockt zum Verzehr von Honig, Schinken und Gelee Royal, dann bringen uns weitere Steigungen bis 12% zu einer kleinen Alm beim Chalet du Soulor (km 7,0), und kurz danach liegt unvermittelt die Anhöhe des Col du Soulor (km 7,5) vor uns. Entlang des Felskamms des Pic de Gabizos rollt es über zwei großzügige Kurven abwärts (km 10,0), ein 100 m langes, unbeleuchtetes Kehrentunnel erfordert etwas Vorsicht, und kurz danach (km 12,0) steigt die Straße wieder mäßig an. Der Fels am Fahrbahnrand geht zurück, weit zieht sich die Bergkette über der Paßhöhe nach Norden, und auch die Steigung nimmt wieder auf 10% zu (km 14,0). Ein kurzes Laubwaldstück tritt schattenspendend an die Straße, und die verwaschene Aufschrift »PM (per montagne) 3 km« (km 14,5) deutet die Entfernung zur Paßhöhe an, zu der die Straße über Steigungen bis 11% mit kurzen flacheren Abschnitten ansteigt. Über den mit Steinmauern abgestützte Kurven mit teilweise ruppigem Straßenbelag geht es höher, kurze Steigungen bis 12% und ebensolche flachere Abschnitte gestatten kein allzu schnelles Höherkommen, und nochmals zeigt uns die Aufschrift »PM 1 km« die Reststrecke an. Bald danach liegt das Hotel auf der Paßhöhe (km 17,5) vor uns.

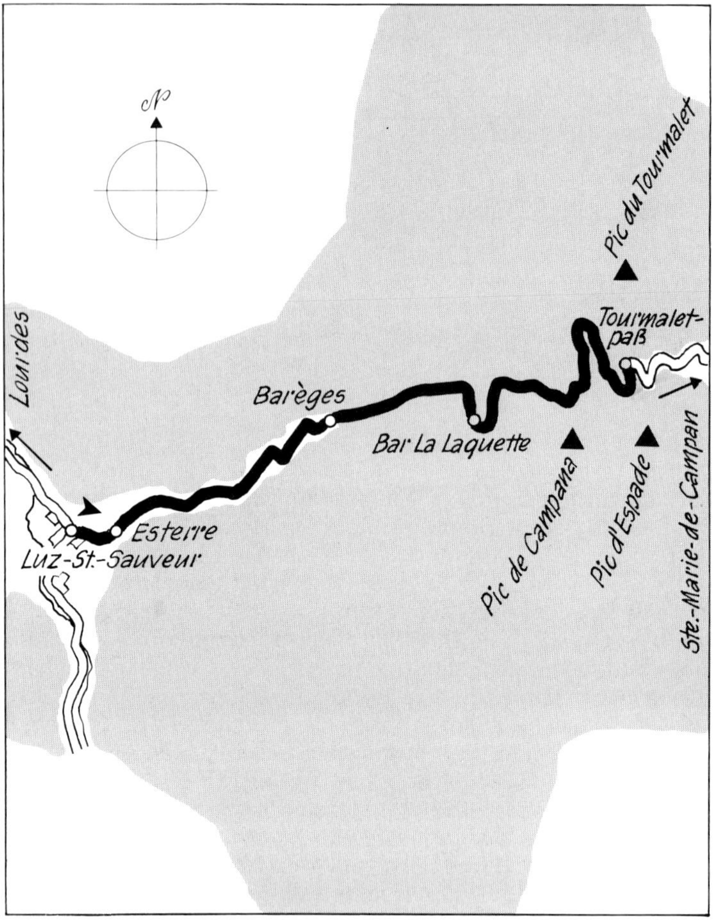
N
Lourdes
Barèges
Bar La Laquette
Tourmaletpaß
Pic du Tourmalet
Esterre
Luz-St.-Sauveur
Pic de Campana
Pic d'Espade
Ste.-Marie-de-Campan

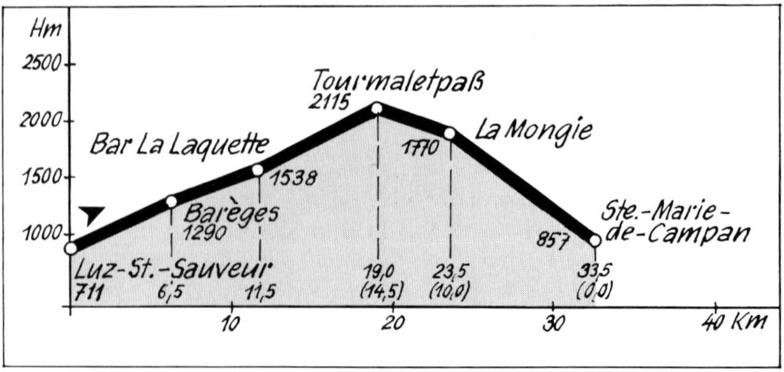
Hm
2500
2000
1500
1000
Tourmaletpaß
2115
Bar La Laquette
1538
1770
La Mongie
Barèges
1290
Luz-St.-Sauveur
711
857
Ste.-Marie-de-Campan
6,5
11,5
19,0
(14,5)
23,5
(10,0)
33,5
(0,0)
10
20
30
40 Km

65 Tourmalet-Paßstraße, Westseite

2115 m — Frankreich/Midi-Pyrénées

Charakter Schwere Radtour mit maximal 14% Steigung auf den höchsten Pyrenäenpaß

Offen 1.1.–31.12.

Zeit 2–2¾ Stunden

Länge 19 km

Höhendifferenz 1404 m

Übersetzung 42/26

Karte Carte Topographique 1:100000, Blatt 70

Ausgangspunkt Luz-St.-Sauveur (711 m)

Persönliche Angaben

Gefahren am

Zeit

Übersetzung

Streckenbeschreibung Auf mit 10% ansteigender Straße wird Luz-St.-Sauveur (km 0,0) verlassen. Es folgen eine kurze Abfahrt am Ortsende und eine leichte Steigung durch den Vorort Esterre, dann radelt man zwischen grünen Wiesen und Wäldern in dem wenig aussichtsreichen Tal aufwärts. Die Umgebung bietet kaum Abwechslung, und auch die zwischen 8 und 10% liegende Steigung bleibt gleichmäßig. Erst am Ortsanfang von Barèges (km 6,5) nimmt die Steigung über zwei enge Kehren auf 12% zu, dicht drängen sich die Häuser an die Straße, und mit 12% wird die Ortschaft wenig später auch wieder verlassen. Vor uns öffnet sich das Tal, die Umgebung wird gebirgiger, und Anstiege zwischen 10 und 12% bringen uns höher hinauf. An der Abzweigung nach Super-Barèges (km 10,0) vorbei, lösen längere Flachstücke die Steigungen ab, und in einem kleinen Talboden wendet sich die schmäler werdende Trasse scharf nach Süden. Fast geradlinig führt die Straße zwischen Mischwald mit 10% bergauf, wechselt über eine kleine Steinbrücke, eine weite Schleife beschreibend, auf die gegenüberliegende Hangseite, und an der Bar La Laquette (km 11,5) bietet sich die letzte Gelegenheit für eine Erfrischung vor der Paßhöhe. 10–12% beträgt die Steigung der Fahrbahn, die über eine Kurve das Seitental wieder verläßt, und weit vor uns sind die großzügigen Kehren unterhalb der Paßhöhe bereits zu erkennen. An den kahlen, dunkelbraunen Hängen der rechten Talseite radeln wir über Steigungen zwischen 10 und 12% weiter aufwärts, markant hebt sich die Spitze des Pic de Campana südlich der Paßhöhe ab, an dessen Fuß (km 15,5) der Schlußhang mit Steigungen bis zu 14% in Angriff genommen wird. Der Scheitelpunkt (km 19,0) selbst, eingeklemmt zwischen Pic du Tourmalet und Pic d'Espade, eröffnet aber leider nicht die Aussicht, die dem höchsten Pyrenäenpaß angemessen wäre.

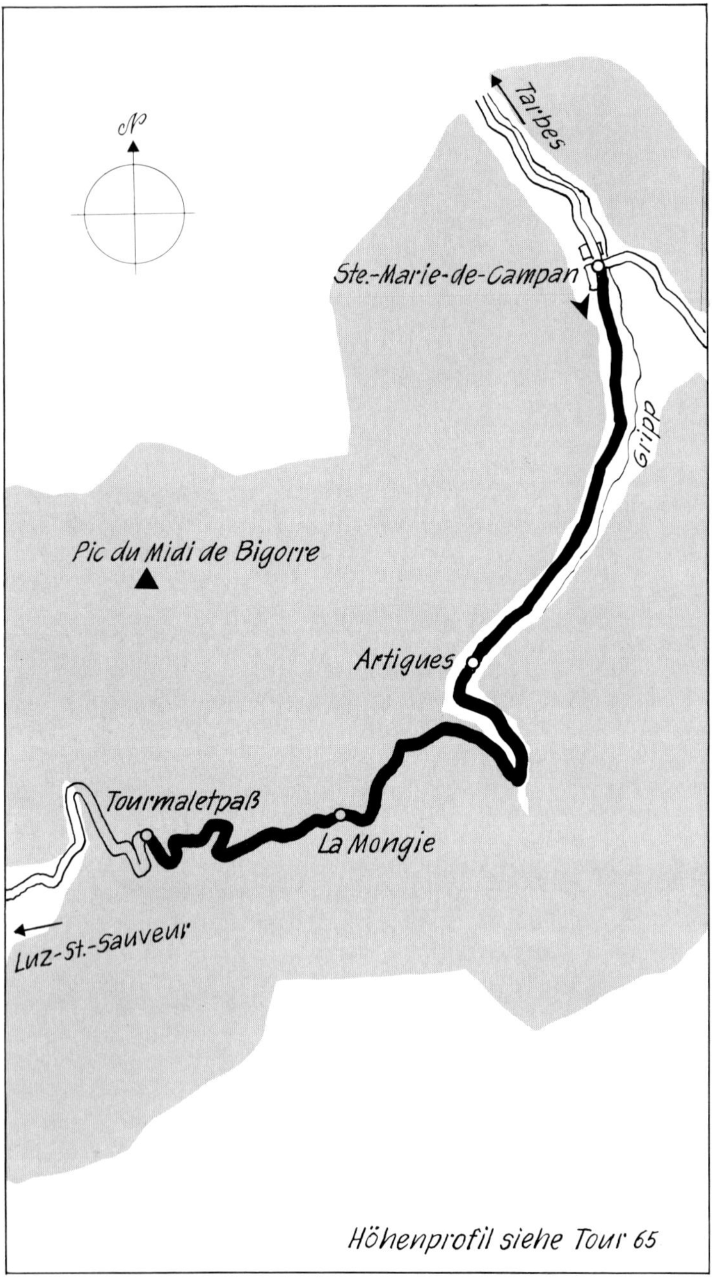
N
Tarbes
Ste.-Marie-de-Campan
Gripp
Pic du Midi de Bigorre
Artigues
Tourmaletpaß
La Mongie
Luz-St.-Sauveur
Höhenprofil siehe Tour 65

66 Tourmalet-Paßstraße, Ostseite

2115 m — Frankreich/Midi-Pyrénées

Charakter Mittelschwere Radtour mit maximal 12% Steigung

Offen 1.1.-31.12.

Zeit 1½–2 Stunden

Länge 14,5 km

Höhendifferenz 1258 m

Übersetzung 42/23–26

Karte Carte Topographique 1:100000, Blatt 70

Ausgangspunkt Ste.-Marie-de-Campan (857 m)

Persönliche Angaben

Gefahren am

Zeit

Übersetzung

Streckenbeschreibung Ohne die ungewohnten grauen Steinhäuser könnte man sich in Ste.-Marie-de-Campan (km 0,0), einem kleinen, gepflegten Dörfchen im Tal der Campan, durchaus in die deutschen Mittelgebirge versetzt fühlen. In der Ortsmitte, bei der Kirche, ist der Weg gut ausgeschildert, und über Steigungen bis 8%, meist jedoch weit darunter, radeln wir in das Tal der Gripp ein. In Gripp (km 2,5) nimmt die Steigung auf 10% zu, und die weiß-gelben Kilometersteine am Straßenrand weisen zwar keine Kilometer-, dafür aber Höhenangaben auf. Mischwald nimmt uns auf, der den Blick auf die Häuser von Artigues und den kleinen dunkelgrünen See etwas abseits der Straße aber nicht verstellt. Kurvenreich geht es mit Steigungen zwischen 8 und 10%, vorbei an einem Wasserfall und der Talstation einer kleinen Seilbahn (km 7,0), bergauf. Nach einer Lawinengalerie lichtet sich der Wald und gibt den Blick auf die Spitze des Pic du Midi de Bigorre mit dem weithin sichtbaren Sendemast des Observatoriums frei. Kleine Lawinengalerien sind bis La Mongie (km 10,0) bei durchgehend 10%iger Steigung, die kurz sogar bis 12% erreicht, als Schattenspender willkommen. Tief unten leuchten die weißen Dächer von Artigues, und hoch über uns ist die Paßhöhe bereits zu sehen. Auch im Ort geht die Steigung nur einmal kurz auf 8% zurück, eine Höhenangabe zeigt, daß wir uns schon auf 1770 m befinden, und eine Aufschrift bald nach dem Ort gibt eine verbleibende Strecke von 3 km an. Unter Sesselifttrassen hindurch radeln wir bei kaum einmal unter 10%, in den Kurven sogar auf 12% ansteigender Straße an der rechten Seite eines Hochkessels Richtung Scheitelpunkt. Rasten sollte man dann bereits beim Parkplatz, bevor man die wenigen Meter zur Paßhöhe (km 14,5) hinaufradelt, da sich unten die schönere Aussicht auf die Bergspitzen der Umgebung eröffnet.

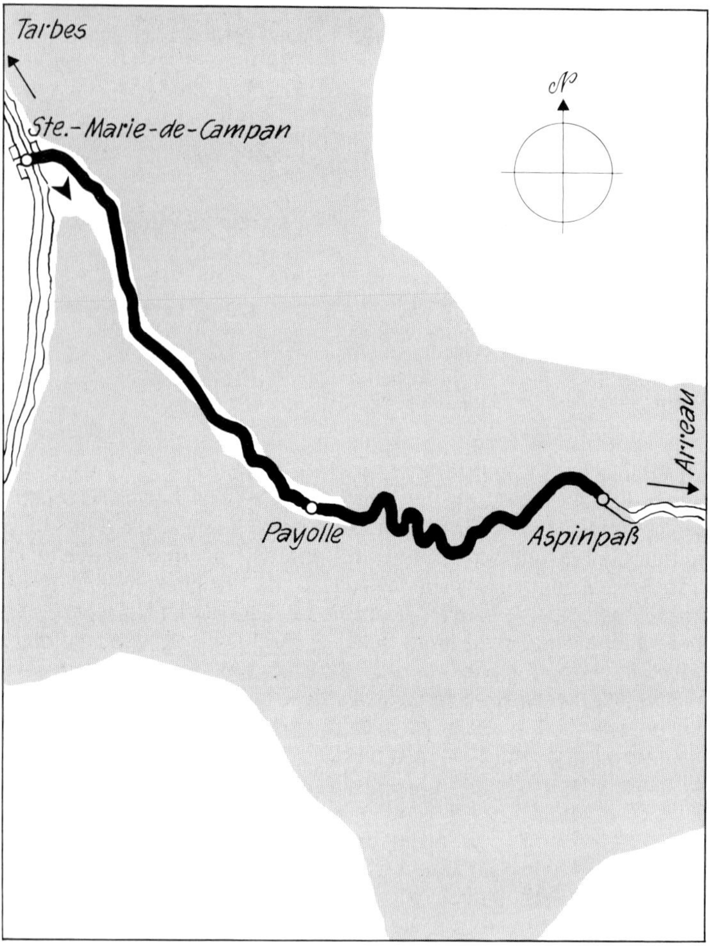
Tarbes
Ste.-Marie-de-Campan
N
Payolle
Aspinpaß
Arreau

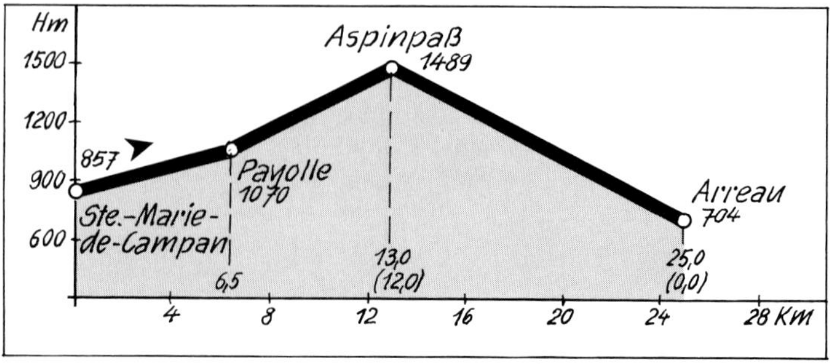
Hm
1500
1200
900
600
Aspinpaß
1489
857
Payolle
1070
Arreau
704
Ste.-Marie-de-Campan
6,5
13,0
(12,0)
25,0
(0,0)
4
8
12
16
20
24
28 Km

67 Aspin-Paßstraße, Westseite

1489 m | Frankreich/Midi-Pyrénées

Charakter Leichte Radtour mit maximal 10% Steigung in den Zentralpyrenäen

Offen 1. 1.–31. 12.

Zeit 1–1½ Stunden

Länge 13 km

Höhendifferenz 632 m

Übersetzung 42/23

Karte Carte Topographique 1:100000, Blatt 70

Ausgangspunkt Ste.-Marie-de-Campan (857 m)

Persönliche Angaben

Gefahren am

Zeit

Übersetzung

Streckenbeschreibung Ste.-Marie-de-Campan (km 0,0) wird diesmal in südöstlicher Richtung, der Beschilderung »Col d'Aspin« folgend, verlassen. In dem breiten, grünen Talboden wechseln Steigungen bis 8% mit flacheren Abschnitten ab, und vor Payolle (km 6,5) rollt es sogar kurz abwärts. Eben radeln wir dann an der L'Adour de Payolle, einem gemütlich dahinfließenden Bächlein, entlang zu einem kleinen Steinbruch. Eine Rechtskurve, vorbei an einer Schranke (km 7,5), die wohl als Absperrung bei Sprengarbeiten dient, dann nimmt die Steigung auf 10% zu. Ein kleiner Schlepplift deutet etwas Wintersport an, und durch dichten Tannenwald windet sich die Straße bei gleichbleibender Steigung höher. Einige Aufschriften auf der Straße zeigen, daß auch die Tour de France über diesen Paß führt. Wenn man die Waldgrenze überfahren hat (km 11,5), läßt auch die Steigung auf 8% nach. Es folgen Almmatten, vereinzelte Farne, kleine Mischwäldchen links und rechts der Straße, und gleich darauf ist man auf dem flachen Sattel der Paßhöhe (km 13,0) angelangt. Weit im Süden schauen wir auf die schwach vergletscherten Gebirgszüge um den Pic Perdiguère, die bereits die Grenze zu Spanien bilden, und rückblickend ist der Sendemast auf dem Pic du Midi de Bigorre über dem Col du Tourmalet zu erkennen. Gelegenheit zur Einkehr bietet dann aber erst ein Restaurant auf der östlichen Paßrampe, zu dem man etwa 2 km abfahren muß.

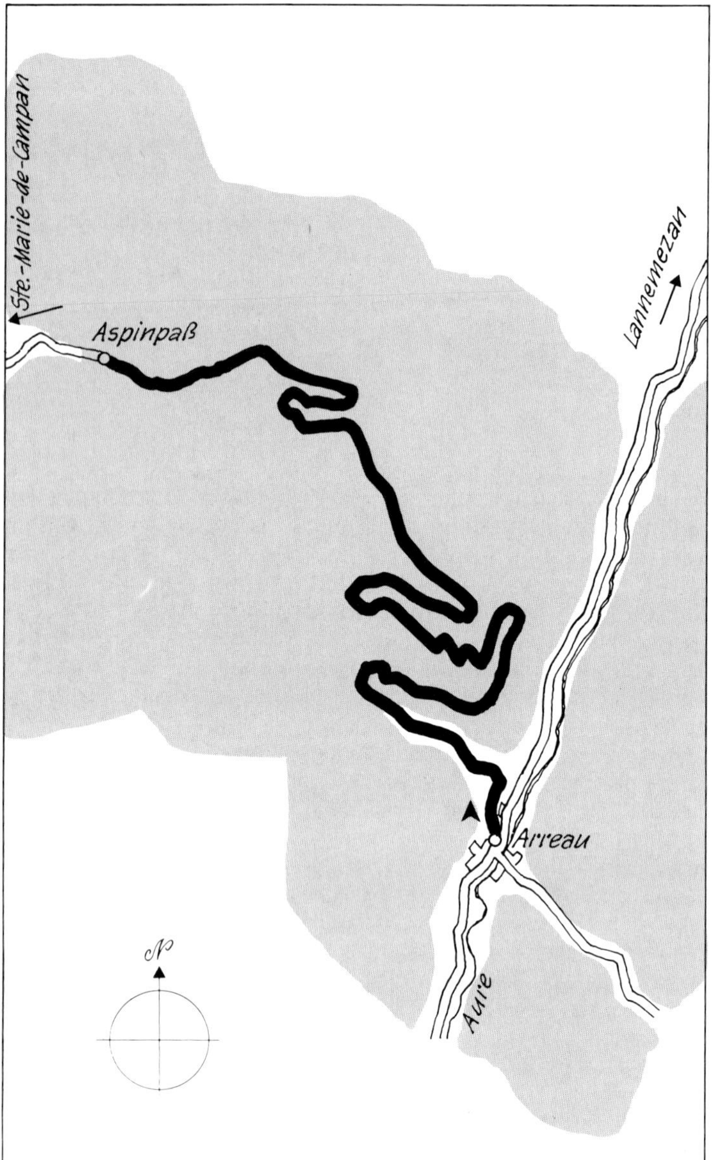
Ste.-Marie-de-Campan
Aspinpaß
Lannemezan
Arreau
Aure
N
Höhenprofil siehe Tour 67

68 Aspin-Paßstraße, Ostseite

1489 m — Frankreich/Midi-Pyrénées

Charakter Leichte Radtour mit maximal 10% Steigung

Offen 1. 1.–31. 12.

Zeit 1–1½ Stunden

Länge 12 km

Höhendifferenz 785 m

Übersetzung 42/23

Karte Carte Topographique 1:100000, Blatt 70

Ausgangspunkt Arreau (704 m)

Persönliche Angaben

Gefahren am

Zeit

Übersetzung

Streckenbeschreibung Arreau (km 0,0), ein größeres Städtchen im Tal der Aure, ist Ausgangspunkt für die Ostrampe. Kurz vor dem nördlichen Ortsausgang, direkt gegenüber einer Tankstelle, zweigt die Straße etwas versteckt ab. 8% beträgt die Steigung der Trasse, die aber schon bald wieder nachläßt. Vorbei an Wiesen, Steinmauern und efeuumrankten Bäumen, geht es rasch voran. Eine weite Schleife nach rechts, ein Bächlein wird überquert (km 2,0), und die Steigung nimmt auf 10% zu. Wir erreichen ein Band, und tief unter uns sind Arreau und die Berge im Süden zu erkennen. Ohne allzugroße Anstrengung kommen wir bei wieder auf 6–8% zurückgehender Steigung vorwärts, weit vor uns ist der Sattel der Paßhöhe zu sehen, allerdings spenden die vereinzelt am Straßenrand stehenden Bäume keinen Schatten. Vorbei an einem verfallenen Häuschen – ein Kilometerstein mit der Aufschrift »6 km« zeigt bereits die Hälfte der zu bewältigenden Strecke an –, nimmt die Steigung wieder auf 8–10% zu. Farne, Lavendel und Heckenrosensträucher überwuchern die Böschung, aus der nur vereinzelt dunkler Schiefer hervortritt. Ein Restaurant und ein Andenkenstand (km 10,0) zeigen, daß die Paßhöhe nicht mehr weit ist. Gleichmäßig mit 10% führt die Trasse durch ein schmales, nur etwa 300 m langes Waldstück, dann öffnet sich wieder die Sicht zurück nach Süden, und auch der bewältigte Streckenverlauf ist gut zu erkennen. Kurz darauf liegt die Paßhöhe (km 12,0) vor uns, zu der sich die Straße entlang einer niedrigen Steinmauer emporzieht. Allzulange wird man sich hier oben nicht aufhalten, denn weiter im Westen wartet mit dem Tourmalet bereits der höchste Pyrenäenpaß.

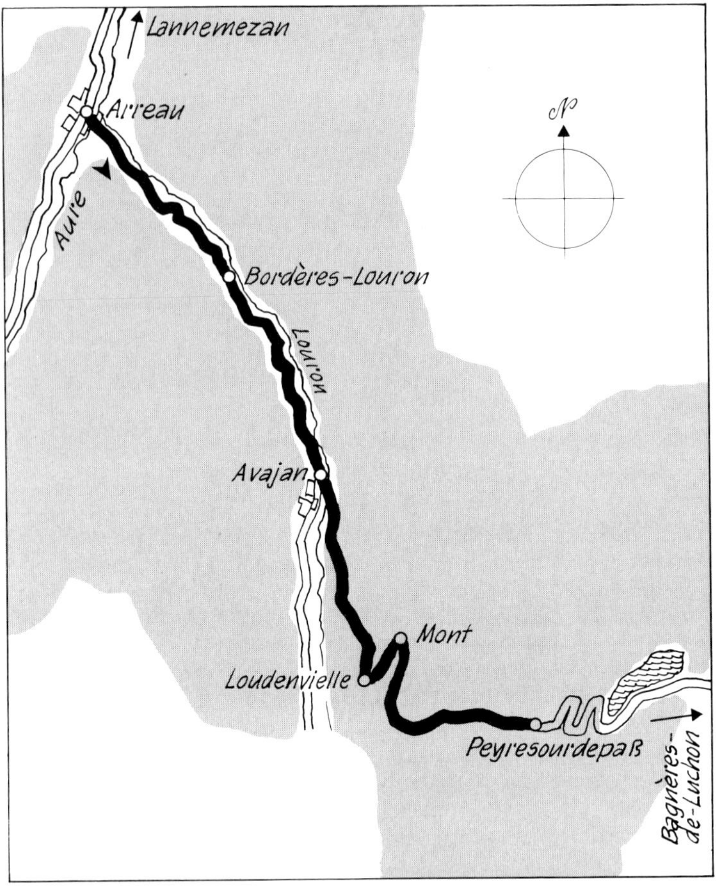
Lannemezan
Arreau
N
Aure
Bordères-Louron
Louron
Avajan
Mont
Loudenvielle
Peyresourdepaß
Bagnères-de-Luchon

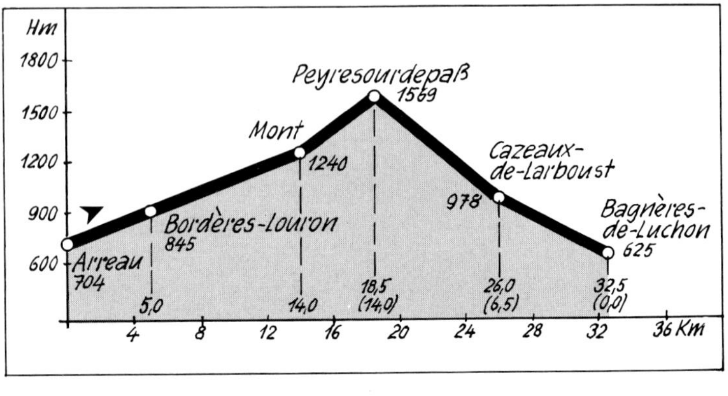
Hm
1800
1500
1200
900
600
Peyresourdepaß
1569
Mont
1240
Cazeaux-de-Larboust
978
Bordères-Louron
845
Bagnères-de-Luchon
625
Arreau
704
5,0
14,0
18,5 (14,0)
26,0 (6,5)
32,5 (0,0)
4
8
12
16
20
24
28
32
36 Km

69 Peyresourde-Paßstraße, Westseite

1569 m | Frankreich/Midi-Pyrénées

Charakter Mittelschwere Radtour mit maximal 10% Steigung zwischen Zentralpyrenäen und Haute Garonne

Offen 1.1.–31.12.

Zeit 1¼–1¾ Stunden

Länge 18,5 km

Höhendifferenz 865 m

Übersetzung 42/23

Karte Carte Topographique 1:100000, Blatt 70

Ausgangspunkt Arreau (704 m)

Persönliche Angaben

Gefahren am

Zeit

Übersetzung

Streckenbeschreibung In Arreau (km 0,0) überquert man die Aure und verläßt den Ort über die langgezogene Hauptstraße. In dem hügeligen, meist bewaldeten Tal der Louron gestattet die nur mäßig ansteigende Straße auf den ersten Kilometern bis Bordères-Louron (km 5,0) ein zügiges Vorwärtskommen. Auch danach nimmt die Steigung nicht über 6% zu, das Tal rückt näher zusammen, und in Avajan (km 9,0) folgt man der nach links abzweigenden Straße. Wir überqueren die Louron, die Straße wird schmäler und steigt auf 10% an. An den Hängen der linken Talseite führt die Trasse, nur von kurzen flacheren Stücken unterbrochen, höher, die Talschaft der Louron mit verstreuten Dörfern und einem kleinen See bleibt unter uns zurück, und schon bei der Häusergruppe von Avajan (km 10,5) wartet eine kleine Abfahrt. An der Abzweigung nach Loudenvielle vorbei nimmt die Steigung wieder auf 10% zu, und über zwei Kehren biegt man in das vom Col de Peyresourde herabziehende Tal ein. Spärlicher Laubwald und Wiesen bilden die unmittelbare Umgebung, und auch die Berge im Süden um den Pic Perdiguère vermitteln kaum den Eindruck von Hochgebirge. An Mont (km 14,0) vorüber, gewinnt man bei nicht nachlassender Steigung nun rascher an Höhe, ein Restaurant (km 16,0) bietet die letzte Möglichkeit zur Einkehr vor der Paßhöhe. Vorbei an einem kleinen Campingplatz geht die Steigung auf 8% zurück, und vor uns ist der Einschnitt des Passes bereits zu erkennen, dessen Scheitelpunkt (km 18,5) bald darauf erreicht ist. Zwar eröffnet sich hier der Blick nach Osten, der mit seiner hügeligen Landschaft allerdings auch keine größere Abwechslung bietet, und auf der Paßhöhe lädt nur ein kleiner Souvenirstand etwas zum Verweilen ein.

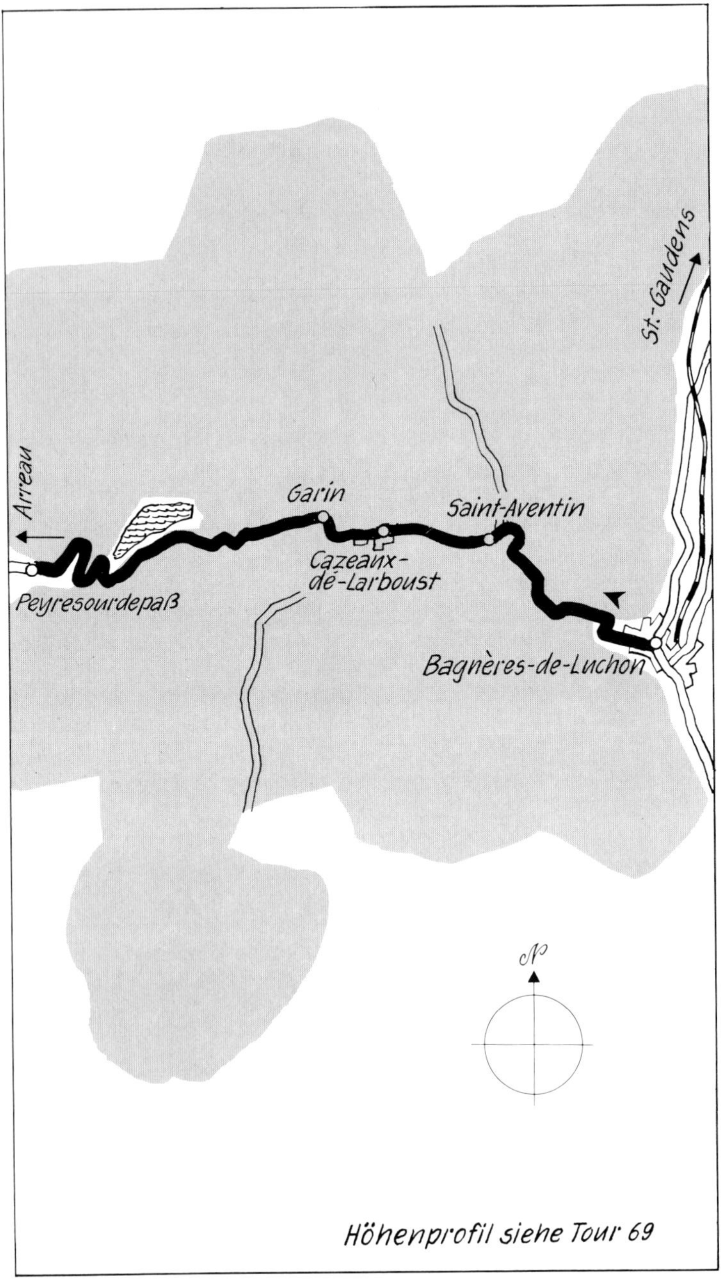

Höhenprofil siehe Tour 69

70 Peyresourde-Paßstraße, Ostseite

1569 m — Frankreich/Midi-Pyrénées

Charakter Mittelschwere Radtour mit maximal 12% Steigung

Offen 1. 1.–31. 12.

Zeit 1¼–1¾ Stunden

Länge 14 km

Höhendifferenz 944 m

Übersetzung 42/23–26

Karte Carte Topographique 1:100000, Blatt 70

Ausgangspunkt Bagnères-de-Luchon (625 m)

Persönliche Angaben

Gefahren am

Zeit

Übersetzung

Streckenbeschreibung In Bagnères-de-Luchon (km 0,0), einem Thermalbadeort unweit der spanischen Grenze, zeigt uns ein Schild nicht nur den Weg, sondern auch die Entfernung von 14 km zum Peyresourdepaß an. Am Elektrizitätswerk vorbei steigt die Straße noch mäßig an, um nach Überqueren eines kleinen Flüßchens (km 1,0) auf 10% anzuziehen. Nach einem weiteren Kilometer folgt ein flaches Stück und diesem eine kurze Abfahrt, bevor nach einer weiteren Flußüberquerung die Steigung wieder auf 8–10% zunimmt. Erstaunlich gut ausgebaut ist die Trasse hier, mit weißen Mittel- und seitlichen Begrenzungsstreifen. Mehrere Kurven und Kehren, vorbei an einer kleinen Steinkapelle (km 4,0), bringen uns höher, und bis Saint-Aventin (km 5,0) nimmt die Steigung kurz auf 12% zu. Am Ortsende gehen der Wald und auch die Steigung auf etwa 6% zurück, um erst wieder hinter Cazeaux-de-Larboust (km 6,5) kräftiger zuzulegen. Bis 11% sind bis Garin (km 8,0) zu bewältigen, aber das flache Stück durch den Ort geht bereits am Ortsende wieder in einen 10%igen Anstieg über. Begrünte Hügel mit kleinen Ansiedlungen an der rechten Talseite und nur vereinzelte Bäume am Straßenrand machen das Tal zwar freundlich, großartige Ausblicke ergeben sich aber leider nicht. Daran ändern auch die Almmatten nichts, die langsam die Wiesenflächen ablösen, und so konzentriert man sich mehr auf die Kilometersteine am Straßenrand, deren Höhenangaben jedoch meist durch Unkraut verdeckt sind. Der Gipfelhang – eher ein Hügel – taucht auf, mit 9% windet sich die Trasse über drei Kehren weiter aufwärts, noch einmal können wir weit zurückblicken, bis dann unvermittelt nach einer Kurve die Paßhöhe (km 14,0) vor uns liegt.

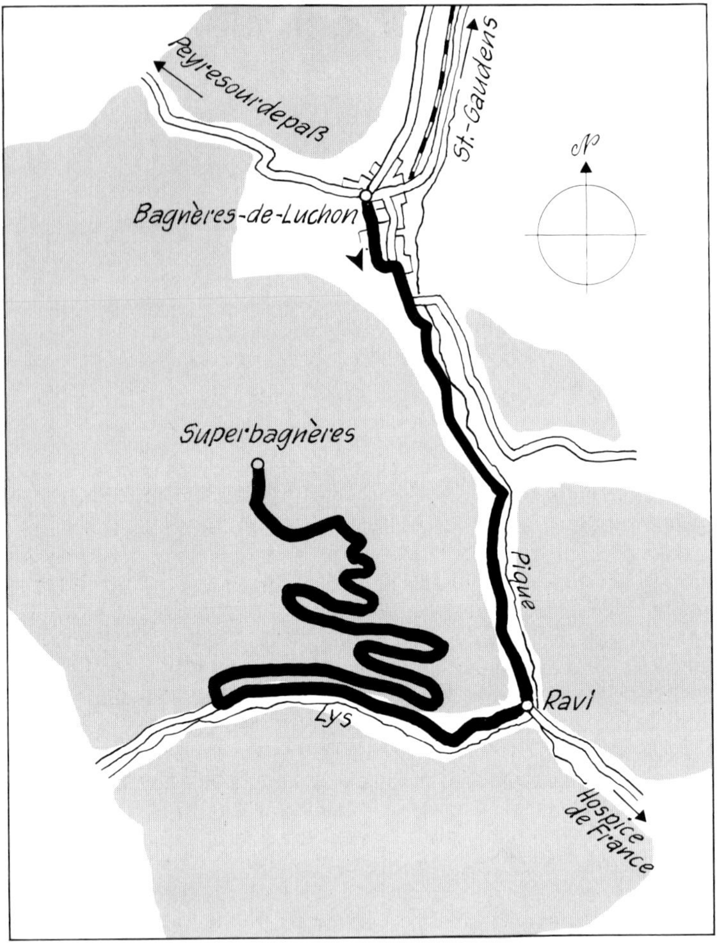
Peyresourdepaß
St.-Gaudens
N
Bagnères-de-Luchon
Superbagnères
Pique
Ravi
Lys
Hospice de France

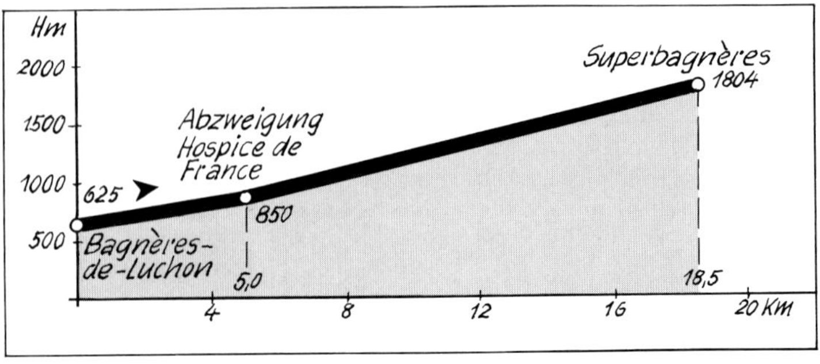
Hm
2000
1500
1000
500
Superbagnères
1804
Abzweigung Hospice de France
625
850
Bagnères-de-Luchon
5,0
18,5
4
8
12
16
20 Km

71 Superbagnères-Bergstraße

1804 m

Frankreich/Midi-Pyrénées

Charakter Mittelschwere Radtour mit maximal 10% Steigung auf den Spuren der Tour de France

Offen 1. 1.–31. 12.

Zeit 1½–2¼ Stunden

Länge 18,5 km

Höhendifferenz 1179 m

Übersetzung 42/23–26

Karte Carte Topographique 1:100000, Blatt 70

Ausgangspunkt Bagnères-de-Luchon (625 m)

Persönliche Angaben

Gefahren am

Zeit

Übersetzung

Streckenbeschreibung Superbagnères ist ein Skigebiet hoch über Bagnères-de-Luchon, und was die Auffahrt so interessant macht ist, daß dieser Ort den Endpunkt der Königsetappe der Tour de France durch die Pyrenäen darstellt. Wenn man in Bagnères-de-Luchon (km 0,0) am Royal-Hotel und Stadtpark vorbei die Auffahrt beginnt, sollte man daran denken, daß die Profis hier bereits am gleichen Tag alle vorher beschriebenen Pyrenäenpässe in den Beinen haben. Ebenso wie die Tour-Fahrer wird man froh sein, wenn der 10%ige Anstieg an der rechten Talseite bald nachläßt und die Trasse im dichtbewaldeten Tal der Pique meist mäßig ansteigend entlangführt. Hinter den Häusern von Ravi (km 4,5) folgt man der an der Abzweigung nach Hospice de France vorbei (km 5,0) in das Lystal einbiegenden Straße, die mit Steigungen bis 10%, von flacheren Stücken abgelöst, fast stufenartig höher führt. Wiesen drängen den Wald zurück, der Blick auf die Bergkette der Dreitausender im Süden um den Pic des Crabioules eröffnet sich, dafür werden die flachen Abschnitte immer kürzer. Fast am Ende des Tales angelangt, weicht die Straße über mehrere Kehren auf die Hänge der rechten Talseite aus. Zwischen 8 und 10% beträgt die Steigung der Fahrbahn, die sich an dem kahlen Hang hinaufzieht. Vorbei am Ortsschild von La Carviere (km 13,5), dessen dazugehörende Häuser allerdings nicht zu sehen sind, wird die Trasse breiter und ist jetzt gut zweispurig ausgebaut. Mehrere Parkplätze tauchen auf (km 16,5), schwerelos nutzen Segelflieger über uns die Thermik, während man sich als Radler bei 10%iger Steigung bedeutend mühevoller hocharbeitet. Der Ortsanfang von Superbagnères wird erreicht, die Aufschriften auf der Straße nehmen immer mehr zu, und kurz darauf haben wir dieses Etappenziel am Parkplatz vor dem Grand Hotel (km 18,5) geschafft.

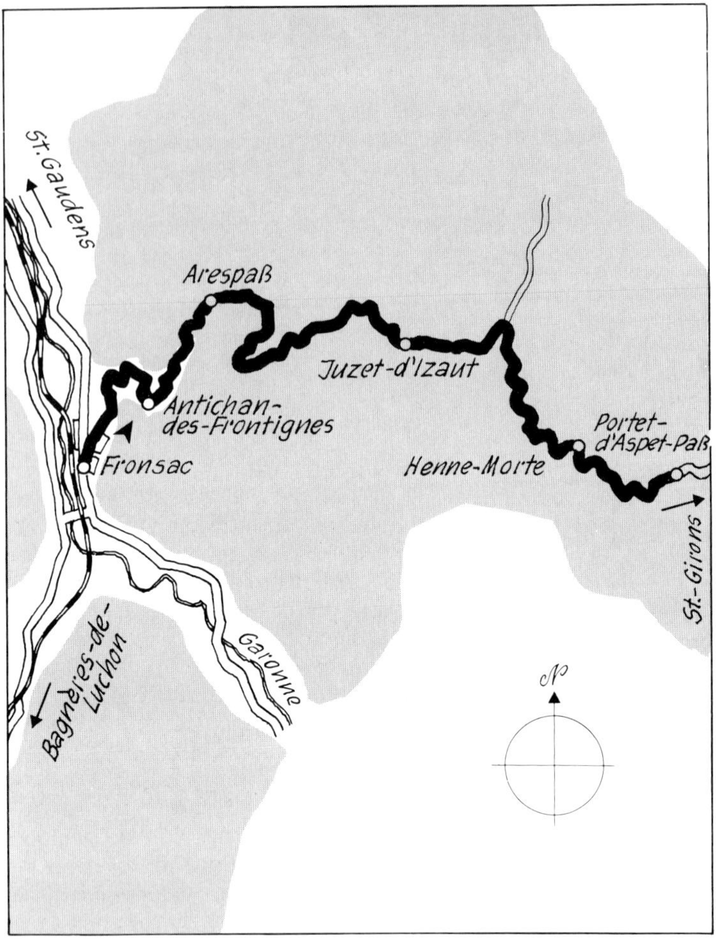
St. Gaudens
Arespaß
Juzet-d'Izaut
Antichan-
des-Frontignes
Fronsac
Portet-
d'Aspet-Paß
Henne-Morte
St.-Girons
Bagnères-de-
Luchon
Garonne
N

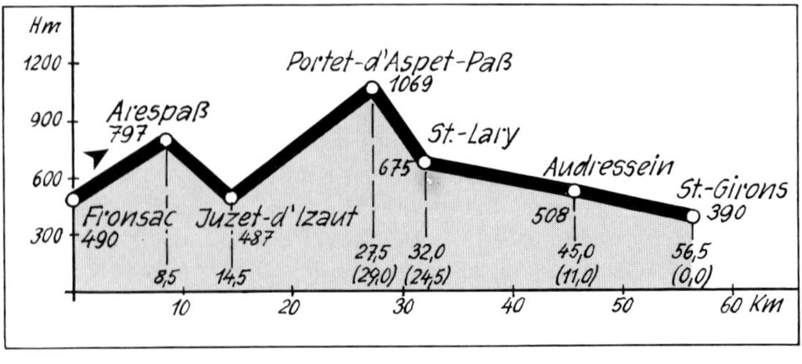
Hm
1200
900
600
300
Arespaß
797
Portet-d'Aspet-Paß
1069
St.-Lary
675
Audressein
508
St.-Girons
390
Fronsac
490
Juzet-d'Izaut
487
8,5
14,5
27,5
(29,0)
32,0
(24,5)
45,0
(11,0)
56,5
(0,0)
10
20
30
40
50
60 Km

72 Ares- mit Portet-d'Aspet-Pässestraße, Westseite

1069 m | Frankreich/Midi-Pyrénées

Charakter Mittelschwere Radtour mit maximal 15% Steigung zwischen Haute Garonne und Ariège

Offen 1. 1.–31. 12.

Zeit 1¾–2½ Stunden

Länge 27,5 km

Höhendifferenz 889 m

Übersetzung 42/26

Karte Carte Topographique 1:100000, Blatt 70 und 71

Ausgangspunkt Fronsac (490 m), ca. 20 km nördlich von Bagnères-de-Luchon

Persönliche Angaben

Gefahren am

Zeit

Übersetzung

Streckenbeschreibung Im Ort Fronsac (km 0,0), in der breiten Schwemmlandebene der Garonne gelegen, hält man sich an die Beschilderung »St.-Girons«. Über die Hügel der östlichen Talseite schlängelt sich die Straße mit Steigungen bis 8% bergauf. Hinter Antichan-des-Frontignes (km 4,5) gestattet eine großzügige Schleife den Blick über die Talschaft, und eine Tafel des Touring Club de France informiert über die verstreuten Dörfer und dahinter aufragenden Hügelketten. Mit einer meist zwischen 6 und 8% liegenden Steigung führt die Straße zwischen Wiesen und Mischwald recht angenehm höher, und unvermittelt ist der Arespaß (km 8,5) erreicht. Eine kleine Bar, zwei Holzhütten etwas abseits der Straße, und schon rollt es lange abwärts, und erst vor Juzet-d'Izaut (km 14,5) muß man wieder den Bergkranz einlegen. Meist liegt die Steigung jedoch unter 8%, eine kleine Abfahrt folgt, an deren Ende man scharf abbremsen muß, um in die nach rechts Richtung »Col d'Portet/St.-Girons« abzweigende Straße einbiegen zu können. Kurz fällt die Trasse noch ab, es folgt ein ebenes Stück, dann nimmt die Steigung langsam wieder zu. Meist weit unter 10% liegend, führt uns der Anstieg nach Henne-Morte (km 22,5), einer verlassen wirkenden Ansammlung von Steinhütten. Über den Pont de l'Oule wird das Flüßchen Le Ger überquert, die Straße wieder schmäler, und die Steigung nimmt auf 12% zu. Wie ein Dach wölbt sich der Wald über der Fahrbahn, die zweimal kurz bis auf 15% ansteigt. Eine Steinbrücke (km 25,5) wird überquert, nochmals nimmt die Steigung kurz auf 15% zu, um dann langsam bis auf 10% zurückgehend zur Bar auf der zweiten Paßhöhe (km 27,5) dieser Auffahrt zu führen.

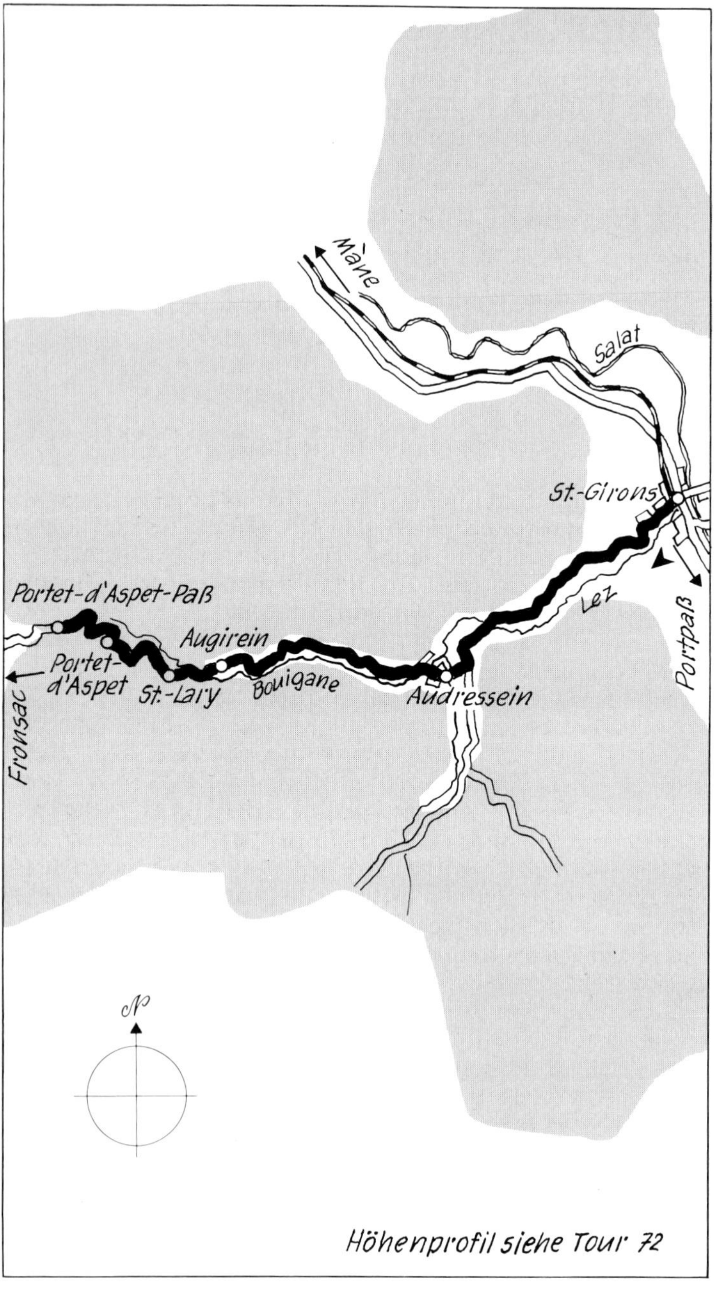
Mâne
Salat
St.-Girons
Lez
Portpaß
Portet-d'Aspet-Paß
Augirein
Portet-d'Aspet
St.-Lary
Bouigane
Audressein
Fronsac
N
Höhenprofil siehe Tour 72

73 Portet-d'Aspet-Paßstraße, Ostseite

1069 m — Frankreich/Midi-Pyrénées

Charakter Leichte Radtour mit maximal 12% Steigung

Offen 1. 1.–31. 12.

Zeit 1¾–2½ Stunden

Länge 29 km

Höhendifferenz 679 m

Übersetzung 42/23–26

Karte Carte Topographique 1:100000, Blatt 71

Ausgangspunkt St.-Girons (390 m)

Persönliche Angaben

Gefahren am

Zeit

Übersetzung

Streckenbeschreibung Wenn man in der Kleinstadt St.-Girons (km 0,0) der Beschilderung »Col de Portet d'Aspet« folgt, hat man nicht den Eindruck, eine Paßauffahrt zu beginnen. Man radelt in einen fruchtbaren Landstrich ein, der sich entlang des Flüßchens Lez ausbreitet, durchfährt mehrere Ortschaften und gewinnt bei kaum ansteigender Trasse nur wenig Höhe. Vor Audressein (km 11,0) zweigt die Straße zum Col de Portet nach rechts ab, aber im Tal der Bouigane ändert sich weder die Landschaft noch die Steigungscharakteristik der Fahrbahn. In geringen Abständen folgen kleine Ortschaften, und wenn die Steigung kurz auf 6% zunimmt, wird sie gleich darauf wieder von einem längeren flacheren Stück abgelöst. Vor Augirein (km 21,5) rollt es kurz abwärts, und im Ort überrascht zuerst der rötliche Straßenbelag, dann der 10%ige Anstieg am Ortsende. Nur kurz hält die Steigung an, geht erst auf 6–8% zurück und dann nochmals in eine kleine Abfahrt über. Diese bringt uns in das Kirchdorf St.-Lary (km 24,5), wo die restliche Strecke zum Col mit 3 km bereits ausgeschildert ist. Die Bouigane wird überquert, das Tal verengt sich, ein kleiner Steinbruch neben der Straße erklärt den rötlichen Straßenbelag, und eine Hinweistafel auf einer weiteren kleinen Brücke besagt, daß man die Gemeindegrenze der Ariège überfährt und in die Haute Garonne einradelt. Für uns ist interessanter, daß die Steigung auf 8–10% zunimmt und diese auch bis Portet-d'Aspet (km 27,0), der letzten Ortschaft vor der Paßhöhe, beibehält. Gleichsam um die bisher verschenkten Höhenmeter aufzuholen, wendet sich die Straße nun kurven- und kehrenreich mit 10% Steigung, in den Kurven teilweise sogar auf 12% anziehend, nach oben, und kurz darauf liegt auch die Paßhöhe (km 29,0) vor uns.

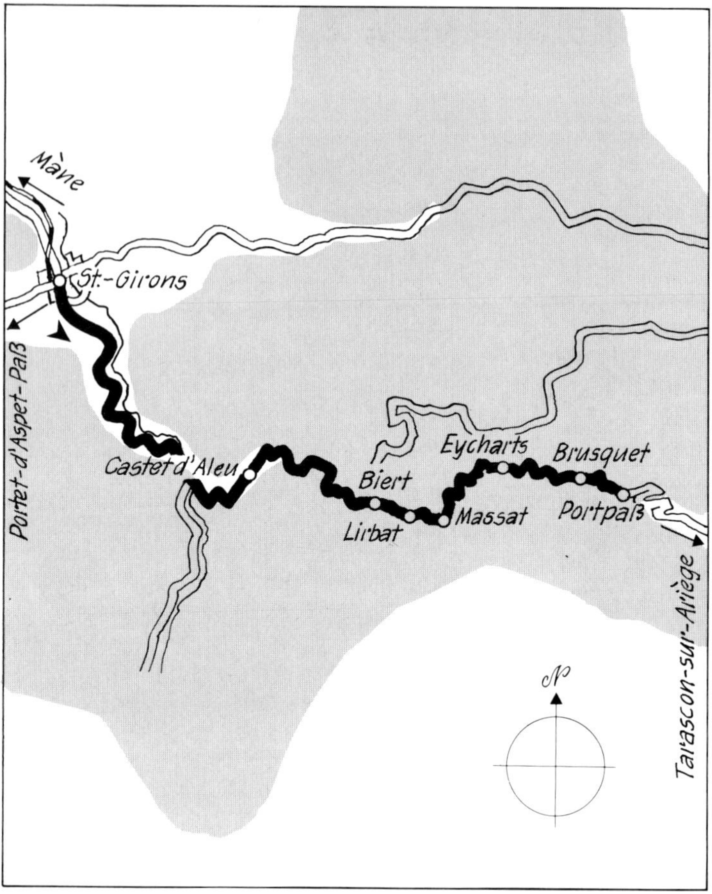
Mâne
St.-Girons
Portet-d'Aspet-Paß
Castet d'Aleu
Biert
Lirbat
Massat
Eycharts
Brusquet
Portpaß
Tarascon-sur-Ariège
N

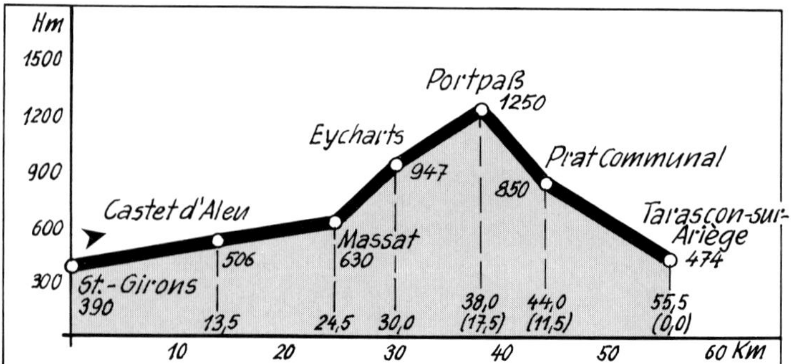
Hm
1500
1200
900
600
300
St.-Girons
390
Castet d'Aleu
506
13,5
Massat
630
24,5
Eycharts
947
30,0
Portpaß
1250
38,0
(17,5)
Prat Communal
850
44,0
(11,5)
Tarascon-sur-Ariège
474
55,5
(0,0)
10
20
30
40
50
60 Km

74 Port-Paßstraße, Westseite

1250 m — Frankreich/Midi-Pyrénées

Charakter Leichte Radtour mit maximal 8% Steigung in der Ariège

Offen 1. 1.–31. 12.

Zeit 1¾–2½ Stunden

Länge 38 km

Höhendifferenz 860 m

Übersetzung 42/23

Karte Carte Topographique 1:100000, Blatt 71

Ausgangspunkt St.-Girons (390 m)

Persönliche Angaben

Gefahren am

Zeit

Übersetzung

Streckenbeschreibung Bereits mit der Fahrt über den Portet-d'Aspet-Paß hat man den zentralen Teil der Pyrenäen verlassen und ist in die östlichen Pyrenäen übergewechselt. Wenngleich uns landschaftlich nichts Besonderes mehr erwartet, so ist der Portpaß mit 1250 m Höhe der letzte Übergang in diesem Teil der Pyrenäen, dessen Befahrung sich noch lohnt. Dies dürfte auch die größte Motivation sein, wenn man von St.-Girons (km 0,0) an der L'Arac entlang die Auffahrt beginnt. Lange hält sich die Straße bis Castet d'Aleu (km 13,5) fast eben, dann verengt sich das Tal, und die Trasse folgt auch weiterhin kaum ansteigend den leichten Biegungen des Flüßchens. Mit Biert (km 21,5) treffen wir wieder auf eine kleine Ansiedlung, die Talweitung gestattet etwas Landwirtschaft, und hinter Lirbat (km 23,5) nehmen die Steigungsstücke bis Massat (km 24,5) schon auf 8% zu. Die Straße weicht in ein breites, von Norden herabziehendes Tal aus, steigt kurvenreich mit 8% an, und etwas verwundert nimmt man das Schild »Col du Four« (km 29,0) zur Kenntnis, denn ein Paß ist hier nirgends zu entdecken. Bei gleichbleibender Steigung radeln wir nach Eycharts (km 30,0), wobei wir weit vor uns bereits den Einschnitt der Paßhöhe erkennen können. Mit Steigungen zwischen 6 und 8% führt die Straße weiter an der linken Talseite aufwärts. Hin und wieder tauchen Ortsschilder am Straßenrand auf, die dazugehörenden Ortschaften scheinen allerdings nur aus einem halbverfallenen Anwesen zu bestehen. Gelb-weiße Kilometersteine informieren uns über die Entfernung zur Paßhöhe, dann geht hinter Brusquet (km 34,0) die Steigung auf 6% zurück. Auch der Wald auf der linken Talseite bleibt zurück, und greifbar nah scheint die Paßhöhe (km 38,0), die bald darauf auch erreicht ist.

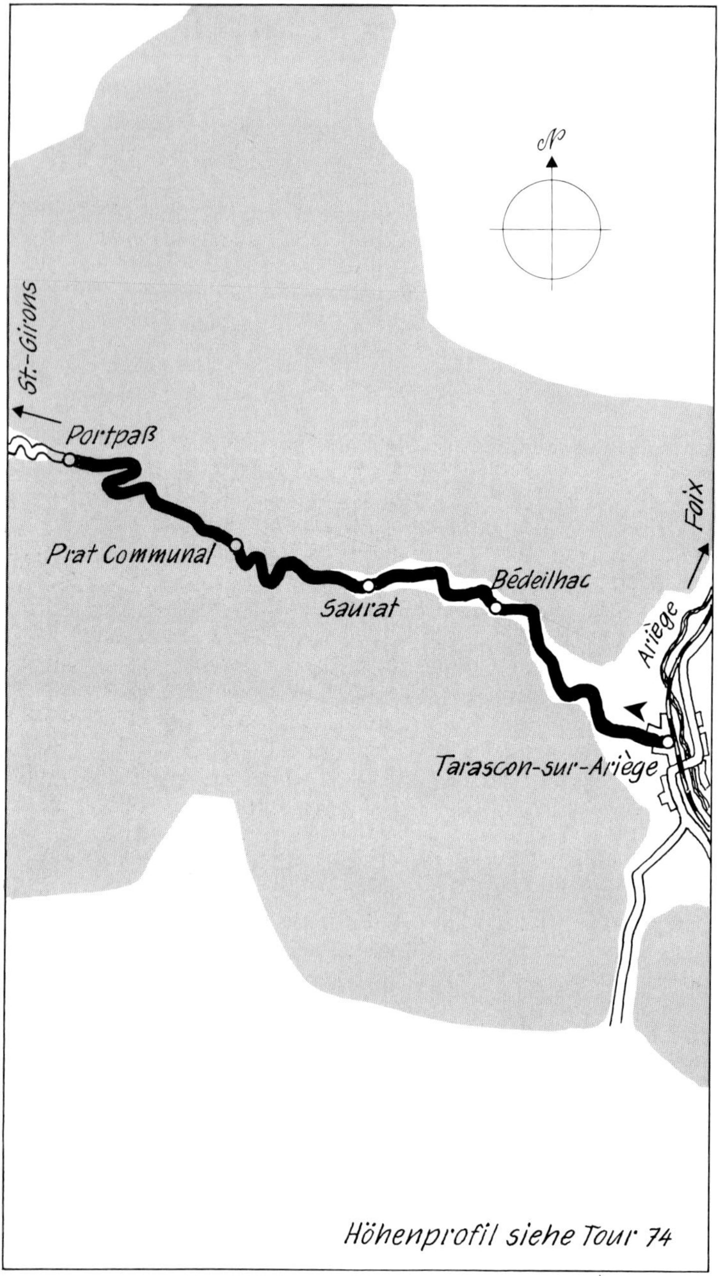
N
St.-Girons
Portpaß
Foix
Prat Communal
Bédeilhac
Saurat
Ariège
Tarascon-sur-Ariège
Höhenprofil siehe Tour 74